Sri Sathya Sai Baba

Sai Babas Mahāvākya* über

FÜHRUNG

Ein Buch für die Jugend, Eltern und Lehrer

von

M. L. Chibber

Erziehung in Menschlichen Werten

* Mahāvākya ist ein Begriff aus dem Sanskrit und bedeutet „großes Wort". Es ist eine Bezeichnung für vedische Lehrsätze (göttliche Aphorismen) der alten Indischen Schriften, welche die ewigen Wahrheiten verkünden, wie das „tat tvam asi" (Das bist Du).

Sathya Sai Vereinigung e.V., Dietzenbach

Bemerkung:
Die Rechtschreibung orientiert sich an den neuen Regeln.

Titel des englischen Originals „Sai Baba's Mahāvākya On Leadership", Book for Youth, Parents and Teachers, Sri Sathya Sai Books & Publications Trust, Prasanthi Nilayam, India. Ins Deutsche übersetzt von Urs Samuel Kasser.
Umschlaggestaltung: Hartmut Balzer

Die Deutsche Bibliothek – CIP-Einheitsaufnhame
Chibber, Manohar L.:
Sai Babas Mahāvākya über Führung : ein Buch für die Jugend, Eltern und Lehrer ; Erziehung in Menschlichen Werten / von M. L. Chibber. Sathya-Sai-Vereinigung e.V., Dietzenbach. [Ins Dt. übersetzt von Urs Samuel Kasser]. – 1. Aufl. – Dietzenbach : Sathya-Sai-Vereinigung, 1996
Einheitssacht.: Sai Babas Mahāvākya on leadership <dt.>
ISBN 3-924739-90-0

1. Auflage, 1996

Sathya Sai Vereinigung e.V., Buchzentrum, Grenzstr. 43, D-63128 Dietzenbach
Herstellung: Richarz Publikations-Service, D-53757 Sankt Augustin

Shrī Sathya Sai Baba
in Liebe und Dankbarkeit
gewidmet

„Ich will, dass ihr Führungspersönlichkeiten werdet, die die Welt beschützen, Führungspersönlichkeiten wie Löwen – selbstsicher, mutig, majestätisch und gerecht. Der Löwe ist der König des Tierreichs, und Ich will, dass ihr König unter den Menschen werdet."

Sai Baba
Eröffnungsansprache an die Studenten der Sai Universität
Sommerkurs 1992

Bhagavan Sri Sathya Sai Baba

VORWORT

Führung ist Idealismus in Aktion

Der Mensch kann die Aufgaben, die er übernimmt, nur dann angemessen erfüllen, wenn er die wahre Bedeutung vom Wesen des Menschen versteht.

Er sollte erkennen, dass Körper, Geist und Atman (das Selbst) zusammen das menschliche Wesen ausmachen. Das erste (der Körper) bezieht sich auf die Handlung. Das zweite (der Geist) bezieht sich auf das Erkenntnisvermögen. Das dritte (der Atman) betrifft das Sein. Handlung, Erkenntnis und Sein zusammen konstituieren das Wesen des Menschen.

Was auch immer der Mensch in dieser Welt vollbringen will, er benötigt dazu den Körper. Alles kann nur mit Hilfe des Körpers ausgeführt werden. Deshalb wird der Körper mit Handlung gleichgesetzt. Um dann bestimmen zu können, was gut oder schlecht, richtig oder falsch, wahr oder unwahr, böse oder verdienstvoll ist, wenden wir die Kraft der Prüfung und des Unterscheidungsvermögens an. Die Fähigkeit zu unterscheiden ist Teil unseres Denkvermögens. Das Denken ist das Instrument des Erkennens. Als nächstes folgt das Prinzip des Atman, welches unveränderbar und fest in seiner Wahrheit begründet ist.

Der einende Ausdruck dieser drei – Körper, Geist und Atman – wird sat-cit-ānanda genannt. Sat bedeutet „Das-was-Ist“. Cit nennen wir das Prinzip, welches uns ermöglicht, das Physische, das Weltliche, das Überweltliche und das Wissenschaftliche zu verstehen. Wenn sat und cit zusammenkommen, entsteht ānanda (Glückseligkeit). Dies erfährt ein Mensch durch seinen Körper. Der Mensch ist eine Offenbarung von sat-cit-ānanda.

Wenn er, anstatt diese Einheit zu erleben, sich nur mit seinem Körper beschäftigt, steigt der Mensch hinab in den tierischen Zustand. Die tierische Natur ist der Zustand, in welchem der Körper nicht mit dem Geist oder dem Atman verbunden ist. Wenn der Geist nicht mit dem Atman verbunden ist oder kein Verständnis von seiner Beziehung zum Atman besitzt, wird seine Abhängigkeit vom Körper dämonisch.

Der Atman bleibt immer göttlich, ohne irgendwelche Beziehung zum Körper oder zum Geist. Die Ganzheit der menschlichen Persönlichkeit kann jedoch nur durch eine harmonische Einheit von Körper, Geist und Atman offenbart werden.

Wenn irgend jemand nach seinem größten Wunsch gefragt wird, kommt die Antwort: „Ich möchte lange und angenehm leben.“ Doch wenn die Leute weiter gefragt werden, was sie denn mit „angenehm“ (sukha) meinen, können die meisten keine klare Antwort geben. Viele stellen sich vor, dass sie Reichtum anschaffen und sich aller möglichen Annehmlichkeiten erfreuen müssten, um glücklich zu sein. Doch das ist nicht das wahre Glück. Glück wird auch gleichgesetzt mit: so zu leben, wie man will – svecchā –, sich frei bewegen können, zu machen, was man will, und sich die Zeit mit Festen zu vertreiben. Dies ist jedoch nicht die eigentliche Bedeutung von svecchā. Der Begriff svecchā besteht aus zwei Wörtern: sva und icchā. Sva bedeutet das Prinzip des Atman, und icchā heißt Wunsch oder Verlangen. Wirkliche Freiheit impliziert die Ehrfurcht vor dem Selbst (Atman) und das Erfahren der Glückseligkeit des Selbstes. Jemand, der kein Vertrauen in das Selbst hat, erlaubt egoistischer Eitelkeit (ahamkāra) zu wachsen und wandelt am Rande des Abgrunds. Eitelkeit ist die Wurzel allen Übels.

Festhalten an der Wahrheit, Beherrschen der Sinne, Gleichmut (shānti), Geduld und Mitgefühl sind für den Menschen wie fünf Lebensatem. Wenn diese fünf lebenserhaltenden Eigenschaften das menschliche Leben heiligen sollen, ist es unerlässlich, die Reinheit in Gedanken, Worten und Taten (trikarana sudhī) aufrecht zu erhalten. Zusätzlich muss jemand, der danach trachtet, Führung zu übernehmen, drei Arten von Wissen besitzen: 1) Selbst-Erkenntnis (das heißt Kenntnis seiner Stärken und Schwächen), 2) Wissen in Bezug auf sein Arbeitsgebiet, 3) Kenntnis des sozialen Umfeldes. Eine gute Führungskraft muss individuellen (oder persönlichen) und sozialen Charakter besitzen. Nur solche Menschen können ideale Führungskräfte werden. Durch das Aufgeben von selbstsüchtigen Interessen und durch das völlige Vermeiden der Vorstellungen von „mein“ und „dein“ sollte die wahre Führungskraft dem Wohlergehen aller verpflichtet sein und das Ansehen des Landes aufrechterhalten. Bei allen Gelegenheiten sollte sie eher an der Front marschieren als aus dem Hintergrund Befehle zu erteilen. Ihre Handlungen sollten als Beispiel dienen. Die Welt braucht heute Führungspersönlichkeiten als tatkräftige Vorbilder.

Nur der Mensch, welcher satya, Dharma, shānti, prema und ahimsā (Wahrheit, Rechtschaffenheit, Friede, Liebe und Gewaltlosigkeit) praktiziert, daraus Freude erfahren und diese Freude mit anderen teilen kann, darf eine Führungskraft genannt werden. Zusätzlich zu diesen Eigenschaften sollte eine gute Führungskraft selbstlos und vom Geist der Opferbereitschaft (tyāga) erfüllt sein. Sie sollte nur das Wohlergehen ihrer Leute im Sinn haben und deren Zustimmung durch ihren Dienst erwerben. Sie sollte sogar um ihrer Leute willen zum höchsten Opfer bereit sein. Eine Führungspersönlichkeit ist ein Mensch, der jedes Besitzdenken aufgibt, nur um das Wohlbefinden der Gesellschaft bemüht ist und sich als ideales menschliches Wesen erweist.

Dezember 1993

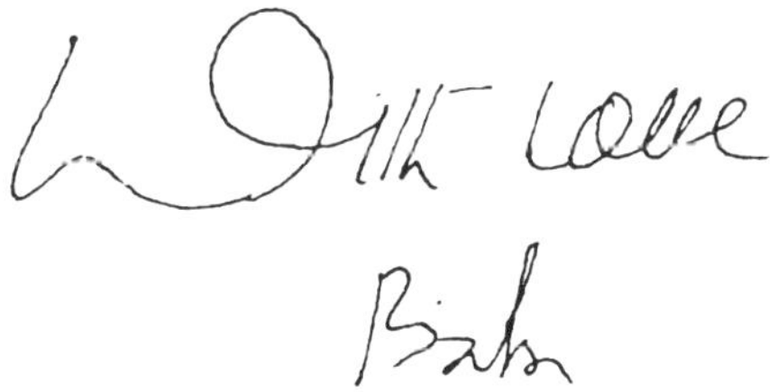

INHALT

Vorwort des Autors

Das Sri Sathya Sai Institut für das „Höhere Lernen“ ist vermutlich die einzige Universität der Welt, die ein Pflichtseminar in „Führung“ für die M.B.A.-Studenten (Master in Business Administration) anbietet. Der Kanzler dieser Universität – Sai Baba – hat dieses Seminar aus guten und gültigen Gründen in den Lehrplan aufgenommen.

In seiner Mission, die Einheit der Menschheit herbeizuführen, welche die globale Wirtschaft konsolidieren und zu dem führen wird, was der berühmte Historiker Toynbee den „globalen Staat“ nannte, spielt „Führung“ eine zentrale Rolle. Ein weiterer Grund für die Einführung dieses Kurses liegt in der Verwirrung, welche dieser alten menschlichen Fähigkeit in unserer modernen Welt anhaftet. Wir sind heute regelrecht besessen vom Vorrang des „Eigeninteresses“, was dazu führte, dass die eigentlichen Grundlagen von „Führung“ völlig verdunkelt worden sind. Doch lehrt uns die universelle Erfahrung in der Geschichte der Menschheit, dass niemand eine gute Führungskraft sein kann, der sich nicht über seine eigenen Interessen emporheben kann. In den „Schnellschuss“- und „Einfach“-Rezepten, die in unserem Jahrhundert als Führungstheorien und -konzepte entwickelt und fröhlich verkauft werden, wurde diese grundlegende Wahrheit zur Nebensache degradiert. Die Zeit ist reif, von neuem zu erkennen, dass allein die Anwendung der Menschlichen Werte (oder moralischen Werte) wirkungsvolle Führungskräfte hervorbringen kann.

Der größte Teil dieses Buches – geschrieben für die Jugend, Eltern und Lehrer – ist das Resultat der begrifflichen Klarheit des Kanzlers der Universität, die er während vieler Jahre der Erfahrung und Erprobung eingebracht hat. Es ist eine Synthese von östlicher und westlicher Erfahrung über Führung. Tatsächlich enthält das Buch viele Aussagen des Kanzlers, die während der häufigen Diskussionen mit den Studenten und Lehrern dieses Kurses über Führung entstanden sind.

Die Forschungsarbeit für dieses Buch begann der Autor im Jahr 1979. Er war damals Befehlshaber der indischen Verteidigungsstreitkräfte. Er wurde beauftragt zu untersuchen, ob mit den ihm anvertrauten Truppen nicht bessere Ergebnisse erreicht werden könnten, als dies bisher geplant war. Bevor er seine Reformgedanken zum Abschluss brachte, wollte er sich noch ein Bild von der Meinung seiner ihm untergebenen Offiziere machen. Die mehrwöchigen Diskussionen bei seinen Einheiten hinterließen bei ihm sehr gemischte Gefühle.

Die Oberbefehlshaber und die Stabsoffiziere seiner Streitkräfte hatten das Gefühl, sie könnten noch wesentlich mehr erreichen. Jedoch hatten sie Zweifel, ob die jüngeren Offiziere die nötigen Voraussetzungen für die Übernahme von Führungsaufgaben mitbrächten. Doch auch die jüngeren Offiziere teilten dem Autor mit, dass sie fähig wären, das Unmögliche zu erreichen, wenn nur die älteren Offiziere über bessere Qualitäten verfügten!

Dieser Widerspruch war der Auslöser für die Untersuchung, wie wir Führungsqualitäten verbessern können. In der Folge verfasste der Autor eine Doktorarbeit an der Allahabad-Universität und wurde nach seinem Abschied von der Armee oberster Vorsitzender eines Management Institutes in Indien. Dadurch umfasst seine Untersuchung über Führung ein sehr breites Spektrum von Erfahrungen – und die Suche dauert noch an.

Im Jahre 1990 unterstützte der Kanzler der Sai Universität die Idee, dieses holistische und praktische Führungsmodell, wie es sich in mehr als zehn Jahren Forschungsarbeit entwickelt hatte, in einem Buch für die Jugend vorzustellen. Ungefähr zur gleichen Zeit übernahm die „Indira Gandhi National Open University" das Konzept als Textbuch für ihre 5000 M.B.A.-Studenten.

Während der nächsten zwei Jahre wurde das Modell einem Querschnitt von Studenten und Erwachsenen sowohl in Indien als auch in Übersee vorgestellt. Ihre enthusiastischen Reaktionen, Fragen und Kommentare hatten Einfluss auf die Gestaltung dieses Buches. Dankbare Anerkennung geht an die Studenten der Sai Universität; der Doon School und dem Rashtriya Indian Military College Dehradun; an die Senior Balvikas Studenten von Delhi; die Studenten der Universität von Illinois in Urbana; der Universität Pepperdine in Los Angeles; an die Teilnehmer eines Lehrer-Workshops in New Jersey USA; an die internationale Gruppe für Moralische Aufrüstung in Caux oberhalb Montreux; an die

Offiziers-Studenten des Defence Services Staff College von Indien; die Higher Command Courses im College von Combat, Indien; an die Offiziere der Indischen Militär Akademie; an die Teilnehmer der nationalen Management Kurse und der Kurse im Executive Development am Management Development Institute in Indien; an unzählige Gruppen von Eltern und Lehrern in Indien und in Übersee; und schließlich an eine Gruppe von Jugendlichen aus den USA, die am Sommerkurs der Sai Universität über „Indian Culture and Spirituality" im Sommer 1993 teilnahmen.

Seit 1979 ist Sanjay Chibber – damals noch als Schüler – in die Arbeiten des Autors einbezogen worden. Er bewies, dass ein im Geiste dieses Buches geführtes Leben zu einem tiefen Verständnis des Individuums in der Gesellschaft und zu raschem Erfolg führt. 1992 wurde er der jüngste Market Manager einer internationalen Megafirma in Los Angeles, USA. So wurde er zu einem Modellfall für internationale Geschäftsführung! Mit seinem ansteckenden Humor und seiner Weisheit ermutigte er den Autor, die Resultate dieser Untersuchungen mit der Jugend der Welt zu teilen. Der Dank geht an diesen vollkommenen Weltbürger.

Ein großer Dank für Kommentare und nützliche Hinweise geht auch an Dr. Narasimha Murthy von der Sai Universität, der das Manuskript sorgfältig durchlas. Ebenso an Generalmajor Bernhard Gruber aus Deutschland; Dr. Art-Ong Jumsai Na aus Thailand; Dr. M. Harvey, Bill Gaum, Dr. Jack Hawley, Hal Honig, alle aus den USA; Mr. T. R. Pillay aus Kanada und Shyam Sunder aus Indien.

Mr. P. K. Raghupathy, Herausgeber im Management Development Institute von Neu Delhi, ein Freund und Kollege des Autors, scheute keine Mühe, das Manuskript zu lektorieren und gab viele pragmatische Empfehlungen zur Verschönerung des Buches. Tiefe Dankbarkeit gebührt ihm für seine unentwegte Unterstützung, ebenso Mr. S. B. S. Ghuman vom selben Institut für die effiziente und hingebungsvolle Sekretariats-Arbeit.

Dr. Amitabh Saraf arbeitete wiederholt an der Verfeinerung der graphischen Darstellungen. Mein aufrichtiger Dank geht an diesen spirituellen Wissenschaftler.

Diejenigen, die wissen, wer der Kanzler der Sai Universität ist, und was seine Mission bedeutet, werden verstehen, dass kein Wort in diesem Buch ohne seine Inspiration hätte geschrieben werden können. Der Autor und alle, die vom Inhalt dieses Buches profitieren können, schulden ihm tiefsten Dank. Er war so freundlich, sowohl ein Vorwort als auch ein Nachwort zu diesem Buch zu schreiben.

Es gilt die glühende Hoffnung, dass dieses Buch für die jungen Männer und Frauen, welche die Führungskräfte von morgen werden wollen, nützlich sein wird. Ebenso nützlich sollte es für die Eltern und Lehrer sein, die diese Jugend erziehen.

Lt. Gen. (Dr.) M. L. Chibber

Prolog

Dieses Buch wurde für die Jugend geschrieben und für die, welche diese Jugend formen – die Eltern und Lehrer. Aus welchem Grund?

In der langsamen Entwicklung der Menschheit treten wir in ein völlig neues Zeitalter ein. Die drei Jahrhunderte nach 1850 werden höchstwahrscheinlich als Periode einer wesentlichen Veränderung in die Geschichte eingehen – einer Veränderung im Bewusstsein des Menschen von seiner eigenen spirituellen Realität zu einer weit höheren Stufe als dies heute der Fall ist. Wir befinden uns heute genau in der Mitte dieser entscheidenden Periode. Es ist faszinierend, wenn wir die ersten 150 Jahre dieses gewaltigen Übergangs überblicken. Eine kurze Betrachtung der Ereignisse in diesen anderthalb Jahrhunderten bestätigt uns, dass diese weit bedeutender und epochaler waren als die ganze vorangegangene Geschichte der Menschheit zusammen.

Diese Periode erlebte einen Höhepunkt im Versuch des Menschen, auf den verschiedensten Wegen das letztgültige Ziel von Frieden und Wohlstand zu finden. Die unterschiedlichsten Konzepte wurden ausprobiert, um gleich wieder als unzureichend erkannt zu werden. Eine Vielfalt von politischen Systemen – Monarchie, Diktatur, Kolonialismus, Imperialismus, Faschismus, Sozialismus, Kommunismus, Demokratie – wurde in verschiedenen Teilen der Welt übernommen und wieder fallen gelassen. Die Demokratie, als bestes der Systeme, hinkt mutig einher, ohne dass die erklärten Ziele erreicht worden wären. Weder der Kapitalismus noch der Kommunismus haben die wirtschaftlichen Probleme der Völker lösen können. Enorme Fortschritte in Wissenschaft und Technologie haben gewiss das physische Leben der Menschen sehr erleichtert; gleichzeitig jedoch konnten sie einem für die Menschen dauerhaften Glückszustand kein Jota zufügen. Im Gegenteil, das Leben wurde für die Menschen anstrengender als je zuvor.

Zwei Weltkriege mit erschreckenden Verlusten an Leben und Eigentum und ein sich anschließender Kalter Krieg wurden ausgetragen im Bestreben, eine „gerechte Weltordnung“ zu schaffen. Der Ausdruck „gerechte Weltordnung“ wurde nur dazu geprägt, um menschlicher Selbstsucht Anerkennung zu verschaffen. Auf der individuellen Ebene wurde die Selbstsucht mit einem moralischen

Mantel bekleidet, indem man nun von „eigenzentriertem Individualismus“ spricht. Diese Verschiebung von „Der-Gesellschaft-Dienen“ zu „Seinem-Ego-Dienen“ hat eine verheerende Wirkung auf die menschliche Natur. Was soll denn nun während der übrigen 150 Jahre dieser Übergangsperiode geschehen?

Die Herausforderungen des 21. Jahrhunderts wurden von Gelehrten und Wissenschaftlern mit wünschenswerter Objektivität durchdacht, visualisiert und aufgezeichnet. Diese können der Menschheit einen traumatischen Schock versetzen. Hoffentlich gelingt es uns aber zu erkennen, dass wir alle zugrunde gehen können, wenn wir uns nicht über unsere engen und kleinlichen Selbstinteressen erheben. Die wahrscheinlichen Herausforderungen werden die folgenden sein:

- Bevölkerungs-Explosion, vor allem in den Entwicklungs-Ländern.
- Starke wirtschaftliche Spannungen, verursacht durch die Anpassung des Lebensstandards zwischen Industrie- und Entwicklungsländern, wegen der Verbindung von Hoch-Technologie mit niedrigen Löhnen.
- Ökologische Umwälzungen, welche keine nationalen Grenzen kennen.

Wird der Mensch überleben? Die Antwort ist ein „unbedingtes Ja“. Der Grund für diese vertrauensvolle Bejahung liegt in der Tatsache, dass visionäre Menschen, die ihrer Zeit weit voraus blicken können, bereits einen Plan für das Überleben der Menschheit entworfen haben – ja mehr noch, um der ganzen Menschheit zu ermöglichen, das Ziel von Frieden, Chancen und Fülle zu erreichen. Dieser Entwurf handelt davon, unser Leben nach Menschlichen Werten zu führen, welche universell von jeder Religion und jeder Philosophie anerkannt sind. Leider hat die Menschheit diesen Entwurf während Tausenden von Jahren missachtet. Statt dessen versuchte sie, das Glück durch besitzergreifende Gier und sinnliche Vergnügungen zu erwerben. Heute erkennen wir, dass mit diesem Streben nach Glück genau das Gegenteil erreicht wird, nämlich Gier, Unruhe, Spannung, Hader, Streit und eine spirituelle Leere. Dieses Bewusstsein wächst und wird sich weiter ausbreiten, je mehr wir uns der härteren Wirklichkeit nähern, die vor uns liegt.

In vielen Gebieten Indiens werden diese drei Jahrhunderte bis zum Beginn des zweiundzwanzigsten Jahrhunderts heute schon als die „Sai-Ära“ bezeichnet. Während dieser Zeit wird sich ein

Großteil der Menschheit von der Religion (oder auch vom vollkommenen Fehlen der Religion) zur Spiritualität hin bewegen. Und dies wird trotz des erbitterten Widerstands der Priester und Geistlichen der verschiedenen Richtungen und Schattierungen geschehen, die aus Angst vor Verlust ihres Lebensunterhalts ein starkes Interesse am Status quo haben. Diese Entwicklung wird uns unweigerlich in das Zeitalter führen von der

EINHEIT DER MENSCHHEIT, GLOBALISIERUNG DER WIRTSCHAFT UND WELTBÜRGERSCHAFT.

Unser Übergang zu dieser globalen Einheit wird friedlich verlaufen, wenn die Führungskräfte lernen, dass überzeugen wichtiger ist als dominieren. Die erste Voraussetzung für ein solches Führungsverhalten ist – wie wir in diesem Buch darstellen werden – eine Grundhaltung, welche auf Selbstlosigkeit basiert. Eine solche Grundhaltung ist dann möglich, wenn Führungskräfte ihre Visionen von eigenzentriertem Individualismus zur Förderung von Wohlstand für die ganze Menschheit erheben. Die Vision zu solch erhabenen Höhen zu erheben wird keine leichte Aufgabe sein. Die vergangenen Jahrhunderte haben das Konzept des „Eigeninteresses" von Individuen, Völkern und Nationen derart tief in der Psyche des Menschen verankert, dass eine bewusste Anstrengung und vielleicht ein kräftiger Schlag notwendig ist, um diese Fesseln zu sprengen. Glücklicherweise finden wir in der Geschichte immer wieder Menschen, die sich ihre Vision der Menschlichkeit erhalten und dadurch der Menschheit viel Gutes getan haben. Viele dieser Menschen sind in der Liste von 108 inspirierenden Persönlichkeiten am Ende dieses Buches aufgezeichnet. Doch gibt es eine große Anzahl von Menschen in jedem Land dieser Erde, für die das alte indische Gebet lokasamastāh sukhino bhavantu (möge die ganze Welt glücklich sein) nicht bloß ein paar Worte sind, sondern ihr Handeln, ihren „way of life" bestimmt. Es sind Männer und Frauen, die ihre Eigeninteressen überwunden haben und ihr Leben der Verbesserung der Lebensbedingungen ihrer Mitmenschen widmen. Es gibt Männer und Frauen in New York, London, Kalkutta, Tokio und anderen Orten der Welt, die stillschweigend Nahrungsmittel einpacken, um die Hungernden zu speisen, die den Notleidenden helfen und die Niedergeschlagenen aufheitern. Sie sind Teil der Millionen von Menschen, welche erfahren durften, dass selbstloses

Dienen eine Quelle großer Freude ist. Und es werden immer mehr.

Für diesen Übergang der Menschheit in ein Neues Zeitalter müssen wir uns der Bedeutung der alten menschlichen Fähigkeit des „Führens" zuwenden. Denn es sind die Führungsqualitäten, welche über das harmonische Wohlbefinden und den Glückszustand einer Familie, einer Gesellschaft und eines Volkes entscheiden. Wenn es gelingt, dass die Führungskräfte auf allen Ebenen die wahre Grundlage von Führung erkennen – nämlich, dass wahre Führung, die zum Wohlbefinden einer Gesellschaft beiträgt, ein Nebenprodukt von Spiritualität ist – dann vollzieht sich dieser Übergang schneller, weniger mühselig und in der Tat mit Freude.

Dieses Buch wurde in der Absicht geschrieben, die Jugend – die Führungskräfte von morgen – mit den fundamentalen Wahrheiten und der praktischen Anwendung von Führung vertraut zu machen. Vor allem möchte das Buch vermitteln, dass Führung eine Fähigkeit ist, welche von allen, die bereit sind, an der Transformation ihres Charakters zu arbeiten, erworben und stetig verbessert werden kann. Weisheit und Tugend können von allen erreicht werden. Diese Tatsache wurde immer und immer wieder erfolgreich von entschlossenen Menschen bewiesen. Die Erfahrung lehrt uns, dass wir, wenn wir Willenskraft und Beharrlichkeit aufbringen, Meister unseres eigenen Schicksals sein können.

Die besondere Rolle, welche Eltern und Lehrer in diesem großen Abenteuer der Erziehung unserer zukünftigen Führungskräfte spielen, wird im neunten Kapitel dieses Buches beschrieben. Das gilt für Lehrer mehr als für Eltern, weil ein Lehrer während seines Arbeitslebens mehr als tausend Kinder beeinflusst.

Viele Verstandesmenschen stellen schon das bloße Konzept der Menschlichen Werte und des selbstlosen Führens in Frage und nennen es eine Utopie. Sie argumentieren – und dies mit einiger pragmatischer Logik –, dass der ganze Ansatz die in der Welt vorherrschenden Realitäten ignoriere. Drogensucht, Promiskuität, unethische Praktiken und verbreitete Gewalt sind heute Teil der menschlichen Kultur überall auf der Welt geworden. Das Fernsehen hat, unterstützt von suggestiven Werbesendungen, welche unsere animalischen Sinne und Triebe stimulieren, eine verheerende Wirkung hinsichtlich dieses Sittenverfalls. Wie soll sich dies alles zum Guten wenden, wenn es den Propheten und Heiligen wiederholt nicht gelungen ist, das menschliche Verhalten zu ändern, selbst in Zeiten, die noch nicht so moralisch verdorben waren wie die heutige? Obwohl diese Ansicht viel für sich hat, wird darin ein wesentlicher Faktor übersehen: Der evolutionäre Entwurf des Schöpfers kann nicht mit verstandesmäßigen Argumenten vorausgesagt werden. Die Krankheit unserer modernen Gesellschaft ist so tief verwurzelt, dass „sie nur mit einer geistigen Revolution in den Herzen und Köpfen der Menschen geheilt werden kann.“[1] Die Hoffnung liegt in der Tatsache, dass „der Mensch ... zu einer revolutionären Selbstveränderung fähig (ist).“[2] In ihrer langen und detaillierten Auseinandersetzung mit der Frage der Evolution des Menschen, der Gesellschaft und des Staates, kommen Toynbee und Ikeda zur antizipierenden Schlussfolgerung, dass im nächsten Kapitel der Geschichte „die Menschheit sich mit Erfolg politisch und spirituell vereinigen wird.“[3]

Wir machen uns heute lediglich sieben bis neun Prozent des Potentials des menschlichen Gehirns zunutze. Unser Gehirn hat ein dermaßen großes Potential und ist zu solch gewaltigen Leistungen fähig, dass wir uns nicht ausdenken können, zu welchem Gipfel die Menschheit aufsteigen kann. Wenn die Menschheit mit der Wahl zwischen kompletter Vernichtung oder Transformation konfrontiert ist, wird sie sich – vielleicht unbewusst – unweigerlich für die Transformation entscheiden.

Der wichtigste Faktor unserer Hoffnung ist die Jugend. Ungeachtet der Aussagen der Untergangspropheten stellen wir fest, dass sich unter den heutigen Schülerinnen und Schülern ein großer Idealismus ausbreitet. Und diese Jugend wird die Führungskräfte von morgen stellen. Dieses Buch ist zuallererst für sie geschrieben. Sie werden gut daran tun, sich immer an das folgende Sutra zu erinnern:

„Das Ziel von Weisheit ist Freiheit;
Das Ziel von Kultur ist Vollkommenheit;
Das Ziel von Wissen ist Liebe; und
Das Ziel von Erziehung ist Charakter“.[4]

1
Einleitung

Es ist allgemein bekannt, dass menschliche Gruppenaktivitäten Führung brauchen. Das Haupt einer Familie gilt gemeinhin als die bekannteste Führungsgestalt. Entwicklung, Glück und Wohlbefinden der Familie hängen von der Qualität dieser Führungskraft ab, sei es der Vater oder die Mutter.

In unserer heutigen Gesellschaft werden Tausende von Individuen dazu bestimmt oder gewählt, Führungs-Verantwortung zu übernehmen. Dies geschieht in Schulen und Universitäten (Klassensprecher, Sportmannschafts-Kapitän oder Gruppenchef in anderen Aktivitäten), Fabriken und Farmen, Firmen, Apotheken und Krankenhäusern, in den zivilen oder militärischen Behörden eines Landes und im öffentlichen Leben auf allen Stufen, kurz, in allen gesellschaftlichen Gruppierungen. Wenn diese Führungskräfte gute Männer oder Frauen sind, fördern sie Einheit, Harmonie, Stärke, Wohlstand und Glück in der Gesellschaft.

Die Absicht dieses Buches ist es, den Führungskräften von morgen ein ganzheitliches und praktisches Verständnis von Führung zu geben. Das eigentliche Ziel jedoch liegt darin, sie zu ermutigen, ein Programm zur Selbstentwicklung zu beginnen, um ihre Führungsqualitäten auf ein Höchstmaß zu verbessern.

Es ist wichtig zu erkennen, dass Führungseigenschaften nicht in der Schule unterrichtet werden können. Jedes Individuum jedoch hat die Fähigkeit, sich selbst zu ändern. Fortschritte zu machen und seinen Charakter zu vervollkommnen gehören zu den herausforderndsten und dazu aufregendsten, lohnendsten und freudigsten menschlichen Tätigkeiten. Wir werden sehen, wie jedermann, der bereit ist, die nötigen Anstrengungen auf sich zu nehmen, Meister seines eigenen Schicksals werden kann!

Je früher wir mit diesem Abenteuer der eigenen Entwicklung beginnen, eine umso höhere Stufe können wir erklimmen. Im letzten Kapitel werden wir sehen, wie bereits im Mutterschoß bestimmte Eigenschaften angelegt werden. Deshalb wurde ein Kapitel über die Aufgaben der Eltern und Lehrer in dieses Buch aufgenommen.

Ratschläge über Führung: vor 5000 Jahren

Die erste Aufzeichnung über gute Führungsqualitäten ist mehr als 5000 Jahre alt. Wenn wir diese sorgfältig lesen, erkennen wir, dass sie ebenso gut für unsere heutige Welt geschrieben sein könnte. Es ist wichtig, gleich zu Beginn unserer Ausführungen diese berühmten Ratschläge über die Eigenschaften einer guten Führungskraft zur Kenntnis zu nehmen.

Im Epos des Mahābhārata[5] wird erzählt, dass vor über 3000 Jahren v. Chr. in Indien auf dem Schlachtfeld von Kurukshetra – unweit der heutigen Hauptstadt Delhi – eine grausame Schlacht wütete. Es war ein blutiger Konflikt zwischen Vettern, den Pāndavas und den Kauravas. Der Kampf endete mit einem vollständigen Sieg der Pāndavas. In dieser Schlacht, welche vierzehn Tage lang dauerte, war Bhīshma der Oberkommandierende der Kauravas. Dieser große alte Mann – zur Zeit der Schlacht war er bereits 116 Jahre alt – wurde von der herrschenden Elite beider Kriegsparteien geliebt, respektiert und verehrt; dermaßen hoch war das Ansehen dieses großen Führers. In der Schlacht wurde er ernsthaft verwundet, und nach der Niederlage lag er sterbend auf dem Schlachtfeld. Sein Körper war von Hunderten von Pfeilen durchbohrt.

Krishna, der göttliche Führer und strategische Ratgeber der Pāndavas, forderte diese auf, Bhīshma ihre Ehrerbietung zu erweisen. Sie verließen ihre Streitwagen und schritten still zu Bhīshma hin. Krishna sprach lange zu ihm und lobte seine große Tapferkeit und Opferbereitschaft. Schließlich bat er Bhīshma um eine Belehrung für Yudhishthira, den ältesten der Pāndavas. Da dieser nun ein großes Königreich in der Schlacht gewonnen habe, solle ihm Bhīshma die Regierungskunst, die Kunst der Führung lehren. Mit leiser aber fester Stimme sprach der große alte Bhīshma folgendes:

- Du willst die Führungs-Kunst erlernen, damit du dein Königreich gut regieren kannst. Ich werde dir alles erzählen, mein Kind. Große Meister haben mich gelehrt, und ich will dir all dieses Wissen weitergeben.
- Es ist nicht leicht, gut zu regieren, und es ist dies die eine weltliche Pflicht eines Königs. Handlung formt das Schicksal und nicht umgekehrt.
- Des Königs höchste Verpflichtung besteht den Göttern gegenüber. Als nächstes und gleich wichtiges folgt die Wahrheit.

Wahrheit ist die höchste Zuflucht. Die ganze Welt ruht auf der Wahrheit.

- Das Verhalten eines Königs sollte ohne jeden Tadel sein. Selbstbeherrschung, Demut, Rechtschaffenheit und Aufrichtigkeit sind wichtig für seinen Erfolg. Er sollte seine Leidenschaften unter vollkommener Kontrolle haben.
- In der Sanftmut liegt eine Gefahr. Der König sollte nicht zu milde sein, sonst wird er missachtet. Die Leute werden nicht genug Respekt vor ihm und seinem Wort haben. Er muss aber auch das andere Extrem vermeiden, nämlich zu streng zu sein. Die Leute werden dann Angst vor ihm haben, und dies wäre kein glücklicher Zustand.
- Mitgefühl muss Teil seiner geistigen Ausrüstung sein. Aber er muss sich davor hüten, eine zu versöhnliche Persönlichkeit zu sein, denn sonst wird er von schlechten Menschen als Schwächling betrachtet, und sie werden sich Vorteile daraus verschaffen.
- Wachsamkeit ist unentbehrlich. Er muss seine Freunde und Feinde jederzeit prüfend beobachten.
- Seine erste Pflicht besteht gegenüber seinem Volk. Er sollte sich um das Volk kümmern, ohne selbstgefällige Gedanken. Seine eigenen Wünsche und Begehren muss er denen seines Volkes unterordnen. Er sollte sein Volk behüten, wie eine Mutter ihr Kind behütet.
- Der König muss sich in Acht nehmen, nicht in jedermann blindes Vertrauen zu haben. Er sollte seine innersten Gedanken sogar vor seinen Nächsten und Liebsten geheim halten.
- Er muss den richtigen Zeitpunkt erkennen, Schutz in seiner Festung zu suchen, wenn seine Stellung schwach ist. Und er sollte zum Frieden bereit sein, wenn sein Feind stärker ist.
- Sei gefällig in deiner Rede.
- Ein König muss sich mit Leuten von gleichem Charakter, deren Eigenschaften edel und vortrefflich sind, umgeben. Der einzige Unterschied zwischen ihm und seinen Amtsträgern ist der weiße Schirm, der sein höheres Amt anzeigt.
- Das Volk soll in Freiheit und Glück leben dürfen, wie in seines Vaters Haus. Das Wesentliche der Rolle des Königs ist es, das Volk und sein Glück zu schützen. Es ist nicht leicht, dieses Glück zu sichern. Ein König muss verschiedene Methoden anwenden.

Können, geistige Beweglichkeit und Wahrheit sind alle drei wichtig.

- Achte auf den Zustand des Königreichs. Alte und schäbige Anlagen sind ein Zeichen von Vernachlässigung. Verbessere die Zustände, um ein gutes Ansehen zu gewinnen.
- Wisse, wie die Macht der Bestrafung angewendet wird, und zögere nicht, die Bösewichter zu bestrafen. Züchtigung führt die Menschen oft zum Guten. Kenne also die Wissenschaft der Züchtigung.
- Eigeninteresse ist der machtvollste Faktor im Leben eines jeden. Niemand liebt einen andern, ohne dass eine Art von Gewinn mit im Spiel ist.
- Die Schatzkammer sollte immer voll sein.
- Ein König sollte selbst die Arbeit all seiner Amtsträger überwachen.
- Traue nie ohne weiteres den Wächtern der Stadt oder der Festung.
- Handle im Geheimen vor deinen Feinden. Du kannst das Königreich nie mit Aufrichtigkeit oder Einfältigkeit beschützen. Du solltest sowohl aufrichtig als auch schlau sein.
- Ein König, der von seinen Untertanen verehrt wird, wird ganz natürlich auch von seinen Feinden respektiert und gefürchtet.
- Nichts, selbst nicht die geringste Handlung, kann von einem einzelnen Menschen vollbracht werden. Er braucht Unterstützung.
- Der König kann nicht vorsichtig genug sein. Schlechte Menschen können als ehrliche erscheinen und ehrliche Menschen als unehrliche. Der ehrliche Mensch kann unehrlich werden, denn niemand kann immer gleicher Gesinnung sein.
- Niemandem sollte vollständig vertraut werden. Aber ein Mangel an Vertrauen ist auch falsch. Die Taktik: vertraue, aber kontrolliere.
- Hege keine Bosheit in deinem Herzen, absolut keine.
- Dharma (richtiges Handeln) ist das Losungswort eines Königs. Nichts ist mächtiger! In dem Ausmaß, wie du Dharma vernachlässigst, wird der Zerfall einsetzen.
- Der Tod nähert sich jeder Kreatur zu jeder Zeit. Was du für morgen zu tun geplant hast, muss schon heute vormittag getan werden! Der Tod ist erbarmungslos. Er wird nie warten, bis alle

deine Pläne ausgeführt sind. Auf den Tod vorbereitet zu sein, ist wichtig. Die Welt ist ein vorübereilendes Schauspiel.

- Der Mensch wird alleine geboren und er stirbt alleine. Er hat keinen einzigen wirklichen Begleiter auf seinem Weg durch diese Episode, die wir Leben nennen. Die Gemahlin oder der Gemahl, der Vater, die Mutter, die Kinder, die Verwandten, die Freunde, sie alle wenden sich von deinem Körper ab und gehen ihrer Arbeit nach. Nur Dharma folgt dem Körper nach. Er ist der einzige dauerhafte Freund des Menschen und das einzige, wonach er streben sollte.

Nachdem er alles gesagt hatte, was zu sagen war, lächelte Bhīshma schwach und schloss seine Augen – ein Zeichen für die Pāndavas, zu gehen.

Es braucht lange und sorgfältige Vorbereitung, um diese Stärke des Charakters zu erlangen, damit wir Bhīshmas Ratschläge in die Tat umsetzen können. Wir müssen die Bedeutung von Führung in praktischen Begriffen verstehen, ebenso müssen wir den Vorgang von Führung, die wichtigsten Tätigkeiten einer Führungskraft, die wesentlichsten Bestandteile guter Führung verstehen, und wie diese Komponenten gestärkt werden können.

Bevor wir uns nun auf die Reise machen, die genannten Führungs-Eigenschaften zu diskutieren, müssen wir einige wesentliche Komponenten dieser Fähigkeit klären. Es sind dies:

- Der Maßstab, um gute Führungseigenschaften messen zu können.
- Führungseigenschaften in verschiedenen Arbeitsgebieten.
- Führung versus Management.
- Führung als Nebenprodukt von Spiritualität.

Der Maßstab, um gute Führung messen zu können

Wie man gute Führungseigenschaften messen kann, ist eine ganz natürliche und oft gestellte Frage. Leute fragen sich: „War nicht Hitler ein großer Führer? Ganz Deutschland befolgte seine Befehle. Die deutsche Industrie und Technologie erreichten neue Höhen während seiner Regierung, und fast hätte er ganz Europa und Nordafrika erobert." Alles dies ist zwar wahr, doch brachte er unbeschreibliches Leiden und Elend über das deutsche Volk – ja über fast ganz Europa.

Der Maßstab, um gute Führung messen zu können, ist die Dauerhaftigkeit und die Vorbildlichkeit einer Kultur, welche eine Führungskraft hinterlässt, lange nachdem sie die Bühne verlassen hat.[6] Diese Wahrheit erkennen wir, wenn wir das außergewöhnliche Niveau einer Kultur betrachten, wie es in Familien, Institutionen, Unternehmen, Armeen, Gemeinden und sogar Nationen fortbesteht. Irgendwo in der jeweiligen Vorgeschichte haben ein Grossvater oder eine Mutter oder ein Geschäftsführer kraft seiner oder ihrer Führung eine vorbildliche Kultur geschaffen, welche fortdauert. Es ist diese Art von Führungskräften, welche die Welt braucht, wenn wir in eine neue Ära von Frieden und Wohlstand aufbrechen wollen, auf der Grundlage der Bruderschaft aller Menschen.

Im Wissen darum, wie die Diskussion über die Bedeutung von verschiedenen bekannten Führungsgestalten der Geschichte Verwirrung in unserem Denken verursacht, hat der Kanzler der Sai Universität eines Tages seine Studenten gefragt, was denn der Unterschied sei zwischen einer guten und einer großen Führungskraft. Mehrere Antworten wurden gegeben, doch keine davon befriedigte den Kanzler. Schließlich vermittelte er den Unterschied mit den folgenden Worten: „Eine große Führungskraft ist selbstbezogen, eine gute Führungspersönlichkeit ist für die andern da." Führergestalten wie Hitler werden größenwahnsinnig und zu Gefangenen ihres Egos. Sie kümmern sich nicht um ihr Volk. Ihre Hauptsorge betrifft nur sie selbst. Sie verursachen ihrem Volk viel Leid.

Führung in verschiedenen Arbeitsgebieten

Oftmals wollen die Leute wissen, wie sie in ihrem speziellen Arbeitsgebiet eine gute und effiziente Führungskraft werden können. Zum Beispiel in der Führung einer Sportmannschaft, eines Krankenhauses, einer Schule, einer Universität, eines Dienstleistungsbetriebs, einer Autofabrik, einer militärischen Einheit oder von was auch immer. Die Antwort ist ganz einfach.

Neunzig Prozent der Führungsqualitäten hängen von unserem Charakter ab. Das Erziehungssystem jeder Zivilisation, welche ein Goldenes Zeitalter erreicht hat, konzentrierte sich in der Hauptsache auf die Ausbildung eines guten Charakters auf der Grundlage der universellen Menschlichen Werte.

Die Studenten wurden fortwährend und mit Nachdruck an diese grundsätzliche Notwendigkeit erinnert. Der ganze Lehrplan und alle sonstigen Aktivitäten in den Erziehungsanstalten waren auf dieses Ziel hin ausgerichtet. Demzufolge gehört ein tadelloser Charakter zu den Führungsqualitäten in allen Tätigkeitsgebieten und macht neunzig Prozent unseres Potentials aus. Wenn wir jetzt noch die restlichen zehn Prozent Wissen über das spezielle Arbeitsgebiet hinzufügen, dann werden wir eine Führungskraft in eben diesem Gebiet. Zum Beispiel hängt der Wirkungsgrad eines Armeegenerals zu neunzig Prozent von seinem Charakter ab, und nur zu zehn Prozent von seinem beruflichen Wissen und von seinen Fähigkeiten in der Kunst der Kriegsführung. Ebenso hängt der Erfolg eines Geschäftsführers zu neunzig Prozent von seinem Charakter ab und zu zehn Prozent von seinen Fähigkeiten, einen Betrieb zu managen.

Es gibt ein interessantes Ergebnis aus einer Untersuchung des Stanford Research Institutes in den USA, welches einen Bezug zu dieser Frage hat. In den achtziger Jahren begannen amerikanische Wissenschaftler zu untersuchen, warum es den Japanern gelang, in fast allen wirtschaftlichen Unternehmen und Aktivitäten an den Amerikanern vorbei an die Spitze zu drängen. Und dies, obwohl die Japaner in ihrem Land nicht viele Betriebswirtschaftsschulen haben, während es in den USA die besten Schulen der Welt gibt, sogenannte „Business Management Colleges“.

Das Ergebnis dieser Untersuchung des Stanford Research Institutes zielte ganz deutlich auf ein Gebiet, welches die Amerikaner vernachlässigt hatten. Tatsächlich fasst das Ergebnis die wieder zu entdeckenden Eigenschaften von guter Führung zusammen. Die Schlussfolgerung der Untersuchung lautet:

> „Zwölf Prozent ‚wirkungsvoller Betriebsführung‘ (‚effective management‘ ist der Management-Begriff für Führung) ist Wissen und achtundachtzig Prozent ist der richtige Umgang mit den Leuten.“

Wir werden in diesem Buch erfahren, dass es in der Hauptsache der Charakter einer Führungskraft ist, welcher diese zum richtigen Umgang mit den Leuten befähigt. Keine oberflächlich erworbene Geschicklichkeit kann diese fundamentale Wahrheit ersetzen. Oder wie diese universelle Tatsache von dem berühmten amerikanischen Schriftsteller Emerson ausgesprochen wurde, als er sagte: „Das, was du bist, schreit so laut an mein Ohr, dass ich nicht hören kann, was du sagst."

Führung versus Management

Es gibt oft nutzlose Auseinandersetzungen über die Frage, ob denn Führung oder Management wichtiger sei.

Seit der Französischen Revolution betrachten viele Gelehrte Führung als undemokratisch. Sie wurde als missbrauchtes Privileg der Aristokratie, welche die Menschen zur damaligen Zeit beherrschte, angesehen. Alleine die Vorstellung von Führung kam der akademischen Gemeinde verdächtig vor. Es wurde damit argumentiert, dass Demokratie Gleichheit für alle bedeute. Somit gab es keinen Bedarf mehr für eine Führung. Das war eine falsche Ansicht.

Demokratie bedeutet Gleichheit der Chancen und nicht Gleichheit der Fähigkeiten. Sogar zwei Geschwister mit gleichem Erbgut und gemeinsamem Umfeld, in dem sie aufwachsen, haben unterschiedliche Fähigkeiten. Aber die Abneigung gegen Führung blieb bestehen – vor allem in Frankreich und in den USA, wo „Gleichheit" als eine der wichtigsten Säulen in die Verfassung aufgenommen wurde.

Mit dem Entstehen von „Management" als einer Sozialwissenschaft an den Universitäten erfuhr das Konzept von Führung einen weiteren Rückschritt. Der Wendepunkt wurde erreicht, als in den siebziger Jahren selbst in der amerikanischen Armee das Konzept von Führung durch das Konzept von Management ersetzt wurde. Dies geschah in der Zeit, als Robert MacNamara Verteidigungsminister der USA war. Das Land war damals in den Vietnam Krieg verwickelt. Die Amerikaner verloren diesen Krieg – der einzige Krieg, den sie in ihrer Geschichte verloren haben. Einer der Hauptgründe, welcher zu dieser Niederlage geführt hat, liegt in der Ablehnung von Führung zugunsten von Management. Seitdem haben sie ihre Lektion gelernt und wurden sich der Bedeutung von Führung als dem Schlüsselfaktor, um Kriege zu gewinnen, wieder bewusst.

Es ist gut, wenn wir Management als nützliches Werkzeug in den Händen einer Führungskraft richtig einschätzen. Man kann ein guter Manager sein, ohne Führungsqualitäten zu haben, jedoch kann man keine gute Führungskraft sein, ohne gleichzeitig ein guter Manager zu sein. Es ist in der Tat sogar falsch, diese beiden Qualitäten überhaupt zu vergleichen. Da jedoch bereits eine große Kontroverse über diese Themen im Gange ist, ist es hilfreich, die Doyens der Management-Theorie aus den USA zu zitieren:

> „Management ist ausgerichtet auf die funktionale Ebene: Wie kann ich bestimmte Dinge am besten bewerkstelligen? Führung beschäftigt sich mit der darüberliegenden Ebene: Welches sind die Dinge, die ich bewerkstelligen will? In den Worten von Peter Drucker und Warren Bennis: ‚Management ist, wenn man die Dinge richtig macht; Führung ist, wenn man die richtigen Dinge macht.' Management ist Effizienz beim Klettern auf der Erfolgsleiter; Führung bestimmt, ob die Leiter an der richtigen Wand steht."[9]

Eine Analyse der Management-Epochen in diesem Jahrhundert hat die neunziger Jahre als „Epoche der Führung" bestimmt. Diese Entwicklung unterstreicht die Bedeutung der Wiederentdeckung von Führung als dem Schlüsselfaktor für außergewöhnliche Leistungen in Familien, Organisationen, Gemeinden, Ländern – ja in der ganzen Welt. Es ist daher angebracht, dass die Jugend über diese menschliche Fähigkeit etwas lernt.

Führung ist ein Nebenprodukt von Spiritualität

Im Fortschreiten unserer Diskussion über Führung wird uns klar werden, dass Führung ein Nebenprodukt von Spiritualität ist. Diese Wahrheit jedoch ist von einer solch grundlegenden Wichtigkeit, dass sie es verdient, jetzt schon erwähnt zu werden. Es ist die Verwirklichung dieser fundamentalen Wahrheit, welche es der indischen Zivilisation ermöglichte, mehr als 6000 Jahre zu überleben. Diesen Punkt hat der Kanzler der Sai Universität im November 1991 ausdrücklich betont.

Die folgende Begebenheit geschah ein paar Tage vor der Eröffnung des neuen „Super-Speciality-Hospitals". Diese einmalige Institution, wo unentgeltliche Operationen an allen inneren Organen gemacht werden, ist von einer gigantischen Größe, einer architektonischen Schönheit und im Besitz der neuesten, aus der ganzen Welt stammenden Ausrüstung. An diesem Spital wurde „rund-um-die-Uhr" gebaut. Zur Eröffnung waren Leute aus der ganzen Welt versammelt, welche mit großer Begeisterung dieses

Ereignis beobachteten. Eines Morgens kam der Kanzler der Universität und stand nahe bei den „post-graduate" Studenten. Er hielt einen Brief in seiner Hand. Beiläufig erwähnte er den Studenten gegenüber, dass dies ein Brief des indischen Staatspräsidenten sei. Der Präsident war Ehrengast bei der Grundsteinlegung vor einem Jahr gewesen. Bei diesem Anlass hatte der Kanzler erklärt, dass dieses Spital in genau einem Jahr funktionstüchtig sein werde. Aus verschiedenen Gründen verzögerte sich der Baubeginn um sechs Monate. Zu diesem Zeitpunkt schaltete sich der Kanzler ein, und das Bauprojekt konnte in Angriff genommen und zum vorgesehenen Termin fertiggestellt werden.

In dem erwähnten Brief erklärte der indische Staatspräsident, dass die Fertigstellung dieses Projektes innerhalb von nur fünf Monaten ein Wunder sei. Hätte die indische Regierung ein solches Projekt in Angriff genommen, hätte es mindestens fünf Jahre bis zur Fertigstellung gedauert!

Als der Kanzler gerade wieder weitergehen wollte, sagte der in der Nähe sitzende Autor, dass diese Leistung eine hervorragende Fallstudie über Führung für die M.B.A.-Studenten der Universität abgeben würde. Der Kanzler hielt inne, schaute den Autor streng an und sagte: „Nein, es ist nicht Management", und hob seine Augen zum Horizont und rezitierte einen alten Sanskrit-Vers aus den Veden, welcher der Menschheit vor Tausenden von Jahren gegeben wurde:

> *„Na karmana, na prajaya, dhanena. Tyagenaike amrutatwa manshu."* (Nicht durch Handeln, nicht durch Nachkommenschaft, nicht durch Reichtum, sondern allein durch Opferbereitschaft kann Unsterblichkeit erlangt werden).

Tyāga ist das Schlüsselwort in dieser Stanze. Es ist nicht einfach, dieses Sanskritwort zu übersetzen. Es kann Opfer, Selbstlosigkeit, Entsagung, Loslassen von eigenen Wünschen bedeuten. Es ist genau diese Tugend, welche die Führungskraft befähigt, das Unmögliche zu erreichen. [Was muss denn geopfert werden? Es ist das „Netzwerk des Egoismus", wie es im siebenten Kapitel (siehe Abbildung 7.1) erläutert wird (mündliche Ergänzung des Autors zur deutschen Ausgabe)].

Was aber ist nun Spiritualität? Und was bedeutet Selbstverwirklichung?

Spiritualität ist das Sich-Emporheben über die rein zeremoniellen Aspekte der Religionen in Kirchen, Tempeln oder Moscheen. Spiritualität heißt, die Tatsache zu verstehen und auch zu erfahren, dass der Schöpfer und seine Schöpfung EINS sind.

Die folgende Aussage von Sai Baba macht diesen Prozess und das Endziel spirituellen Wachsens ganz deutlich:

> *„Es ist gut, in eine Religion hineingeboren zu werden, aber es ist nicht gut, darin zu sterben. Wachse und befreie dich von den Begrenzungen der Regeln und Doktrinen, die deiner Gedankenfreiheit Grenzen setzen, und von den Zeremonien und Riten, die einschränken und Vorschriften machen. Erreiche den Punkt, wo Kirchen keine Rolle mehr spielen, wo alle Wege enden und wo alle Wege ihren Anfang haben."*[10]

Spirituelles Wachstum kann erreicht werden, wenn wir unser weltliches Leben in Übereinstimmung mit den Menschlichen Werten leben. Das spirituelle Wachstum kulminiert in der Erfahrung unserer Wirklichkeit. Diese universelle Erfahrung wurde von den Heiligen und Sehern aller Glaubensrichtungen folgendermassen beschrieben:

„Ich und mein Vater sind eins." – *Jesus Christus*
„Annul Haqq – Ich bin die Wahrheit." – *Islam*
„So'Ham – Ich bin Das" – *Hinduismus*

Bemerkung für Lehrer

Für die Studenten ist es einfacher, Führung zu verstehen, wenn der Inhalt dieses Buches auf wirkliche Lebenssituationen angewandt wird. Zum Beispiel begann ein Lehrer dieses Studium mit der Aufgabe, dass jede Schülerin und jeder Schüler sich vorstellen solle, als Leiterin oder Leiter einer (frei wählbaren) Sportmannschaft gewählt worden zu sein. Die Aufgabe bestand nun darin, eine Mannschaft so zusammenzustellen und zu trainieren, dass sie das in sechs Monaten stattfindende Inter-College Turnier gewänne. Eine Lehrerin der 11. Klasse ließ jedes Mitglied ihrer Klasse sich vorstellen, dass es nach dem Übergang in die 12. Klasse als Klassensprecher/Klassensprecherin gewählt würde.

Es gibt zahlreiche Möglichkeiten, wie Schülerinnen und Schüler eine Führungsrolle übernehmen können.

2
Definition von Führung

Definition des Begriffs Führung

Es gibt allein in der englischsprachigen wissenschaftlichen Literatur mehr als 350 Definitionen des Wortes „Führung“ (engl. „leadership“). Dies zeigt, wie groß die Verwirrung über diesen Begriff und wie groß dessen Komplexität ist.

Die Definition, welche am ehesten einen Anflug von praktischem Menschenverstand hat, stammt von einem englischen Arzt, Lord Moran, der während des Ersten Weltkrieges (1914-1918) als Stabsarzt in einem britischen Infanterie-Regiment in Frankreich stationiert war.

Er sah, wie junge, kaum aus der Schule entlassene Armee-Offiziere ihre Mitbürger anfeuerten, die Deutschen in Angriff und Verteidigung zu bekämpfen, wohl wissend, dass viele von ihnen getötet oder verstümmelt würden. Er begann sich zu fragen, wie jemand einen solch bestimmenden Einfluss auf andere haben konnte. Zunächst glaubte er den Grund in der Autorität des Offiziersrangs sehen zu müssen, oder im strengen militärischen Gesetz, welches die spartanische militärische Disziplin erzwingt. Doch war er auch Zeuge von erniedrigender Feigheit, wenn einzelne Offiziere einfach unfähig waren, trotz Offiziersrang und strenger Disziplin, ihre Truppen zu überzeugen, ihr Leben zu riskieren. Der Krieg ging zu Ende und Moran kehrte zu seinem angestammten Beruf zurück. 1939, am Vorabend des Zweiten Weltkrieges, wurde er zum Präsidenten des Britischen Ärzte-Rates gewählt. Damit war er praktisch die höchste Autorität unter den Ärzten zu diesem Zeitpunkt der Weltgeschichte. Er wurde auch der persönliche Arzt des damaligen britischen Premierministers Sir Winston Churchill. In dieser Eigenschaft hatte er gewissermaßen einen Logenplatz als Beobachter aller menschlichen Aktivitäten der obersten Führungskräfte der Welt – in der Politik, in der Industrie, im Militär, in der Arbeiterschaft und so weiter. Dabei kam er zu folgender Definition von Führung:

> „Führen ist die Fähigkeit, Pläne zu entwerfen, die erfolgreich sind, und die Begabung, andere zu überzeugen, diese – an-

gesichts aller Schwierigkeiten, selbst angesichts des Todes – auszuführen.“[11]

Die Definition besteht aus zwei Teilen. Der erste Teil handelt von der Fähigkeit, Pläne (Programme, Projekte oder was auch immer) zu entwerfen, welche eine große Wahrscheinlichkeit auf Erfolg haben. Dies impliziert, dass die Pläne realistisch sein sollten. Um dies tun zu können, sollte die Führungskraft umfassende Informationen über Größe und Qualität der zur Verfügung stehenden Mittel haben. Auch sollte sie das Umfeld verstehen, in welchem der Plan ausgeführt werden muss. Der zweite Teil der Definition handelt von der Durchführung des Planes. Kein Plan kann genau so durchgeführt werden, wie er ursprünglich ausgedacht war. Ein Plan muss von denjenigen ausgeführt werden, die für ihre Führungskraft arbeiten. Sie werden zwangsläufig mit Schwierigkeiten und Hindernissen konfrontiert werden. Sie müssen ihre eigenen Ideen über die aufgetragene Aufgabe entwickeln. Aus diesem Grund muss eine Führungskraft die Begabung haben, andere zu überzeugen, den Plan trotz Schwierigkeiten, Entmutigungen und Rückschlägen auszuführen. Diese Fähigkeit ist es, welche, wie wir früher bereits gesehen haben, etwa neunzig Prozent der Effizienz einer Führungspersönlichkeit ausmacht.

Diese Definition können wir auch in einfachere Worten fassen. In irgendeiner Situation, auf welcher Stufe auch immer, und wie komplex auch immer die Sache ist, läuft Führung auf das folgende hinaus:

Wissen, was zu tun ist + ES TUN LASSEN

Der Größenunterschied der Buchstaben bezieht sich auf die relative Wichtigkeit der beiden Teile. Einen realistischen Plan machen zu können, ist wichtig. Den Plan aber auch durchführen zu können, ist die bei weitem wichtigere und herausforderndere Fähigkeit einer Führungskraft. Ein gesundes Wissen über unser Arbeitsgebiet hilft uns bei der Entscheidung, was zu tun ist, und die Kraft unseres Charakters hilft uns, den Plan durchzuführen. In der Management-Terminologie können wir diese Definition auch so ausdrücken:

Fähigkeit + EFFEKTIVITÄT

Was für ein Menschentyp kann sich mit dieser Definition von Führung messen?

Während der letzten fünf oder sechs Jahrzehnte gab es eine hektische Suche nach der „Sofort-Technik", um eine wirkungsvolle Führungskraft zu werden. (In der wissenschaftlichen Management-Literatur spricht man im Zusammenhang mit Führung von „managerial effectiveness"). Überzeugende Bücher über Theorien, Stile, Haltungen, Verhalten, Werkzeuge und Techniken von Führung wurden geschrieben und für aufstrebende Führungskräfte auf den Markt gebracht.

Bei dieser Suche nach Abkürzungen erkennt man jetzt endlich, dass es keine leichten oder schnellen Rezepte, eine gute und wirksame Führungskraft zu werden, gibt. Diese Einsicht findet ihren überzeugenden Ausdruck in den folgenden Worten: „Wenn ich versuche, Sozialtechniken einzusetzen, um andere Menschen zu bewegen, das zu tun, was ich will – während mein Charakter voller grundsätzlicher Fehler, von Zweideutigkeit und Unaufrichtigkeit geprägt ist –, dann kann ich, auf lange Sicht, nicht erfolgreich sein."[12] Dieses Problem zeigt uns den inneren Zusammenhang zwischen dem Thema unserer Studie und der 6000-jährigen Geschichte der indischen Zivilisation mit Zyklen großer Herrlichkeit und tiefster Entbehrung.

Im November 1990 hatte der Kanzler der Sai Universität eine längere Unterredung mit den M.B.A.-Studenten und den Lehrern. Als Perfektionist auf jedem Gebiet der Erziehung an der Universität befragte er sie lange über den Führungs-Kurs und was sie dabei gelernt hätten. Nach ungefähr einstündiger Diskussion gab er klare Antworten zu zwei Kernfragen über diese Fähigkeit:

- Wer kann eine gute Führungskraft sein?
- Was umfasst der Führungsprozess?

Wer kann eine gute Führungskraft sein?

Nur ein Mensch, dessen Gedanken, Worte und Taten in Harmonie sind, kann eine gute und wirkungsvolle Führungskraft werden. Seine Gedanken sind rein – ihre Quelle entspringt nicht der Lust, dem Ärger, der Anhaftung, dem Geiz, dem Egoismus oder der Eifersucht. Er sagt, was er denkt – es gibt keine Doppelzüngigkeit, und er tut, was er sagt -; es gibt keine Unaufrichtigkeit oder Heuchelei in seinen Taten. Kurz gesagt, er ist ein ehrlicher und aufrichtiger Mensch, sowohl in seinen Worten wie auch in seinem Verhalten. In Abbildung 2.1 sind zwei Personen dargestellt. Die erste Person ist ein cleverer, auf die Welt ausgerichteter Mensch, dessen Gedanken sich auf sein Eigeninteresse beziehen. Sie denkt sich eine Sache, doch sagen tut sie etwas ganz anderes. Und wenn es um eine Tat geht, so wird diese Person selten das tun, was sie zu tun vorgegeben hat. Bei der zweiten Person stimmen Gedanken, Worte und Taten überein.

Wir vertrauen einer Person, deren Gedanken, Worte und Taten in Harmonie sind. Dies ist der Typ Mensch, welcher das Potential besitzt, eine gute Führungskraft zu sein. In späteren Kapiteln werden wir den Charakter solcher Menschen detaillierter diskutieren.

Führung in Aktion: „*Mahāvākya*"

Die Diskussion über Führung an der Sai Universität fand ihren Höhepunkt in einer Aussage des Kanzlers, die als mahāvākya* – das große Wort – über Führung bekannt wurde. Er fasste die Quintessenz von Führung in nur vier Worten zusammen:

SEIN – TUN – SEHEN – SAGEN

Dieses mahāvākya und die relative Wichtigkeit seiner Komponenten sind in Abbildung 2.2 dargestellt.

SEIN – ist die Quelle von Führung
TUN – ist der Führungsstil durch persönliches Beispiel
SEHEN und SAGEN – sind die Tätigkeiten, Werkzeuge und Techniken von Führung

SEIN bedeutet die Summe von Allem, was einen Menschen ausmacht. Es setzt sich zusammen aus seinen Wertvorstellungen, seinen Qualitäten und seinem Wissen – mit andern Worten: sein

* Mahāvākya ist ein Begriff aus dem Sanskrit und bedeutet „großes Wort". Es ist eine Bezeichnung für vedische Lehrsätze (göttliche Aphorismen) der alten Indischen Schriften, welche die ewigen Wahrheiten verkünden, wie das „tat tvam asi" (Das bist Du).

HARMONIE IN GEDANKE, WORT UND TAT

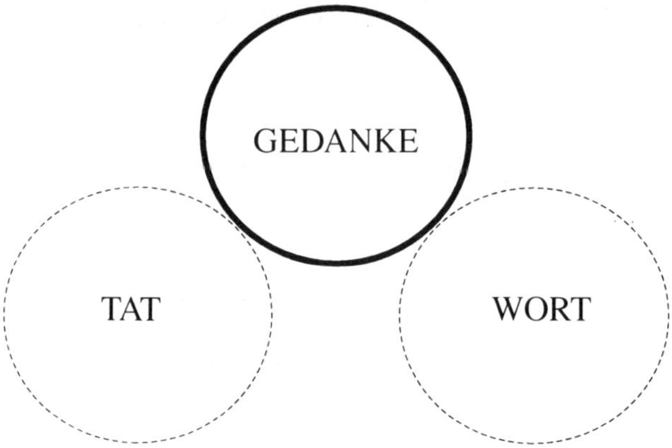

CLEVERER MENSCH

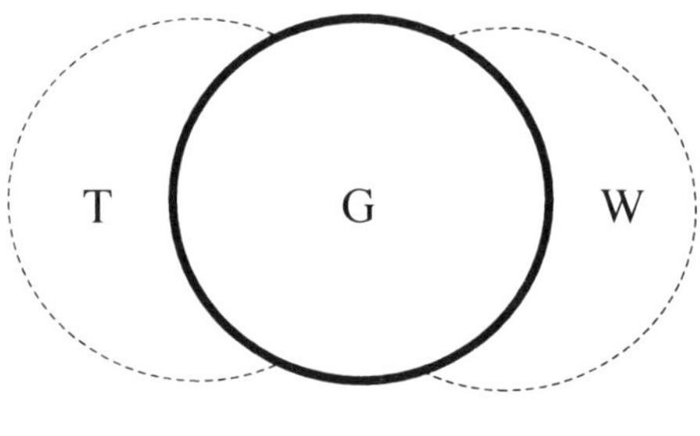

VERTRAUENSWÜRDIGER MENSCH

Abbildung 2.1

MAHĀVĀKYA ÜBER FÜHRUNG

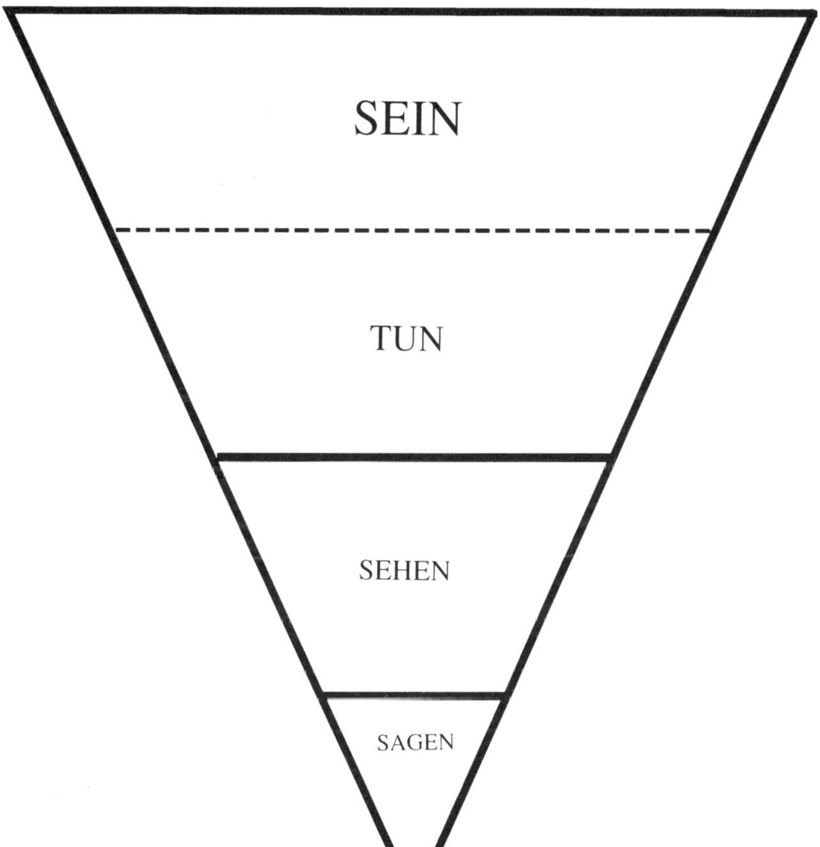

Abbildung 2.2

ganzes WESEN. „SEIN ist der Anfang und das Ende von Führung."* Dieser einfache Satz drückt die historische Wahrheit aus, dass das Potential und die Wirksamkeit einer Führungskraft direkt proportional ist zu der Kraft ihres SEINS. Deshalb wird SEIN in Abbildung 2.2 als größte Komponente im Führungsprozess gezeigt. Aus diesem Grund weist der in diesem Buch dargestellte ganzheitliche und praktische Ansatz mit großem Nachdruck auf die Bedeutung des SEINS hin. Die universellen Bestandteile des SEINS einer guten und wirkungsvollen Führungskraft werden in den Kapiteln 3, 4, 5 und 6 erklärt, während die Techniken, wie man diese verstärken kann, in den Kapiteln 7 und 8 diskutiert werden. Wir wollen jedoch einmal mehr feststellen, dass neunzig Prozent des SEINS einer Führungskraft deren Charakter ausmacht.

TUN deutet darauf hin, dass der beste Führungsstil darin besteht, mit seinem persönlichen Beispiel zu führen: vorzuleben was wir predigen. Stil ist die Widerspiegelung der eigentlichen Substanz eines Menschen – sein ganzes Sein. Persönliches Vorbild kann nur gegeben werden, wenn das SEIN einer Führungskraft zur Nachahmung würdig ist. Schwindler, die nur vorgeben, etwas zu sein, was sie nicht sind, werden schnell entlarvt – „Man kann sie kilometerweit riechen."** In Abbildung 2.2 wird dies mit der perforierten Linie zwischen SEIN und TUN dargestellt. Mahatma Gandhi hat mit seinem persönlichen Vorbild versucht, das Problem der „Unberührbarkeit" im indischen Kastensystem auszumerzen, indem er sich mit diesen Menschen getroffen und in ihren Häusern mit ihnen gegessen hat. Das persönliche Beispiel ist im Krieg und im Frieden klar und äußerst ansteckend. Es ist die machtvollste Technik, andere Menschen zu beeinflussen. Es wird auch ganz richtig die Methode der schweigenden Überzeugungskraft genannt. Drei Beispiele sollen erläutern, was es bedeutet vorzuleben, was wir predigen.

Dr. V. Gokak war der erste Vizekanzler (geschäftsführender Rektor) der Sai Universität. Er war auch der Vorsitzende der Sahitya Akademie (Literatur-Akademie) von Indien in Delhi – eine große

* Sai Baba im Gespräch mit den M.B.A.-Studenten

** Aussage eines erfahrenen Vorstandsmitglieds während eines Leadership-Workshops an der Pepperdine University im Juli 1992

Ehre für einen Gelehrten. Als seine Amtszeit an der Akademie abgelaufen war, wurde der berühmte Schriftsteller, Professor Bannarji, zu seinem Nachfolger bestimmt. Infolge des hektischen Betriebs an der Universität konnte Dr. Gokak nicht nach Delhi reisen. So kam es, dass der Vorstand der Akademie, zusammen mit Professor Bannarji, nach Prashānti Nilayam kam, um die Formalitäten dieser Amtsübergabe zu erledigen. Alle wurden in den Interviewraum des Kanzlers eingeladen.

Kaum hatten sich alle hingesetzt, zog Professor Bannarji ein Taschentuch aus seiner Hosentasche. „Es war ein schmutziges und stinkiges Bündel Stoff", erinnerte sich der Kanzler, als er diese Geschichte später, beim Erklären der Bedeutung des TUNS, erzählte. Er fuhr fort: „Es war sogar ganz schwarz. Ich erkannte bald, warum Bannarji diesen Lumpen in seiner Hosentasche mit sich trug. Er war ein süchtiger Tabakschnupfer. Nach dem Einschnupfen des schwarzen Pulvers hatte er die Nase in diesem Tuch geschneuzt. Das war der Grund, warum er diesen Dreck mit sich herumtrug. Ich empfahl ihm, mit dieser Angewohnheit aufzuhören, da das Tabakschnupfen eine schlechte Gewohnheit sei. Bannarji hörte mir in ehrfürchtigem Schweigen zu. In genau diesem Augenblick wischte ich mir den Mund und schaute mein Taschentuch an. Es war überall mit roten Flecken bedeckt. Zu der Zeit kaute ich buchstäblich rund um die Uhr Betelblätter. Als ich mein Taschentuch betrachtete, stellte ich mir eine Frage. Worin bestand der Unterschied zwischen Bannarjis und meiner Sucht? Beides waren schlechte Gewohnheiten. Wie konnte ich Bannarji einen Ratschlag geben, wenn ich selber Opfer eines ähnlichen Lasters war. Ich nahm mir im gleichen Augenblick vor, nie mehr ein Betelblatt zu berühren. Es ist nun mehr als zehn Jahre her, dass ich Betelblätter gekaut habe. Natürlich hat auch Bannarji seine Tabakdose weggeworfen, kaum dass er den Interviewraum verlassen hat."

Im zweiten Beispiel werden wir sehen, was passiert, wenn wir nicht vorleben, was wir predigen. Das Beispiel handelt von einem Krieg zwischen Indien und einem Nachbarland.

Mohmad Latif, ein Brigadegeneral der indischen Armee, startete einen Angriff, um einen vom Feind gehaltenen Hügel, Baldy (Glatzkopf) genannt, zu erobern. Die hügelige Umgebung war überzogen mit dichten Pinienwäldern. Für diese schwierige Aufgabe wählte er das Garderegiment aus.

Wie die Abbildung 2.3 zeigt, mussten die Angreifer zuerst in ein

Tal hinunter steigen, um danach den Hügel zu erklettern und Baldy zu erobern. Es dauerte den ganzen Tag, bis das Garderegiment die Außenposten überwinden und in der Dämmerung endlich Baldy einnehmen konnte.

Kaum hatte der Kommandant des Regiments den Erfolgsbericht durchgefunkt, bemerkte Brigadegeneral Latif, durch seinen Feldstecher spähend, einen großen Gegenangriff, der sich zum Hügel hin bewegte. Er konnte Hunderte von feindlichen Soldaten sehen, die sich durch die Pinien hindurch bewegten und sich auf dem Hügelkamm Baldy näherten. Es war dies eine beunruhigende Entwicklung der Lage, da das Garderegiment kaum darauf vorbereitet war, einem größeren Gegenangriff zu widerstehen. Sie hatten den ganzen Tag gekämpft, Verluste hinnehmen müssen, fast keine Munition mehr und nur eine Mahlzeit zu sich nehmen können. Brigadegeneral Latif warnte sein Regiment sich bereit zu halten, als auch schon von beiden Seiten der Artillerie-Beschuss einsetzte. Brigadegeneral Latif war innerlich darauf vorbereitet, Baldy wieder zu verlieren, da der bevorstehende Kampf sehr ungleich sein würde.

Als die angreifende Armee noch etwa 400 Meter vom Gipfel entfernt war, eröffnete das Garderegiment das Feuer mit seinen Maschinengewehren. Zur größten Überraschung und Erleichterung des Brigadegenerals verlor sich der Gegenangriff innerhalb von Minuten. Er traute seinen Augen nicht und konnte nur noch seinem Regiment für diese Leistung gratulieren.

Etwas später meldete das Regiment, dass sie zwei unverwundete Soldaten gefangen hätten. Der Brigadegeneral befahl, diese sogleich zu seinem Kommandoposten zu bringen, da er sie persönlich verhören wollte, um Informationen zu erhalten, damit er seine Pläne für die nachfolgenden Operationen fertigstellen konnte.

Die beiden erreichten den Kommandoposten fast gegen Mitternacht. Der eine war ein junger Soldat, noch in seinen Teenagerjahren. Er fürchtete sich so sehr, dass er kein Wort herausbrachte. Der andere war ein Korporal und sehr gesprächig. Er gab mehr Informationen, als der Brigadegeneral eigentlich brauchte. Gegen Ende des Verhörs fragte der Brigadier den Korporal: „Sie scheinen ein fronterfahrener Soldat zu sein. Wie kommt es denn, dass Sie aufgegeben haben, ohne verwundet zu sein – keine sehr ehrenhafte Handlung für einen guten Soldaten." Der Korporal war mehr als willig, seine Geschichte zu erzählen, und gab folgende Erklärung:

EROBERUNG VON BALDY
IM KRIEG VON 1971

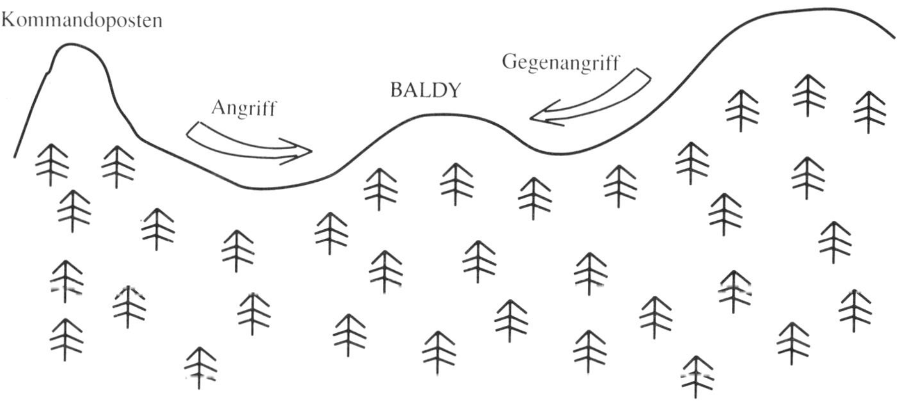

Abbildung 2.3

„Unser Kommandant war an vorderster Front, als der Gegenangriff begann. Mit seinem leichten Maschinengewehr in der einen Hand feuerte er uns an, Ihre Truppen auszuradieren und ‚Baldy' zurück zu erobern. Er machte uns mit seinem lauten Geschrei Mut. Seine dröhnende Stimme konnte überall vernommen werden. Er war eine überragende Persönlichkeit. Wir waren entschlossen und wollten die Aufgabe mit Enthusiasmus erfüllen. Wir führten den Angriff fort, selbst als Ihre Bombardierungen anfingen. Als Ihre Truppen jedoch das Feuer mit den Maschinengewehren eröffneten, suchte unser Kommandant sofort Schutz hinter dem Stamm eines mächtigen Pinienbaumes. So, im beschützenden Versteck stehend, schwenkte er sein Maschinengewehr und befahl uns, vorwärts zu stürmen und den Feind zu vernichten. Wir stürzten vorwärts, doch bald begannen auch wir, Schutz hinter den Pinienbäumen zu suchen. Ich hatte das Pech, von Ihren Leuten gefangen genommen zu werden, bevor auch ich mich hätte davon machen können, wie die andern, die den Hügel runter rannten, zurück zu unserer Basis."

Hier also stand die angreifende Armee des Gegners vor einem sicheren Sieg, doch war der Kommandant nicht in der Lage, das richtige Beispiel vorzuleben. Gut oder schlecht – das persönliche Vorbild eines Führers ist äußerst ansteckend. Dies ist der Grund, warum ein alter Spruch aus Persien diese nackte Wahrheit in folgenden Satz kleidete:

> „Wenn ein König auch nur einen Apfel aus dem öffentlichen Garten pflückt, so wird das Volk sogar die Wurzeln ausreißen."

Das dritte Beispiel für TUN handelt auch von einem Krieg. Die indische Armee unterstützte die Armee von Bangladesh in deren Befreiungskrieg gegen Pakistan 1971. Nach dem Krieg gab es ernsthafte Besorgnis unter den vorgesetzten Offizieren des 5. Gorkha Schützen-Regiments – der Eliteeinheit der Armee. Das vierte Bataillon dieses Regiments kämpfte in Bangladesh. Nach dem Waffenstillstand sickerte die Nachricht durch, dass dieses Bataillon während der nur vierzehn Tage dauernden Kämpfe fünfundsechzig Prozent Verluste unter den Offizieren zu beklagen hatte. Die älteren Offiziere waren entsetzt über diese hohen Verluste. War da etwas falsch in diesem Bataillon? Sollte dies der Fall sein, müsste der Fehler sofort in Ordnung gebracht werden. Unter keinen Umständen durfte ein Makel an der Ehre des Regiments haften bleiben. Die Ursache der Beunruhigung jedoch verschwand bald.

Der Grund für die hohen Verluste musste darin gesucht werden, dass sich in diesem Bataillon ein Wettstreit in Tapferkeit unter den Offizieren entwickelte. Alles begann mit dem kommandierenden Offizier, dem Obersten Harolikar. Wo immer Gefahr auftauchte, war er da und führte seine Truppen von der Front aus. Das Bataillon focht seinen Kampf mit Begeisterung und Schwung. Natürlich wurde das Bataillon für die riskantesten und schwierigsten Operationen dieses Kriegs ausersehen. Mit Helikoptern wurde die Einheit hinter die feindlichen Stellungen der Pakistani bei Sylhet geflogen. Das Bataillon schnitt der feindlichen Brigade die Verbindung zu deren Basis in Dacca ab. Die Pakistani taten ihr bestes, die Gorkhas zu zerstören. Aber zu diesem Zeitpunkt war der Wetteifer unter den Offizieren bereits voll ausgebrochen, und sie konnten den Feind für ganze drei Nächte und drei Tage in Schach halten. Es gab keine Möglichkeit, die Gorkhas aus ihrer Stellung zu werfen. Die feindliche Brigade zog sich zurück. Diese Aktion öffnete die direkte Landverbindung nach Dacca. Als Folge davon endete der Krieg innerhalb von vierzehn Tagen.

Das Bataillon gewann nicht nur zahlreiche Auszeichnungen für Tapferkeit im Feld, sondern trug auch wesentlich dazu bei, den endgültigen Sieg zu beschleunigen. All dies geschah, weil der befehlshabende Offizier seine Truppe mit Mut und Tapferkeit durch persönliches Beispiel geführt hatte.

SEHEN bedeutet, dass ein Führer einen vollkommenen Überblick über das Umfeld, worin er arbeitet, und dessen Gegebenheiten haben muss. Er sollte möglichst vollständige Informationen über die Probleme oder die zu bewältigenden Aufgaben haben. Nur so kann er die verschiedenen Möglichkeiten abwägen, eine angemessene Entscheidung treffen und einen realisierbaren Plan erstellen. SEHEN bedeutet tatsächlich ein Hinausgehen zum Ort der Handlung, um die Dinge auch wirklich erfühlen zu können. „Man kann nicht in einem klimatisierten Büro sitzen und Entscheidungen treffen."*

Entscheidungen fällen ist eine Fähigkeit, für die es verschiedene detaillierte Ausbildungsprogramme gibt. Im Militär nennt man das „richtige Einschätzung" oder „Lagebeurteilung". In der Management-Ausbildung nennt man das „Entscheidungen fällen", und es

* Sai Baba im Gespräch mit den M.B.A.-Studenten

führt zu einem Projekt-Bericht. Die wichtigsten Vorgänge dabei sind:

- Eine klare Vorstellung über das zu erreichende Ziel haben.
- Sammeln und beurteilen aller sachdienlichen Informationen über die zur Verfügung stehenden personellen und materiellen Hilfsmittel, über das Umfeld, in welchem die Aufgabe erbracht werden muss, über mögliche Widerstände oder Schwierigkeiten, denen man begegnen kann, und über die zur Verfügung stehende Zeit zur Erfüllung der Aufgabe.
- Die Möglichkeiten herauskristallisieren, wie sie sich aus den bewerteten Informationen ergeben, und die Vor- und Nachteile aller Möglichkeiten gegeneinander abwägen.
- Schließlich eine Möglichkeit auswählen, und einen Plan oder ein Projekt zur Durchführung erstellen.

Im Grunde genommen ist dies ein Entscheidungsprozess des gesunden Menschenverstands, wie wir ihn – unbewusst – für fast jede zu bewältigende Aufgabe anwenden, sei es für das Überqueren der Strasse, sei es zur Vorbereitung eines Sport-Teams für einen Wettkampf, sei es bei einer Reise, beim Kauf eines Hauses, beim Eröffnen eines Geschäfts, beim Erstellen einer Fabrik oder in der Armee. Selten jedoch resultiert dieses Vorgehen in einer optimalen Lösung, die alle Vorteile vereint. Immer gibt es auch Ungewissheiten und Unwägbarkeiten, was in der Kriegskunst „der Nebel des Krieges“ genannt wird – unvorhersehbare Entwicklungen, menschliche Schwächen und so weiter. Deshalb ist „der Mut zur Entscheidung“ eine sehr wichtige Charaktereigenschaft einer Führungskraft, wie wir später in diesem Buch erläutern werden.

SEHEN wird sogar noch wichtiger im Stadium der Durchführung einer Aufgabe. Es gibt immer wieder Schwierigkeiten und Hindernisse, die während der Ausführung einer Aufgabe auftauchen. Deshalb sind wahrheitsgetreues Feedback und das SEHEN des Fortschritts der Arbeit vor Ort unabdingbar. Nur so kann eine Führungskraft beim Überwinden von Problemen helfen. Nur so kann sie gesunde Entscheidungen treffen in Bezug auf Änderungen des Plans, Umverteilung der benötigten Hilfsmittel oder was auch immer. Mit SAGEN meinen wir die Übermittlung von dem, was andere für eine Führungskraft tun sollen. Diese Übermittlung ist nur dann wirksam, wenn die Instruktionen der Führungskraft klar verstanden werden. Dies geschieht, wenn die Kommunikation von Herz zu Herz verläuft und hängt vollständig von der Stärke des

SEINS und des TUNS der Führungskraft ab. Besitzt sie gute Eigenschaften, verfügt sie über ein verlässliches Wissen und führt sie mit ihrem persönlichen Beispiel an, braucht eine Führungskraft nur wenige Worte, um ihren Willen zu vermitteln.

Gute Kommunikationsfähigkeit wird von Fachleuten mit großer Professionalität gelehrt. In vielen Lehrplänen für fortgeschrittene Studenten gibt es bis zu drei voll anrechenbare Vorlesungen in Rhetorik oder der Kunst der Kommunikation. Schlussendlich müssen wir allerdings feststellen, dass der Charakter sich weit eloquenter mitteilt als alles, was wir sagen oder tun.

Führung wird von einer einzigen Tugend der Führungskraft bestimmt – von selbstloser Liebe. Es ist immer wieder hilfreich, sich des bekannten Kommentars über selbstlose Liebe zu erinnern:

„Liebe lebt vom Geben und Vergeben,
Selbstsucht lebt vom Bekommen und Vergessen.“[13]

Die Relevanz dieser Worte wird uns klar, wenn wir sehen, wie eine Führungskraft ihre Leute mitreißen muss.

Funktionen von Führung

Praktisch ausgedrückt muss eine Führungskraft ihre Ziele und ihre Aufgaben erfüllen. Dazu muss sie ihr Team zu einer zusammenhängenden Gruppe formen und jeden einzelnen des Teams fördern, sein Bestes zu geben. Folglich muss sie die Anforderungen der zu erfüllenden Aufgabe mit den Bedürfnissen der Gruppe und der einzelnen Gruppenmitglieder abstimmen und harmonisch integrieren. Wir werden das Problem des Umgangs mit Menschen in einem späteren Kapitel noch im Detail diskutieren. Die Führungskraft muss sich aber über die Bedürfnisse der drei beteiligten Elemente absolut im Klaren sein. Am besten können wir dies graphisch mit dem Drei-Kreise-Modell darstellen (siehe Abbildung 2.4).[14]

Aufgabenbezogene Bedürfnisse

- Das Ziel definieren
- Den Plan erstellen
- Arbeit und Hilfsmittel zuteilen
- Qualität und Tempo der Arbeit kontrollieren
- Gruppenbezogene Bedürfnisse
- Vorbild sein durch persönliches Beispiel

FÜHRUNGS-FUNKTIONEN

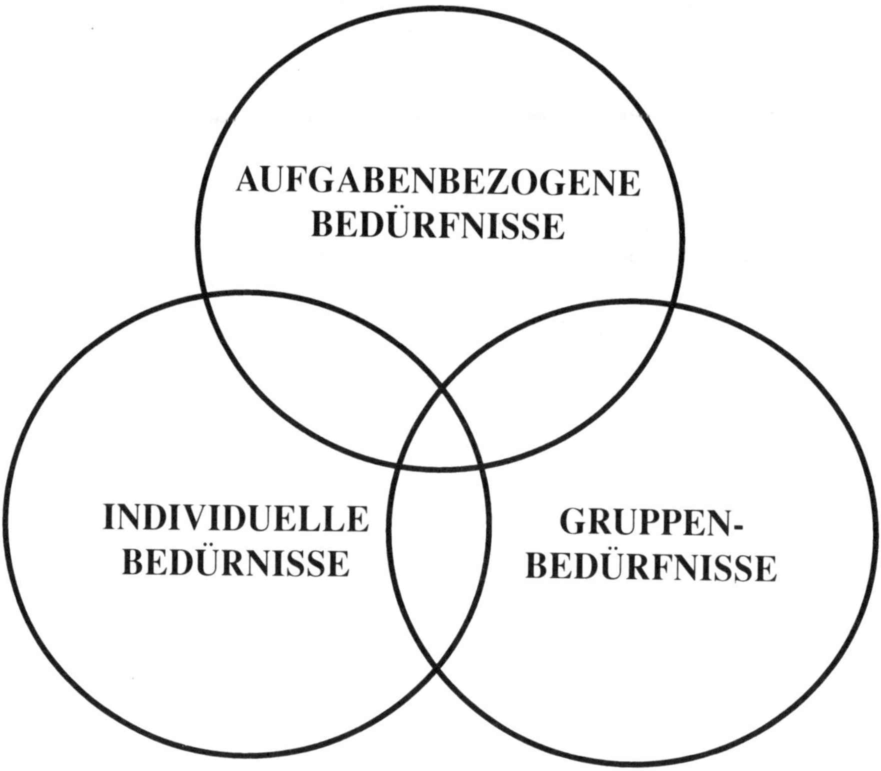

Abbildung 2.4

- Disziplin aufrecht halten und Fehler korrigieren
- Teamgeist aufbauen
- Ermutigen, motivieren und den Sinn der Aufgaben vermitteln
- Untergeordnete Führungskräfte bestimmen
- Die Kommunikation innerhalb der Gruppe sicherstellen
- Die Gruppe trainieren

Individuelle Bedürfnisse

- Auf persönliche Probleme achten
- Einzelpersonen loben
- Einzelpersonen persönlich kennen
- Persönliche Fähigkeiten erkennen und nutzen
- Einzelpersonen trainieren

Die auf die drei Gebiete bezogenen Funktionen wurden für das leichtere Verständnis hier separat aufgelistet. In der Praxis sind diese in den folgenden Schritten integriert:

- Bestmögliche Klarheit über die zu erfüllende Aufgabe haben
- Planen der Aufgabe unter Berücksichtigung der zur Verfügung stehenden Hilfsmittel und Personen
- Kontrolle der Arbeit durch Überwachung, wenn nötig ändern des Plans
- Unterstützen durch Ermutigung, Anerkennung und Training der Leute
- Beurteilen und auswerten, damit durch Lernen die Ausführung verbessert werden kann.

Bemerkung für Lehrer

Wahre Begebenheiten aus dem Leben von Führungspersönlichkeiten, die durch ihr Beispiel große Ziele erreicht haben, motivieren die Jugend sehr stark. Diese Biographien sollten sorgfältig aus der lokalen Geschichte, die der Jugend bekannt ist, ausgewählt werden.

Wie in der Einleitung empfohlen, können die hier besprochenen Arbeitsweisen von Führung mit den Studenten in Bezug auf die ihnen übertragenen Führungsrollen diskutiert werden.

3
„SEIN“ – Die universelle innere Struktur einer guten Führungskraft: die Grundlagen

Wenn wir die herausragenden Führungsgestalten der Geschichte, die der Menschheit, einem Land, einer Gemeinschaft, einer Organisation oder einer Sache etwas dauerhaft Gutes gebracht haben, studieren und analysieren, so stellen wir fest, dass sie sich nicht gleichen. Sie erscheinen in allen Farben und Formen, als prächtig, gelehrt, künstlerisch, asketisch, gesellig oder zurückgezogen. Wenn wir jedoch mit gesundem Menschenverstand tiefer in ihre Veranlagung hineinsehen, so entdecken wir etwas Interessantes. Ihre SEIN-Komponente ist, auf die eine oder andere Weise, sehr stark. Zwei Dinge haben sie alle gemeinsam:

- Es sind Menschen mit einem starken Charakter.
- Sie haben alle eine innere Struktur, die aus gewissen universellen Eigenschaften zusammengesetzt ist.

Bevor wir nun diese allen guten Führungsgestalten gemeinsamen, universellen Charaktereigenschaften näher betrachten, müssen wir uns über eine Sache ganz im Klaren sein, nämlich über die Bedeutung des so oft verwendeten Wortes „Charakter“.

Was ist Charakter?

Jedes Individuum ist ein Bündel von Tugenden und Schwächen im Kopf und im Herzen. Die aus dieser Bilanz guter und schlechter Eigenschaften resultierende Individualität einer Persönlichkeit ist ihr Charakter.

Geschichtlich betrachtet war die Stärke des Charakters eines Menschen der Hinweis auf dessen Führungs-Potential. Die wissenschaftlichen Untersuchungen über Führungseigenschaften waren jedoch nicht in der Lage, innerhalb der Parameter ihrer Forschungs-Methodik das Phänomen Führung zu definieren und einzugrenzen. Deshalb „haben die Forscher die Beantwortung dieser schwierigen Fragen fortwährend vor sich hergeschoben, so wie man dies bei schwierigen Fragen in einer Prüfung macht.“[15] Der berühmte

Gelehrte Stogdill soll gesagt haben, dass Charaktereigenschaften für das Führungs-Potential keine große Rolle spielen würden. Das stimmt so allerdings nicht. Er hatte seine Forschungsarbeit bezüglich der Charaktereigenschaften lediglich auf eine spätere Zeit verschoben. „Er sagte mir einmal, dass er nie die Absicht gehabt hätte, die Forschungsarbeit über die Persönlichkeit (d.h. den Charakter) einer Führungskraft auszuschließen (er hoffte, dieses Thema noch besser in den Griff zu kriegen), doch genau dies passierte.“[16]

Es ist nun an der Zeit, diese rein akademische Verwirrung zu beseitigen. Der Charakter ist der wichtigste Faktor einer wirkungsvollen Führungskraft. Allerdings müssen wir einen Menschen mit Charakter klar und deutlich beschreiben, um ein gut definiertes, auf geschichtlicher Erfahrung basierendes Modell zu erhalten.

Zwei solcher Beschreibungen sollten die nötige Klarheit schaffen. Die erste stammt von einer westlichen Journalistin, die ein tiefes Verständnis für Menschen und Dinge hat, sowohl im Westen wie auch in Indien. Sie verbrachte viele Jahre in Indien und zeigte großes Interesse für die indische Kultur. Sie beschreibt einen Charaktermenschen (im wahrsten Sinne des Wortes einen Gentleman oder eine Lady) wie folgt:

> „Ein ehrlicher Mensch;
> ein Mensch mit einem Bewusstsein für die Pflicht und die Verantwortung seiner Position;
> ein Mensch, der die Wahrheit sagt;
> ein Mensch, der anderen das ihnen Zustehende gibt;
> ein Mensch voller Rücksicht den Schwachen gegenüber;
> ein Mensch mit Grundsätzen, zu denen er steht;
> ein Mensch, den Glück nicht zu überschwenglich macht und den Schicksalsschläge nicht zu sehr bedrücken;
> ein Mensch, der treu ist;
> ein Mensch, dem man vertrauen kann.“[17]

Offensichtlich lebt ein Mensch mit Charakter die Menschlichen Werte. Die zweite Beschreibung stammt von einem fronterfahrenen und hochgeschätzten Führer, General Mathew B. Ridgeway von der US-Armee. Als Veteran des Zweiten Weltkrieges und als hoch dekorierter Offizier wurde er zum Oberkommandierenden der UN-Streitkräfte in Korea, ebenso wie zum Vorsitzenden des Ausschusses der Chefs der Generalstäbe der amerikanischen Streitkräfte befördert. Er sagt:

„Charakter steht für Selbstdisziplin, Pflichtbewusstsein, die Bereitschaft, Verantwortung auf sich zu nehmen, und die Bereitschaft, Fehler einzugestehen. Er steht für Selbstlosigkeit, Bescheidenheit, Demut, die Bereitschaft Opfer zu bringen, wenn es notwendig ist, und, meiner Meinung nach, für den Glauben an Gott. Lassen Sie es mich näher erklären.

Während einer kritischen Phase bei der Schlacht von Bulge, als ich Befehlshaber der 18. Luftlandetruppe war, meinte der Befehlshaber eines andern Korps, das gerade neben mir in den Kampf eingriff, zu mir: ‚Ich bin froh, Sie an meiner Flanke zu haben. Auf den Charakter kommt es nämlich an.‘ Ich kannte diesen Kommandanten schon seit langem und wusste, was er meinte. So sagte ich: ‚Mir geht es genauso’. Es gab keine weiteren Ausführungen, sie waren nicht notwendig. Jeder wusste, dass der andere standhaft bleiben würde, wie groß der Druck auch sein mochte; dass er Hilfe anbieten würde, bevor man ihn darum bat, falls es in seiner Macht stand; und dass er die Wahrheit sprechen würde, keinen Ruhm für sich allein erstrebte und für immer sein Wort halten würde. So etwas erzeugt Vertrauen und Erfolg.“[18]

Einmal mehr wird deutlich, dass ein Mensch mit Charakter die Menschlichen Werte lebt, und dass seine Gedanken, Worte und Taten in Harmonie sind. Um diese Sache noch deutlicher zu machen, wäre es vielleicht angebracht, ein Beispiel eines Menschen mit einem schlechten Charakter zu betrachten.

„Während eines Beratungsauftrages bei einem Farbenhersteller erzählte mir ein Manager von seinem Chef, dem er nicht trauen würde. Er fügte hinzu, dass auch niemand anderer dies tun würde. Natürlich fragte ich nach dem Grund, und er antwortete: ‚Naja, er ist ein raffinierter Spekulant, der ganz hoch hinaus will. Er sagt Ihnen etwas ins Gesicht und etwas anderes hinter Ihrem Rücken. Nicht dass er wirklich lügen würde, aber er handelt stets mit Halbwahrheiten‘.“ – Hier also war ein Mensch, der sich nur seinem eigenen Vorwärtskommen widmete. Konfrontiert mit dieser Aussage verwarf dieser Chef Führungsverhalten als „Kinderkram“ und fügte hinzu: „Warum sollte ich meinen Leuten auf dem Weg nach oben immer die Wahrheit sagen, wenn ich nicht beabsichtige, wieder abzusteigen.“[19]

Obwohl dieses Beispiel aus einem Unternehmen in England stammt, müssen wir feststellen, dass die ganze Welt eine große Anzahl solcher eigenzentrierter „Aufsteiger“ kennt. Auf lange Sicht fügen diese Menschen ihren Unternehmen einen großen Schaden zu, weil ihnen Charakter fehlt.

Es gibt einen weiteren Grund, warum die nötige Konzentration auf den Charakter als Hauptquelle für Führung unterblieb. Das ist die große Anzahl von Eigenschaften, welche als Charaktereigenschaften eines Individuums aufgelistet werden können. Napoleon zum Beispiel soll eine Liste von neunzig Eigenschaften, die für einen guten Führer notwendig sind, zusammengestellt haben. Kürzlich wollte die indische Regierung das Erziehungsprogramm der Menschlichen Werte in den Schulen einführen. Sie setzte eine hochkarätige Kommission ein, die eine Liste der Werte zusammenstellen sollte, die in den Schulen unterrichtet werden sollten. Diese Kommission erstellte zu diesem Zweck eine Liste von 154 Werten!! Kein Wunder also, dass die Wissenschaftler ihre Nase nicht zu weit in diese Problematik hineinstecken wollten und sich davor scheuten, die Eigenschaften zu ermitteln, welche eine gute Führungskraft ausmachen. Zum Glück gibt es einen Ausweg.

Wenn wir die Biographien hervorragender Führungskräfte mit gesundem Menschenverstand und größtmöglicher Objektivität studieren, entdecken wir etwas Interessantes. Alle hatten bestimmte Charakterzüge und Erfahrungen, die wir universell nennen können. Werfen wir einen zusammenfassenden Blick auf diese Eigenschaften, so stellen wir fest, dass sie eine zusammenhängende Struktur bilden, die wir graphisch in Abbildung 3.1 darzustellen versuchen.

Es ist eine ausgewogene Struktur, in der sich alle Komponenten von CHARAKTER und WISSEN gegenseitig unterstützen. Dieses Gleichgewicht ist von Führungskraft zu Führungskraft verschieden. Es ist wichtig zu verstehen, dass beide Komponenten, Charakter und Wissen, für deren Gleichgewicht notwendig sind. Bloßes Wissen ohne einen starken Charakter macht einen Menschen un-

UNIVERSELLE INNERE STRUKTUR GUTER FÜHRUNGSKRÄFTE

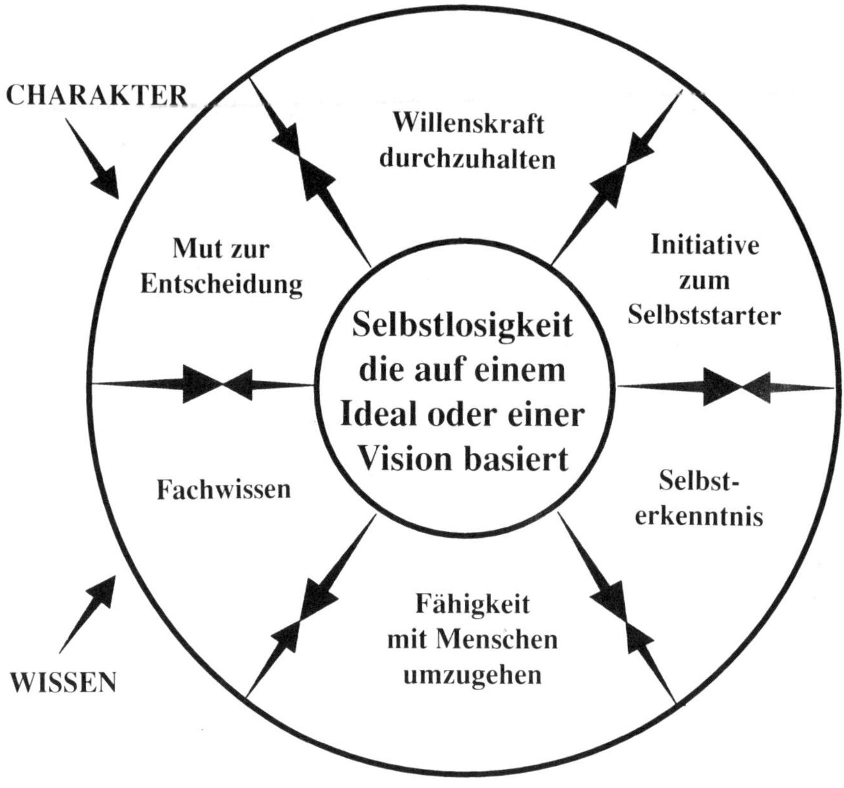

Abbildung 3.1

entschlossen und unsicher. Wenn ein guter Charakter nicht von Wissen unterstützt wird, ist das Potential einer Führungskraft eingeschränkt. Die Wirksamkeit einer Führungskraft hängt ab von der STÄRKE und dem GLEICHGEWICHT dieser Struktur. Ihr Selbstvertrauen steht in Beziehung zu diesem Gleichgewicht. Selbstvertrauen macht eine Führungskraft „proaktiv", was bedeutet, dass wir „selbst für unser Leben verantwortlich sind. Unser Verhalten ist eine Funktion unserer Entscheidungen, nicht der gegebenen Bedingungen. Wir können unsere Gefühle Werten unterordnen. Wir haben die Initiative und die Verantwortlichkeit, Dinge zu gestalten".[20] Jeder, der sein Führungs-Potential optimal entwickeln möchte, sollte diese Struktur sorgfältig studieren. Wir werden in einem späteren Kapitel untersuchen, wie man diese Struktur verstärken kann.

Zuerst aber wollen wir einen genauen Blick auf die Grundlage von Führung werfen – auf die Selbstlosigkeit. Es ist bestimmt angemessen, dies beim gegenwärtigen Stand der Dinge in der Welt zu tun, einer Welt in der das „Eigeninteresse" das Ziel des Lebens geworden ist. Es kann deshalb nicht überraschen, wenn es vielen Menschen sehr widerstrebt, Selbstlosigkeit als Grundlage von Führung zu akzeptieren – dies erzeugt in ihnen ein Gefühl des Unbehagens.

Selbstlosigkeit: die Grundlage von Führung

„Selbstsucht ist menschlich, Selbstlosigkeit ist göttlich"* ist die Wahrheit über diese edle Tugend. Selbstlosigkeit ist der Urquell von allem, was in einem Menschen gut und moralisch ist.

Selbstlosigkeit (Uneigennützigkeit oder Opferbereitschaft) basiert auf einem Ideal oder einer Vision in Bezug auf das Lebensziel eines Individuums, wie es in Abbildung 3.1 gezeigt wird. Je höher die Vision, desto höher ist der Grad von Selbstlosigkeit und desto höher ist somit auch das Führungs-Potential. Diese Tatsache ist ein Gesetz. Und doch gibt es unter den Menschen einen enormen Widerstand, dieses Gesetz zu akzeptieren. Dazu gibt es von Swami Vivekānanda eine einfühlsame Beobachtung: „Ich kann nicht von allen verlangen, völlig selbstlos zu sein, das ist unmöglich. Wenn du aber schon nicht an die ganze Menschheit denken kannst, dann

* Sai Baba im Gespräch mit den M.B.A.-Studenten

denke doch wenigstens an dein Land. Wenn du nicht an dein Land denken kannst, so denke an deine Gemeinde. Wenn du nicht an deine Gemeinde denken kannst, so denke an deine Familie. Wenn du nicht an deine Familie denken kannst, so denke wenigstens an deine Frau. Um Himmels Willen, denke nicht nur an dich alleine!"[21] Ein ganzes Spektrum von Idealen wird hier erwähnt.

Am untersten Ende ist „ich, mich und mein", auf der höchsten Stufe die „Menschheit". Es ist offensichtlich, dass Selbstlosigkeit eine relative Qualität ist. Totale Selbstlosigkeit ist ein äußerst seltenes Phänomen. Aber sie existiert. Wenn wir nach Menschen suchen, die völlig selbstlos waren und für die ganze Menschheit lebten, so entdecken wir Gestalten wie Rāma, Krishna, Buddha, Jesus Christus, Mohammed, Guru Nanak, Ramakrishna Paramahamsa und ähnliche mehr. Das bedeutendste Merkmal dieser Menschen ist es, dass sie selbst nach vielen Jahrhunderten noch immer einen großen Einfluss auf den Geist der Menschen ausüben.

Wenn wir Selbstlosigkeit analysieren, können wir ihre Komponenten graphisch darstellen, wie in Abbildung 3.2 zu sehen ist.

Für die Tugend der Selbstlosigkeit ist der Glaube von zentraler Bedeutung – der Glaube an Gott, das Gewissen, die innere Stimme oder was auch immer. Die Selbstlosigkeit wurde vom Kanzler der Sai Universität als der Lebensatem eines Menschen beschrieben:

Selbst-Vertrauen, dann
Selbst-Erfüllung, dann
Selbst-Aufopferung, und schließlich
Selbst-Verwirklichung.

Selbstlosigkeit ist auch die Quelle von allem, was in einem menschlichen Wesen edel ist. In Abbildung 3.2 sind die fünf wichtigsten Menschlichen Werte aufgezeigt. Diese sind im folgenden kurz erläutert:

- Wahrheit – das, was sich nicht verändert. (Satya in Sanskrit.)
- Rechtes Handeln – das angemessene Benehmen in Bezug auf Pflichten und Obliegenheiten eines Menschen, in welcher Position auch immer dieser sich befindet. (Dharma in Sanskrit.)
- Liebe – uneigennützige Liebe, die keinen Lohn erwartet. (Prema in Sanskrit.)
- Gleichmut – vollkommener Friede im Geiste. (Shānti in Sanskrit.)

KOMPONENTEN DER SELBSTLOSIGKEIT DIE QUELLE DER MENSCHLICHEN WERTE

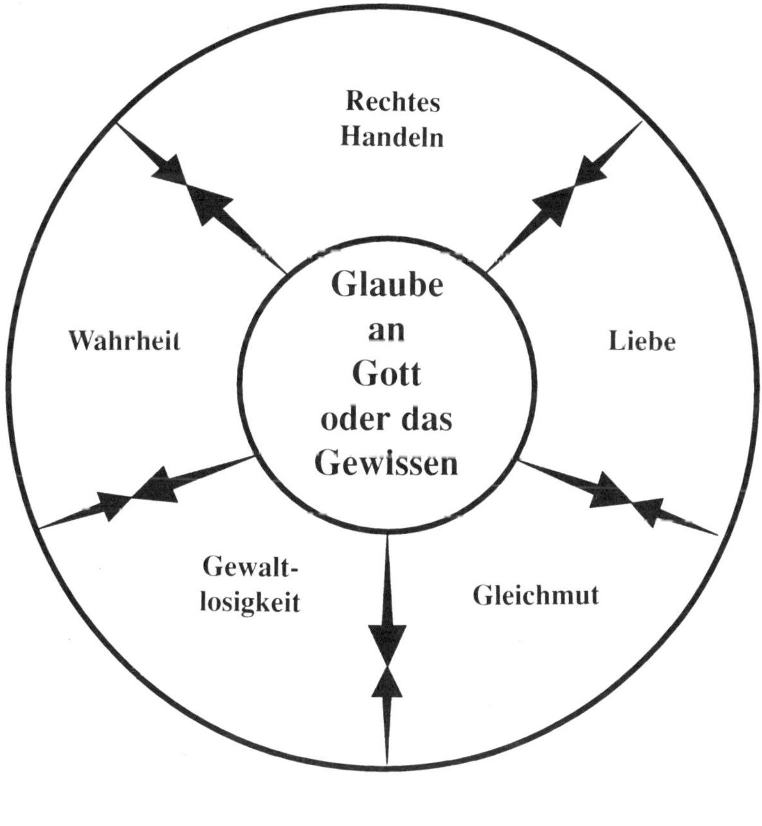

Abbildung 3.2

• Gewaltlosigkeit – niemanden mit Worten oder Taten verletzen. (Ahimsā in Sanskrit.)

Von diesen fünf Werten sind die ersten beiden – Wahrheit und Rechtes Handeln – im Grunde genommen das Wesen aller Moral. Ehrlichkeit, Unbescholtenheit, Aufrichtigkeit und Redlichkeit sind in ihnen enthalten. Es gibt zu diesen zwei Werten ein aus den alten Zeiten Indiens stammendes Edikt: satyam vada Dharmam cara (wörtlich übersetzt: „Sprich die Wahrheit und folge der göttlichen Ordnung"). Also „sprich die Wahrheit und handle gemäss den Pflichten und Obliegenheiten deiner Position, welche es auch sein mag." Und wenn man in selbstloser Liebe handelt, so erreicht man vollkommenen Frieden und Gleichmut, im Erfolg oder im Scheitern, im Vergnügen oder im Schmerz, in der Freude oder im Kummer.

Ein selbstloser Mensch ist weder habgierig noch sucht er nach Abkürzungen zum Erfolg: seine Integrität ist daher nie schwankend. Er sucht sich keinen unrechtmäßigen Vorteil gegenüber andern zu verschaffen: seine Ehrlichkeit ist natürlich. Er ist nicht selbstsüchtig, deshalb ist seine Treue stetig und stark. Wenn ein Mensch diese Tugenden besitzt, dann sind seine Gedanken, Worte und Taten gut integriert. Er sagt, was er denkt, und tut, was er sagt. Doppelzüngigkeit ist gegen seine Natur. Dies begründet seine Glaubwürdigkeit und man vertraut ihm. Nur ein vertrauenswürdiger Mensch kann eine Führungspersönlichkeit werden.

Trotz der soeben beschriebenen Bedeutung von Selbstlosigkeit steht sie in völligem Gegensatz zu der gegenwärtigen Kultur des halsabschneiderischen Wettkampfs und der wilden Jagd nach höheren Posten. Das Ziel des Lebens ist es, schnell Karriere zu machen und über Nacht reich zu werden. Folglich müssen zukünftige Führungskräfte bewusst und besonnen nachdenken, um zu verstehen, wie ihre Wirksamkeit von ihrer Selbstlosigkeit abhängt. Deshalb müssen wir diese Tugend noch genauer diskutieren.

Ein besonders eindrucksvolles Beispiel, wie eine unter Führungskräften vorherrschende Selbstlosigkeit zur Bildung einer großen Organisation beitragen kann, finden wir in Deutschland. Es gilt als allgemein anerkannte Tatsache, dass die deutschen Armeen während der beiden Weltkriege – trotz ihrer Niederlagen – die am besten organisierten Streitkräfte waren. Selbst bis zum bitteren Ende des Zweiten Weltkrieges 1945 behielt die Armee ihre verbindende Ausgewogenheit, ihren Kampfgeist und ihre hingebungsvolle Effektivität. Wie brachte sie dieses Kunststück fertig?

Ein Wissenschaftler, der eine Untersuchung über den deutschen Generalstab anstellte, befragte Feldmarschall Von Moltke über die Kriterien, welche bei der Auswahl der Offiziere des Generalstabs angewendet wurden. Er war sehr auf diese Erklärung erpicht, weil er wusste, dass der Generalstab eine Schlüsselfunktion in der Führung der deutschen Armee hatte. Der alte Feldmarschall überlegte eine Weile und antwortete dann: „Die erste Voraussetzung war nicht so sehr das Vorhandensein einer Qualität als eher das Nichtvorhandensein einer, nämlich des Ehrgeizes. Ein Offizier, der ein Aufsteiger war (einer, der hauptsächlich an seinem eigenen Vorwärtskommen interessiert war), hatte bei uns nichts zu suchen."[22] Sie verstanden also die Selbstlosigkeit als eine Haupttugend und als Voraussetzung, um Mitglied des Generalstabs werden zu können. Sie hatten lediglich eine Wahrheit übernommen, welche der Menschheit seit Anbeginn der Zeiten bekannt ist. Die folgenden zwei Punkte müssen in Verbindung mit der Gültigkeit dieser Aussage näher diskutiert werden.

- Zeugnis aus der Geschichte, dass Selbstlosigkeit tatsächlich zählt.
- Wie kann es gute Führungskräfte geben ohne Ehrgeiz.

Zeugnis aus der Geschichte: Wichtigkeit von Selbstlosigkeit

Wir richten unsere Aufmerksamkeit auf drei Begebenheiten aus drei verschiedenen Kulturen, (die uns zeitlich nächste aus Europa, eine andere aus China und die älteste aus Indien).

Ein österreichischer Psychiater jüdischer Abstammung, Dr. Viktor E. Frankl, lebte in deutschen Konzentrationslagern und überlebte. Als Psychiater war er auf der Linie von Freud und Jung. Wir wollen über seine berühmten Worte sorgfältig nachdenken:

> „Immer und immer wieder ermahne ich meine Studenten in Europa und in Amerika: Jagt nicht dem Erfolg nach – denn je mehr ihr ihm nachjagt und ihn zum Ziel macht, desto eher werdet ihr ihn verpassen. Denn der Erfolg – ebenso wie das Glück – kann nicht erjagt werden, er muss sich ergeben. Und dies geschieht nur als ein unbeabsichtigter Nebeneffekt der persönlichen Hingabe an eine Sache, welche größer ist als

man selbst, oder als Nebenprodukt der persönlichen Hingabe an einen anderen Menschen. Das Glück muss sich einstellen, und das gleiche gilt für den Erfolg. Ihr müsst es geschehen lassen, ohne euch darum zu kümmern. Ich will, dass ihr auf euer Gewissen hört und auf das, was es euch zu tun befiehlt. Dann handelt nach eurem besten Wissen und Können. Und ihr werdet erleben, dass sich auf Dauer – und ich wiederhole, auf Dauer – Erfolg zeigen wird, weil ihr vergessen habt, darüber nachzudenken.“[23]

Lasst uns nun gute 2000 Jahre in der Geschichte zurückgehen. Der berühmte chinesische Gelehrte Lao-Tse beschrieb den Wert von Selbstlosigkeit für einen Führer mit den folgenden pragmatischen Worten. (Man könnte meinen, dass er an unsere heutige Zeit dachte, als er diese Worte schrieb! Man achte auf das Hervorheben der Bedeutung des Eigeninteresses einer Führungskraft.)

„Wahres Selbstinteresse lehrt Selbstlosigkeit.
Himmel und Erde bestehen, weil sie nicht eigennützig sind, sondern der gesamten Schöpfung dienen.
Die kluge Führungskraft weiß um diese Tatsache; sie hält ihre Ichbezogenheit in Schranken und handelt auf diese Weise um so wirksamer.
Erleuchtetes Führen bedeutet Hingabe, niemals Eigennutz.
Die Arbeit der Führungskraft erstarkt, indem sie die Förderung der anderen über ihr eigenes Wohlergehen stellt.“[24]

Schließlich wollen wir noch 5000 Jahre in der Geschichte zurückblättern. Es war dies die Zeit, als die Bhagavadgita – die berühmte Unterweisung in Spiritualität im Epos der Mahābhārata – auf dem Schlachtfeld von Kurukshetra gegeben wurde. Darin wird das Konzept des nishkāmakarman vorgestellt. Dies bedeutet, eine Handlung mit Hingabe zu vollbringen, ohne Gedanken an jedwelche Vorteile (oder Früchte). Dieses Konzept ist wohl begründet. Denn es sind die Erwartungen und Hoffnungen auf Gewinn und Nutzen, welche die Hauptursache für Sorgen, Ängste und Unruhe sind. Und als Folge davon hat diese Gemütsbewegung einen ungünstigen Einfluss auf unsere Leistung. Wenn wir beim Tennisspielen mit einem Auge immer nach der Anzeigetafel schielen, ist die Chance groß, dass wir den Ball verpassen. Andererseits, wenn wir unsere ganze Konzentration auf den Ball richten, dann spielen wir das für uns bestmögliche Spiel. Die Worte von Dr. Viktor E. Frankl über das Geheimnis des Erfolges erscheinen so als eigentliche Deutung dieser alten Weisheit. Der Leser tut gut daran, das dort Gesagte nochmals zu überdenken.

Ehrgeiz und Führung

Wir haben gesehen, wie der deutsche Generalstab ehrgeizige Offiziere aussonderte – ehrgeizig für das eigene Vorwärtskommen: die Aufsteiger. Der Glaube, dass Ehrgeiz eine gute Motivation zum Erreichen eines Zieles sei, ist weit verbreitet. Oder anders gesagt: Ohne Ehrgeiz wird der Mensch träge, untätig und gelassen. Wie können wir uns dann eine Führungskraft ohne Ehrgeiz vorstellen? Bestand denn der deutsche Generalstab aus gesichtslosen Männern, ohne jegliches Feuer, sich emporzuarbeiten? Dies sind legitime und logische Zweifel, welche wir diskutieren müssen.

Die Definition des Wortes Ehrgeiz heißt „das Streben nach Erfolg oder Fortschritt". In der Tat ist der Ehrgeiz ein mächtiger Antreiber. Menschen, die nach persönlichem Erfolg und Beförderung dürsten, sind dynamisch und erreichen kurzfristig gute Resultate. Es sind jedoch die Menschen, die von Ehrgeiz nach einem über ihnen stehenden Ideal oder einer höheren Vision getrieben werden, die dauerhafte Resultate erreichen. Vor vierhundert Jahren schrieb der bedeutende englische Philosoph und Analytiker der menschlichen Natur, Francis Bacon, folgendes über den Ehrgeiz, wobei seine klassischen Worte, womit er einen ehrgeizigen Menschen beschreibt, heute so wahr sind, wie sie es damals waren:

> „Der Ehrgeiz gleicht der Galle, einem Saft des menschlichen Körpers, der den Menschen tätig, beharrlich, wach und rührig macht, solange seine Ausgänge nicht verstopft sind. Ist das aber der Fall, und hat sie nicht den notwendigen Abfluss, so wird sie brandig und dadurch bösartig und giftig. So sind auch ehrgeizige Menschen, wenn sie freie Bahn zum Aufstieg finden und vorwärtskommen, mehr eifrig als gefährlich. Werden sie aber in ihrem Streben aufgehalten, so werden sie im Geheimen missvergnügt, blicken auf Menschen und Dinge mit scheelen Augen und sind am zufriedensten, wenn

alles schief geht, was eine höchst schimpfliche Eigenschaft bei Fürsten- oder Staatsdienern ist.“[25]

Nachdem Francis Bacon die Natur eines ehrgeizigen Menschen so geschildert hat, kommt er zum Schluss, dass letztendlich der größte Nutzen von Menschen gestiftet wird, welche „der Pflicht gegenüber empfänglicher sind als dem Emporsteigen“,[26] mit andern Worten, jene Menschen, die über ihr Eigen-Interesse hinauswachsen können. Es ist jedoch für die Menschen nicht leicht, sich von der Anziehungskraft von „ich, mich und mein“ loszureißen. Infolgedessen haben Nationen, Gesellschaften und Organisationen, welche den Wert von Führung hochhalten, unterschiedliche Methoden angewandt, um Bedingungen zu schaffen, in denen die Führungskräfte über ihre Eigen-Interessen hinauswachsen und so ihre persönlichen und ganz natürlichen Ambitionen zu höheren Idealen sublimieren können.

Organisationskultur zur Förderung von Selbstlosigkeit

Organisationskultur ist ein Management-Ausdruck ähnlich dem „esprit-de-corps“ (Korpsgeist) in der Armee. Der Korpsgeist wurde definiert als „Beachtung der Ehre und des Interesses an der Organisation, der man angehört“.[27] Das Ziel des Korpsgeistes ist es, dass jedermann in einer Organisation von einem Gefühl des „kein Opfer kann groß genug sein, um die Ehre und den guten Ruf¡Q¿der Organisation aufrecht zu erhalten“,[28] erfüllt ist. Die meisten japanischen Geschäftsführer und viele andere in der ganzen Welt sehen es als ihre wichtigste und erste Aufgabe an, eine solche Organisationskultur zu schaffen. Aber wie kommt es denn, dass die japanischen Unternehmen so erfolgreich sind, während vergleichbare Beispiele aus dem Rest der Welt eher selten sind? (Wir werden eines dieser seltenen Beispiele einer Organisationskultur in der weltweiten Restaurantkette „Hard Rock Cafes“ später kennenlernen.)

Um dieses japanische Wunder verstehen zu können, müssen wir zunächst die Kultur des Samurai und den Geist des Bushido zu verstehen versuchen. Beides sind Traditionen, um Menschliche Werte zu praktizieren, die dem Japaner helfen, sich weit über seine Eigen-Interessen zu erheben.

Im kulturellen Erbe Japans bezeichnet Samurai einen Krieger, dessen Lebensstil von Tapferkeit, Ehre und Treue seinem „Shogun“

(dem Herrn) gegenüber gekennzeichnet ist. Ein Samurai wurde unter anderem mit Fasten und Barfuss-Laufen im Schnee trainiert, eiserne Willenskraft zu entwickeln. Dies trug dazu bei, ihm den Geist des Bushido einzuprägen. Bushido heißt „der Weg des Kriegers". Es war dies ein Verhaltenskodex mit Betonung auf Treue, Mut und Pflicht. Der Krieger wurde darauf vorbereitet, „allzeit und zum Opfer bereit zu sein". In den alten Büchern Japans wurde Bushido als „ein Weg zu sterben" beschrieben. Die ganze Ausbildung eines Samurai war zweifacher Art: die Feder und das Schwert. Das bezeichnete die Kunst der Führung und die schönen Künste einerseits sowie Fecht- und Kriegskunst andererseits.

Es lohnt sich festzuhalten, dass die japanischen Soldaten während des Zweiten Weltkrieges vom Geist des Bushido vollkommen durchdrungen waren. Während der sechs Jahre, die dieser Krieg dauerte, wurden weltweit mehr als eine Million Soldaten aller Nationen zu Kriegsgefangenen gemacht. Unter diesen zählten die Japaner nur einige Hundert. Für einen japanischen Soldaten war es weit ehrenhafter zu sterben – sogar durch Seppuku, das Aufschlitzen des Bauches mittels eines kleinen Schwertes – als das Stigma und die Unehre erleben zu müssen, als Kriegsgefangener zu überleben. Zusätzlich hat das geistige Erbe Japans dem Volk allmählich eine Lebensweise in Demut und harter Arbeit eingeprägt.

Japan wurde im Zweiten Weltkrieg geschlagen. Das Land hat kaum irgendwelche natürlichen Ressourcen. Die Bevölkerungszahl ist kleiner als die des Staates Kalifornien in den USA oder des Staats Bihar in Indien. Und dennoch wurde Japan zur mächtigsten Wirtschaftsmacht der Welt. Wie?

Die japanischen Shoguns (Führer) in Politik, Industrie und Unternehmen, selber kaum aus den Trümmern ihrer Niederlage auferstanden, waren in der Lage, „industrielle Samurais" heranzubilden und ihnen einen Geist des „wirtschaftlichen Bushidos" einzuprägen. Kein Opfer war groß genug, um aus Japan das erste Wirtschaftsland der Welt zu machen. In der Tat ist Japan ein klares Beispiel dafür, was Führungskräfte erreichen können, deren Grundlage fest auf Pflichterfüllung, Opferbereitschaft, Demut und harter Arbeit fußt, und die von einer Vision inspiriert werden, welche weit über ihnen steht.

In den Armeen der ganzen Welt weiß man, dass das Prinzip von Führung der wichtigste Einzelfaktor ist, der in einem Krieg über Sieg oder Niederlage entscheidet. Sie haben viele Maßnahmen ergriffen, um ihren Offizieren Selbstlosigkeit einzuprägen. Einige Beispiele verdienen es, hier genannt zu werden.

Wenn ein junger Offiziersanwärter zur Ausbildung in eine Militärakademie eintritt, wird er in den meisten Ländern des Britischen Commonwealth als „gentleman cadet" angesprochen (ein dem ehrwürdigen Erziehungswesen in Oxford oder Cambridge entnommener Ausdruck eines „privilegierten" Kadetten, Anm. d. Übers.). Man bezieht sich auf ihn nicht als Probekandidaten, als Offiziersrekruten oder als Offiziersanwärter. Dieser Brauch hat seine ganz bestimmte Bedeutung. Es wird dadurch immer wieder daran erinnert, dass er ein guter Offizier sein wird, wenn er vor allem ein Gentleman ist. Und die Erklärung eines „Gentleman" wird ihm sogleich gegeben (siehe die Beschreibung eines Menschen mit Charakter weiter vorne in diesem Kapitel). Es handelt sich dabei um eine erprobte Technik der Autosuggestion: Dass man den Charakter einer Person verändern kann, indem man immer und immer wieder ein Muster suggeriert – „was du denkst, wirst du". Diese Technik hat wirklich einen Einfluss.

In vielen Armeen der Welt gibt es während der drei oder vier Jahre dauernden Ausbildungszeit der Offiziere das System eines Ehrenkodex. Die Absicht dieses Systems ist es, drei Charakterschwächen zum Verschwinden zu bringen. Das System verlangt, dass man „nicht stehlen, lügen oder betrügen" soll. Tut einer es trotzdem, so wird von ihm erwartet, dass er es zugibt und die korrigierende Bestrafung annimmt. Sollte jemand von einer dieser Schwächen bei einer andern Person Kenntnis haben, so wird von ihm erwartet, dass er dies meldet.

In ähnlicher Weise kennen die meisten Armeen der Welt ein lebenslang gültiges Credo, an welches ihre Offiziere sich während ihres Dienstes halten sollen. So lernen zum Beispiel die Offiziere der US-Armee in ihrer Ausbildungsakademie in West Point das Credo „VATERLAND, PFLICHT, EHRE", welches sie durch ihre Karriere führen soll. Die Bedeutung dieser drei kommt vor dem Eigen-Interesse. Das Offiziers-Credo der indischen Armee ist klar und deutlich. Es verpflichtet die Offiziere, ihr Eigen-Interesse als allerletzten Punkt des an sie gerichteten Erwartungskataloges zu betrachten:

„Die Sicherheit, die Ehre und das Wohlergehen des Vaterlandes kommen zuallererst, immer und zu jeder Zeit.
Die Ehre, die Fürsorge und das Wohlbefinden der Männer, welche unter deinem Befehl stehen, kommen als nächstes.
Dein eigenes Wohlgefühl, deine Zufriedenheit und deine Sicherheit kommen als letztes, immer und zu jeder Zeit.“

Das Ideal in diesem Credo der indischen Armee-Offiziere ist die Tatsache, dass an erster Stelle das Vaterland steht, dann kommen deine Männer und erst danach du selbst – und deine eigene Sicherheit kommt zuallerletzt! Dieses Ideal inspirierte viele Offiziere zu höchster Selbstaufopferung in vielen Schlachten, welche die indische Armee überall in der Welt kämpfen musste. Betrachten wir nun ein solches Beispiel anhand der Geschichte des Majors Prithi Chand, Maha Vir Chakra (MVC). Fast eigenhändig rettete er Ladakh (ein riesiger Distrikt im Staate Jammu und Kashmir in Indien, in Verlängerung des tibetischen Hochplateaus) vor der Eroberung durch die pakistanische Armee während des Krieges von 1947-48 zwischen Indien und Pakistan.

Major Prithi Chand rettet Ladakh

Dies ist die Geschichte eines Menschen, der von einem Ideal beseelt war. Es ist das Beispiel von der Selbstlosigkeit einer Führungskraft, die die Vorstellungskraft der Leute um sich herum stärkte, um das Unmögliche erreichen zu können.

Prithi Chand war ein Nachkomme der Herrscherfamilie von Lahul, einem kleinen im Himalaja eingebetteten und an Ladakh angrenzenden Fürstentum im Norden von Kulu und Manali.

Kurz bevor er 1936 sein Studium abschloss, besuchte ihn der Familienguru. Dieser kam aus seinem buddhistischen Kloster in Ladakh. Der Guru war krank und erklärte, dass dies sein letzter Besuch sein würde. Eines abends schaute er direkt in Prithi Chands Augen und erbat sich ein Versprechen von ihm. Prithi Chand sagte, er sei bereit zu tun, was immer sich der Guru wünsche. „Beschütze mein Kloster, wenn es in Gefahr ist“. Ohne zu wissen, was der Guru meinte, versprach Prithi Chand, entsprechend zu handeln.

Am Vorabend des Zweiten Weltkrieges trat Prithi Chand als Offizier in die indische Armee ein. Die Kriegsjahre gingen vorüber und Indien erlangte 1947 seine Unabhängigkeit und wurde in zwei

Teile – Pakistan und Indien – aufgeteilt. Jammu und Kashmir war ein Königreich mit dem Recht des Königs, sich entweder für Indien oder für Pakistan zu entscheiden. Pakistan drang im Oktober 1947 in Jammu und Kashmir ein, um diese Entscheidung zu seinen Gunsten zu erzwingen. Daraufhin trat der König mit seinem Staat Indien bei und bat um militärische Hilfe. Indische Armee-Einheiten wurden in das Gebiet geflogen, um den Angriff zu stoppen.

Es wurde Dezember 1947, bis Major Prithi Chands Bataillon die Einheiten im Kashmir-Tal einholte. Kurz danach setzten starke Schneefälle ein, und die einzige Straße nach Ladakh, über den Zojila-Pass, war für die Dauer des Winters unpassierbar.

Ein Haupt-Vorstoß der pakistanischen Invasion führte am Indus-Fluss entlang Richtung Leh, der Hauptstadt von Ladakh. Der Indus fließt hier auf der nördlichen Seite des Himalajas von Tibet im Osten Richtung Westen. Die einfallende Kolonne der Pakistani kam in diesen schwierigen winterlichen Verhältnissen und gegen den Widerstand einer kleinen Truppe der zum Staate Jammu und Kashmir gehörenden Armee nur langsam voran.

Die Gemeinschaft der Ladakhi, welche in Srinagar, der Hauptstadt von Kashmir, wohnten, erhielten Nachrichten von einem unmittelbar bevorstehenden Fall von Ladakh. Während des langen Winters, der vor ihnen lag, konnte es nur eine Frage der Zeit sein, bis die Eindringlinge Leh erreichen und erobern würden. Über eine schwache Radioverbindung drang die Neuigkeit ein, dass die Männer in Ladakh bereits ihr Hab und Gut einpacken und zusammen mit ihren Frauen und Kindern nach Tibet schicken würden. Major Prithi Chand empfing diese Nachrichten durch die Vermittlung eines Studienkollegen aus Ladakh, der als Bauingenieur in Srinagar arbeitete.

Eines Nachts hatte Major Prithi Chand einen kurzen Traum: Sein Guru erschien vor ihm und ermahnte ihn, sein Versprechen zu erfüllen. Prithi Chand schreckte aus dem Schlafe auf. Was für ein Versprechen? Er hatte den Vorfall von 1936 völlig vergessen. Langsam kam ihm die Erinnerung wieder.

Prithi Chand stand auf, zog seine Uniform an und machte sich an die Arbeit. Er hatte eine klare Vorstellung vom Ideal, Ladakh zu retten, um damit auch das Kloster seines Guru beschützen zu können. Diese Mission wurde ihm wichtiger als sein eigenes Leben.

Als er seinen Vorgesetzten Pläne vorlegte, dass Ladakh geschützt werden müsse und wie, dachten sie, Prithi Chand sei verrückt geworden. Es gab für sie keine Möglichkeit, Ladakh zu retten. Die Verbindungswege waren für die Zeit des Winters alle gesperrt. Zudem hatten sie keine Einheiten zur Verfügung, die von der schwierigen Aufgabe der Verteidigung des Kashmir-Tales hätten abgezogen werden können.

Prithi Chand jedoch war nicht entmutigt. Er klopfte an jede Tür – militärische oder politische. Er überzeugte sogar die Ladakhesen-Gemeinschaft, Telegramme an den indischen Premierminister nach Delhi zu schicken.

Schließlich ließen sich die militärischen Befehlshaber erweichen und hießen einen von Prithi Chand erstellten Plan gut. Im privaten Gespräch waren sie allerdings der Meinung, dass der Plan eine äußerst hirnverbrannte Idee sei. Sie waren jedoch damit einverstanden, nur damit sie sich Prithi Chand vom Halse halten konnten! Der Plan sah vor, dass Major Prithi Chand zusammen mit dreizehn Freiwilligen seines Bataillons und seinem Bauingenieur-Freund den schneebedeckten Himalaja überqueren wollte. Mit Trägern würden sie 200 Gewehre und Munition mitnehmen. Nachdem sie Ladakh erreicht hätten, würde Prithi Chand eine Guerilla-Armee aus jugendlichen Einheimischen aufbauen und trainieren. Diese würde dann den Vormarsch der einfallenden Pakistani verzögern. Gleichzeitig würde der Bauingenieur einen Luftlandeplatz in Leh für die Dakota-Militärmaschinen vorbereiten. Nach Fertigstellung des Flugplatzes würden dann Verstärkungen nach Ladakh eingeflogen werden.

Die indischen Militärbefehlshaber waren bereit, den Major, die dreizehn Freiwilligen und einige Waffen abzuschreiben, nur um das Ärgernis Major Prithi Chand loszuwerden.

Die Geschichte des Majors Prithi Chand ist eine der großen und wahren Legenden der Militärgeschichte. Seine Abenteuer würden ein ganzes Buch füllen. Jedoch kurz zusammengefasst: Mitten im Winter überquerte er den Himalaja, entwich einer Lawine, erreichte Ladakh, bildete eine Guerilla-Armee, konnte die pakistanischen Eindringlinge 60 Tage lang hinhalten, stellte den Flugplatz fertig und bestürmte die militärischen Vorgesetzten, ihr Versprechen zu halten und die Verstärkung einfliegen zu lassen, gerade noch rechtzeitig, um den Fall von Leh zu verhindern! Er wurde mit dem Maha Vir Chakra – einem hohen Tapferkeitsorden – ausgezeichnet. Die größere Belohnung für ihn aber war die Erfüllung eines Ideals.

Die auf einem Ideal oder einer Vision basierende Selbstlosigkeit ist das wahre Fundament von Führung. Diese Vision inspiriert eine Führungskraft und diejenigen, welche sie anführt, das Unmögliche zu erreichen. Wir wollen jetzt ein Beispiel aus der Geschäftswelt betrachten um zu sehen, was Selbstlosigkeit bewirken kann.

Hard Rock Cafe

„Hard Rock Cafe" ist eine fast die ganze Welt umspannende Restaurantkette. Wie konnte es einem jungen Mann, Isaac Tigrett, gelingen, kaum seinen Teenager-Jahren entwachsen, ein solches Mini-Imperium aufzubauen? Er konnte es, weil er ein lebendes Beispiel von auf einem Ideal basierender Selbstlosigkeit ist, wie wir es in Abbildung 3.2 darzustellen versuchten. Seine Person beeindruckt durch ihre Ausstrahlung von Frieden, Liebe und Freude.[29]

Isaac ist das Kind einer reichen Familie und wuchs in Jackson, Tennessee (USA), auf, einer Stadt, deren Bevölkerung zu neunzig Prozent aus Schwarzen besteht. Die Stadt war zu jener Zeit eines der schlimmsten Beispiele der Trennung von Schwarz und Weiß. Diese Ungerechtigkeit verletzte das liebende Herz des kleinen Isaac sehr nachhaltig. Ein paar Jahre später traten in den USA die neuen Bürgerrechts-Gesetze in Kraft; damit war die Rassentrennung beendet und gleiche Rechte für alle garantiert. Über Nacht wurden alle diskriminierenden Anzeigetafeln „Nur für Weiße" oder „Für Schwarze nicht erlaubt" entfernt. Dieses Beispiel einer von Menschen gemachten Trennung zwischen den Rassen und deren Aufhebung von einem Tag auf den andern hinterließ einen unauslöschlichen Eindruck in Isaacs Gemüt – alle Menschen sind in Wirklichkeit gleich. Noch während seiner Teenager-Jahre ließen sich seine Eltern scheiden. Isaac gab sein Studium auf und zog mit seinem Vater nach England. Doch anstatt wieder eine Hochschule zu besuchen, unterzog er sich dem Studium der „Universität des Lebens" und begann, in einer der Fabriken seines Vaters zu arbeiten. Die Arbeitsbedingungen in der Fabrik entsetzten ihn. Was ihn jedoch noch tiefer verletzte, war das Klassenbewusstsein in England, eine andere Form der in Jackson erlebten Rassentrennung. Das Management hatte überhaupt keinen Kontakt zur Belegschaft. Ohne dass es notwendig war, irgendwelche sichtbaren Anzeigetafeln aufzustellen, hatten die „Oberen Klassen" und die „Unteren Klassen" ihre getrennten Kantinen, Clubs und Pubs. Voller Wut über diese schreiende Ungerechtigkeit organisierte er in der Fabrik seines Vaters einen Streik der Arbeiter gegen das Management.

Langsam entstand in Isaac der Entschluss, diese Klassentrennung in der britischen Gesellschaft aufbrechen zu wollen. Welch ein erhabenes Ideal für die Menschheit – doch wie konnte er es bewerkstelligen?

Im Umfeld der 60er Jahre, als die Jugendlichen viel über Liebe redeten, begann Isaac über eine neue Idee nachzudenken. Er entschied sich, mitten in London – der arrogantesten und eingebildetsten Stadt der Welt – ein völlig klassenloses Restaurant zu eröffnen, in dem der Bäcker und der Bankier am selben Tisch sitzen und essen konnten.

Kaum zwanzigjährig flog Isaac zurück in die USA und lieh sich mit Hilfe des guten Namens seiner Familie 60.000 Dollar von der Bank seiner Heimatstadt: Genug Geld, um sich im hochnäsigsten Stadtviertel Londons ein Lokal zu mieten und ein Restaurant einzurichten – in Mayfair.

In Übereinstimmung mit dem Trend der 60er Jahre zur Rockmusik nannte er sein Restaurant „Hard Rock Cafe". Der Geist des Restaurants sollte die freundliche Ungezwungenheit der amerikanischen Südstaaten wiedergeben. Dem allem lag die unbeirrbare Entschlossenheit einer Führungskraft – Isaac Tigrett – zugrunde, „das System aufzubrechen". Er übersetzte das Ideal der „Einheit der Menschen" in Handlung.

Der liebevolle und freundliche Service im Restaurant verhalf diesem zu einem unmittelbaren Erfolg. Kunden aus allen Schichten der Gesellschaft – Rechtsanwälte, Bankiers, Taxifahrer, Fabrikarbeiter und Büroangestellte – warteten geduldig auf ihren Tisch.

Mit gutem Instinkt, harter Arbeit, einem gesunden Menschenverstand und dem „Sich-um-die-Leute-kümmern" gelang es Isaac, die „Hard-Rock-Cafe-Kultur" entstehen zu lassen. Ein Band unermesslichen Stolzes auf ihr Unternehmen hielt die Mitarbeiter zusammen. Die Mitarbeiter von „Hard Rock Cafe" wurden zu einer Familie, in der kein Opfer zu groß gewesen wäre, im Einsatz für die Ehre und den guten Ruf ihres Restaurants.

In seiner „Regenbogen Sammlung" beschäftigte Isaac Mitarbeiter aus den verschiedensten Kulturen der Welt: „Sie sprachen bis zu fünfundzwanzig verschiedene Muttersprachen". Er schmiedete die Leute zusammen in regelmäßigen Familientreffen der ganzen Belegschaft. Er wünschte sich von seinen Mitarbeitern, dass sie ihre Erfahrungen und Ideen mitteilten, damit dieses Unternehmen ein Erfolg würde. Diese Treffen verliefen meistens stürmisch. Ideen wurden diskutiert, z.B. „Nettigkeit, Qualität durch Höflichkeit und unsere Themen: Klassenlosigkeit und die aggressive amerikanische Freundlichkeit". Damit wollte Isaac seine Leute trainieren und den Ort schaffen, „wo Liebe ausstrahlt".

Überall wurde das Motto des Restaurants in großen Messing-Lettern ausgestellt: „Liebe alle, diene allen." Auch eine wunderschöne große Photographie des geistigen Lehrers von Isaac Tigrett – Sathya Sai Baba – wurde aufgestellt. Es kann keinen Zweifel geben, dass es Isaac gelungen ist, die große alte Lehre seines Meisters in die Tat umzusetzen:

„Es gibt nur eine Nation, die Nation der Menschheit;
es gibt nur eine Religion, die Religion der Liebe;
es gibt nur eine Sprache, die Sprache des Herzens;
es gibt nur einen Gott, Er ist allgegenwärtig."[30]

Instinktiv machte Isaac seine Arbeiter zum wichtigsten Instrument seines Unternehmens. Er „führte das erste Mitarbeiter-Gewinnbeteiligungsmodell in England ein". Er stellte sicher, dass das lohnabhängige Beteiligungsmodell die Faktoren „Höflichkeit, Hilfsbereitschaft und das ‚In-die-Familie-Hineinpassen'" angemessen berücksichtigte. Frauen erhielten den gleichen Lohn wie die Männer – ganz im Gegensatz zu der damals vorherrschenden Praxis, ihnen nur den halben Lohn zu bezahlen! Auch konnten die Mitarbeiter Isaac direkt anrufen.

Eine Anstellung in der Kette der Hard Rock Cafes – welche sich bald über die ganze Welt ausbreitete – wurde zu einer Möglichkeit der Transformation für die Leute. „Ich konnte diejenigen anstellen, die niemand nehmen wollte, und in sechs oder sieben Monaten wurden aus ihnen neue Menschen ... hier wurden sie geliebt, und sie konnten ihrerseits Liebe geben."

Isaac liebte seine Gäste ebenso sehr wie seine Mitarbeiter. Wenn die Warteschlange sehr lang wurde, so wurden selbst diese wartenden Leute betreut. Bei Regen wurden Schirme verteilt, Eistee, wenn es heiß, und heiße Schoko oder Suppe, wenn es eisig-kalt war. Und die Leute schätzten das sehr. Das Geschäft blühte. Zur Diversifikation wurden einige ausgewählte Kleidungsstücke mit dem Aufdruck „Liebe alle, diene allen" zum Verkauf angeboten.

Als er ungefähr 40 Jahre alt war, verkaufte Isaac sein weltweites Hard Rock Cafe-Unternehmen zum fabelhaften Preis von 107 Millionen US Dollar. Den größten Teil dieses Geldes investierte er in eine Wohltätigkeits-Stiftung mit dem Namen „Rama Foundation“. Er selber zieht nun weiter zu neuen Ufern.

Was nun hat Isaac damit erreicht, dass er ein Mensch mit Charakter (wie in diesem Kapitel beschrieben) oder eine Verkörperung von Selbstlosigkeit war (wie in der Grafik 3.2 gezeigt)? Geld? Das ist seine kleinste Sorge. Seine größte Leistung ist die Tatsache, dass er eine große Zahl von Menschen dazu bringen konnte, Menschliche Werte im Alltag zu praktizieren. Und er hat diese Leute mit der unwiderstehlichen Kraft seines persönlichen Beispiels transformiert. Führungskräfte wie Isaac Tigrett sind es, die helfen werden, die Menschheit näher zu ihrer Bestimmung zu führen:

„Einheit der Menschheit, Globalisierung der Wirtschaft und Welt-Bürgerschaft“.

Wir wollen dieses Kapitel über Selbstlosigkeit (Uneigennützigkeit, Selbstaufopferung) abschließen mit den Aussagen von drei großen Lehrern:

> „Wer immer der erste unter euch sein will, soll euer Diener sein“. – *Jesus Christus*

> „Ein ‚sardar‘ (Führer) muss ein ‚sirdar‘ sein (einer, der bereit ist, seinen Kopf hinzugeben).“ – *Swami Vivekānanda*

> „So lange ihr von einer besitzergreifenden Gesinnung umwölkt seid, nur an euch, eure Familie, eure Leute, eure Dinge denkt, so lange könnt ihr sicher sein, dass ihr früher oder später von Sorgen und Trauer befallen werdet. Ihr müsst vom Zustand der Identifikation eures Selbstes mit ‚ich‘ und ‚mein‘ auf eine höhere Stufe steigen, wo ihr euch immerfort mit dem ‚wir‘ und ‚unser‘ identifiziert. Ihr müsst nach und nach von der Selbstsucht zur Selbstlosigkeit reisen, von der Anhaftung zur Befreiung.“ – *Sai Baba*

Bemerkung für Lehrer

1. Dieses Kapitel über die Grundlagen von Führung ist das wichtigste dieses Buches. Überall auf der ganzen Welt betonen die Erziehungssysteme das Eigeninteresse der Studenten. Als Folge davon ist die ganze Aufmerksamkeit der Jugend auf das eine Ziel – die Karriere – ausgerichtet, mit anderen Worten, auf den gesellschaftlichen Status und den Reichtum, den sie dank ihres Studiums erreichen werden. Damit diese Studenten Selbstlosigkeit als Grundlage für Führung akzeptieren können, braucht es bei den Lehrern viel Geschick, Überzeugungskraft und persönliches Vorbild. Nicht nur das: wie wir im ersten Kapitel bereits untersucht haben, ist Selbstlosigkeit (tyāga) der einzige Weg zum spirituellen Ziel des Lebens, und, wie wir später sehen werden, die wirkliche Quelle zum Glücklichsein (siehe siebtes Kapitel).
2. Die Beschreibung eines Menschen mit Charakter von Taya Zinkin umschreibt die Menschlichen Werte bezogen auf verschiedene Aktivitäten unseres Verhaltens. Wenn die Studenten nun aufgefordert werden, jeden Satz dieser Beschreibung in Verbindung zu dem in ihm enthaltenen Wert zu bringen, lernen sie viel dabei – und freuen sich darüber. Auch können die Lehrer sie aufmuntern, ihr eigenes Verhalten – auf diese Beschreibungen bezogen – zu verbessern. Eine solche Aufgabe macht einen dauerhaften Eindruck auf ein Individuum.
3. Ermutigen Sie die Studenten, ihr eigenes Verhalten in Bezug auf Selbstsucht oder Selbstlosigkeit zu untersuchen. Nachdem der eine oder andere Student den Ball ins Rollen gebracht hat, ermöglicht diese Übung eine ehrliche Sicht nach Innen: es entsteht eine wahre „Konkurrenz-Lawine“. Diese Diskussion zeigt uns, dass es die Motive unserer Handlungen sind, die darüber entscheiden, ob eine Handlung selbstsüchtig oder selbstlos war.
4. Viele Menschen glauben nicht an Gott. Ermutigen Sie Ihre Studenten, darüber zu diskutieren, was sie denn unter „Gewissen“ oder „innere Stimme“ verstehen. Es genügt, wenn sie verstehen, dass es eine Kraft in uns gibt, die uns hilft, darüber zu entscheiden, was richtig oder falsch oder was gut oder schlecht ist. Denn Namen spielen keine Rolle.
5. Das Leben von General Ridgeway ist eine inspirierende Ge-

schichte. Die Studenten sollten ermutigt werden, was immer über dieses Leben und diese Karriere geschrieben wurde, zu lesen. Danach sollten sie beurteilen können, aus welchem Grunde er in seiner Beschreibung eines Menschen mit Charakter das einbezogen hat, wie er es tat. Ermutigen Sie Ihre Studenten außerdem, ähnliche Lebensgeschichten zu finden und zu studieren, wie die von Major Prithi Chand und Isaac Tigrett.

4

„SEIN" – Die universelle innere Struktur einer guten Führungskraft: die wesentlichen Eigenschaften

Eine sehr große Anzahl von Eigenschaften bestimmen den Charakter eines Menschen. Jede Menge von Qualitäten finden wir in der einschlägigen Literatur über Führung. Die zentralen und eigentlich wichtigen Eigenschaften jedoch, wie wir sie ausnahmslos in den Charakterbildern aller herausragenden Führungspersönlichkeiten finden, haben wir als „universelle innere Struktur einer guten Führungskraft" in Abbildung 3.1 darzustellen versucht. Verbunden damit erklärt Abbildung 3.2 die Grundlage von guter Führung. Wir haben diese grundlegende Eigenschaft einer guten Führungskraft – nämlich die Selbstlosigkeit – im dritten Kapitel diskutiert. In diesem Kapitel werden wir die drei anderen Charaktereigenschaften, welche für eine gute Führungskraft wesentlich sind, diskutieren. Es sind dies:

- Mut,
- Willenskraft und
- Initiative

Mut

Mut ist in allen Völkern die am meisten bewunderte menschliche Tugend: Mensch sein bedeutet mutig sein.

Die wichtigste Handlung einer Führungskraft, welche Mut erfordert, ist das Fällen von Entscheidungen. Keine Handlung kann beginnen, ohne dass eine Entscheidung gefällt wird. Eine Entscheidung fällen heißt, verantwortlich sein für den Erfolg oder den Fehlschlag. Deshalb zaudern viele Menschen. Es ist wichtig, sich mit größter Sorgfalt und erst nach dem Abwägen aller „Für und Wider" der verschiedenen Möglichkeiten zu entscheiden. Aber selbst dann zeigt sich die beste Möglichkeit sehr selten in kristallener Klarheit. Die meisten Entscheidungen müssen in einer Atmosphäre der Unsicherheit über ihre Folgen gefällt werden. Im Militär wird diese Ungewissheit „Nebel des Krieges“ genannt. Wir müssen uns daran erinnern, dass ohne Entscheidungen nichts geschehen oder sich bewegen kann. Deshalb gibt es auch den Spruch: „Eine schlechte Entscheidung ist besser als gar keine.“

Der Mut hat noch viele Facetten, welche wichtig sind. Zum Beispiel:

- Feigheit veranlasst uns, die Wahrheit zu verstecken; ein mutiger Mensch lügt nicht.
- Es ist ein Zeichen von Mut, hohe Anforderungen zu stellen, selbst auf Kosten der eigenen Beliebtheit.
- Bestrafung verlangt Mut. Oft muss Mitleid als Entschuldigung für den Mangel an Mut herhalten. Fehler und Unterlassungen haben einen Schneeball-Effekt, wenn sie nicht umgehend korrigiert werden. Jegliche Bestrafung jedoch sollte in dem Geiste durchgeführt werden, wie eine gute Mutter die „Rute“ benützt – nämlich um zu verbessern.
- Es braucht Mut, zu einer unethischen Handlung „nein“ zu sagen.

Eine Führungspersönlichkeit braucht beides, sowohl physischen wie auch moralischen Mut. Die ganze Spannweite von moralischem Mut, welcher es einem Menschen ermöglicht, andere jeglicher Altersstufe an sich zu ziehen, wird sehr schön mit den folgenden Worten beschrieben:

> „Ruhige Entschlossenheit;
> Die Unerschrockenheit, Risiken auf sich zu nehmen;
> Der Wille, die volle Verantwortung für gefällte Entscheidungen zu übernehmen;
> Die Bereitschaft, die Erfolge mit den Untergebenen zu teilen;
> Eine ebensolche Bereitschaft, die Schuld auf sich zu nehmen, wenn die Dinge ungünstig verlaufen;
> Die Nerven, Sturm und Enttäuschungen zu überleben und jeden neuen Tag mit einer leeren Bewertungstafel zu beginnen – weder auf seinen Erfolgen ausruhen noch sich durch eigene Misserfolge entmutigen lassen.“[31]

Nochmals: Mut gibt der ganzen Arbeitseinstellung einer Führungskraft eine besondere Richtung. Peter Drucker, der Doyen der Management-Wissenschaft, empfiehlt folgendes:

„Denn es gehört Mut dazu, die vier wahrhaft wichtigen Regeln zu befolgen, nach denen man Prioritäten erkennen kann: Wähle die Zukunft statt der Vergangenheit; achte mehr auf Gelegenheiten als auf Probleme; wähle deine eigene Richtung statt dich von der Menge tragen zu lassen; und stecke deine Ziele hoch. Strebe nach Umwertung statt nach Sicherheit und leichten Erfolgen.“[32]

Sich hohe Ziele setzen heisst seine Vision über „was ist gut für mich“ zu einem Ideal, das vielen zugute kommt, zu erheben.

Schließlich finden wir die bedeutendste Quelle von Mut – sowohl physischen wie auch moralischen Mut – in der alten indischen Wahrheit, dass die Seele (Atman) unsterblich ist: tatsächlich ist sie ewig und unzerstörbar. Diese Wahrheit bildet die zentrale Aussage der Bhagavad Gītā. Dieses Wissen macht einen Menschen zu einem Furchtlosen (nirbhaya). Und diejenigen, die um diese Wahrheit zu erfahren, die nötige Disziplin aufbringen, werden zu Menschen, die überhaupt keine Furcht kennen, auch nicht die Angst vor dem Tod (abhaya). Dies führt uns zur Schlüsselfrage: Wie können wir diese Wahrheit erfahren? Die Antwort liegt in der Willenskraft, die nötige Anstrengung zu unternehmen.

Willenskraft

Willenskraft ist eine Eigenschaft, die wir in allen herausragenden Führungskräften finden. „Die Willenskraft ist die Königin aller Anlagen – sie ist die Quelle aller anderen Fähigkeiten.“*

(Das nun folgende ist eine mündliche Ergänzung des Autors zur deutschen Ausgabe.) Im Gespräch mit den Studenten äußerte Sai Baba, dass die Willenskraft eine Schlüsselqualität der menschlichen Tugend ist und zum Synonym der Jugend wird: „Jugend ist Entschlossenheit, eine Entschlossenheit, welche die Sinne mit unerschütterlicher Beständigkeit beherrscht. Ein Mensch mit Willenskraft und Entschlossenheit ist auch mit achtzig Jahren ein Jugendlicher. Andererseits ist ein Achtzehnjähriger, dem es an Bestimmtheit fehlt, bereits ein alter Mensch. Im Epos des Mahābhāratha ist der Oberkommandierende der Kauravas, Bhīshma, bereits 114 Jahre

* Sai Baba in einer Ansprache in Kodaikanal (Indien) vom 7. April 1993

alt. Arjuna, der beste Kämpfer, war 84 Jahre alt, und Krishna, der nimmermüde Wagenlenker, war 82 Jahre alt."*

Die Durchführung irgendeines Plans, eines Programms oder eines Projekts begegnet Hunderten von Schwierigkeiten. Fehler können bei den Leuten passieren, die den Plan ausführen müssen. Manchmal geschehen diese Fehler aus natürlichen Gründen, manchmal aus Gründen mangelnder Hilfsmittel, manchmal wegen menschlicher Schwächen. Eine gute Führungspersönlichkeit muss die Willenskraft (oder Bestimmtheit, Ausdauer, Hartnäckigkeit usw.) besitzen, beharrlich zu bleiben, trotz gelegentlich auftauchender Rückschläge und Schwierigkeiten.

Die eigentliche Absicht dieses Buches ist es, den Leser und die Leserin zu begeistern, sein oder ihr eigenes Führungspotential bestmöglich zu entwickeln. Um dabei Erfolg zu haben, ist Willenskraft die entscheidende Eigenschaft. Untersuchungen und Experimente, welche der Autor seit 1979 durchführte, deuten darauf hin, dass fast alle Menschen bestrebt sind, sich zu entwickeln und zu verbessern. Leider aber sind es nur fünfzehn Prozent der Menschen, die durchhalten und ihre Gewohnheiten in Gedanken, Worten und Taten transformieren können. Den meisten von uns mangelt es an der notwendigen Willenskraft. Aus diesem Grunde wurde die Willenskraft zur Königin aller Fähigkeiten und Eigenschaften bestimmt.

„Versuch's, versuch's wieder" ist aus gutem Grund ein uralter Ratschlag. Der Wert unverdrossenen Beharrungsvermögens wurde einmal von Sir Winston Churchill, dem Britischen Premierminister während des Zweiten Weltkrieges, auf dramatische Weise deutlich gemacht. Er ging als eine der größten Führungspersönlichkeiten der Welt aus dem Krieg hervor. Er wurde als Ehrengast von seiner früheren Schule zu deren 150. Gründungsfeier eingeladen. Man bat ihn auch, die Hauptansprache zu halten, um die Studenten zu inspirieren, seinem Beispiel zu folgen und zu ausserordentlichen Führungspersönlichkeiten heranzuwachsen. Churchill nahm diese Einladung an. Mit größten Erwartungen harrten die Menschen aus allen Schichten der Gesellschaft auf Churchill, um seine Ansichten über Führung zu hören.

* Sai Baba im Gespräch mit den M.B.A.-Studenten

An diesem Festtag war der Saal gedrängt voll mit Menschen. Die Medienleute und die Gelehrten erschienen in großer Zahl. Alle freuten sich auf den Augenblick, in dem Sir Winston Churchill sein Geheimnis über Führung aufdecken würde. Nach den üblichen Höflichkeitsformeln wurde Churchill gebeten, seine Ansprache zu halten. Er stand von seinem Stuhl auf, schritt langsam zum Podium und setzte seine Brille auf. Danach zog er ein kleines Stück Papier hervor, legte dieses auf das Rednerpult und schaute über seine Gläser hinweg ins Publikum. Man hätte eine Nadel fallen hören in der nun eintretenden Stille. Dann begann Churchill seine Rede:

„NIEMALS
NIEMALS
NIEMALS
NIEMALS
GIB AUF!"

Nachdem er diese fünf Worte in den Saal „gedonnert" hatte, ging er gemächlich an seinen Platz zurück. Das darauffolgende verwirrte Schweigen dauerte sehr lange. Allmählich erkannten die Menschen die Bedeutung seiner Botschaft: Sie standen auf und spendeten Churchill eine langanhaltende, stürmische Ovation.

Mit nur fünf Worten hatte er das große Geheimnis seiner Führungsqualitäten und seines Erfolges herausdestilliert. Sein wechselvolles Leben hat viele Höhen und Tiefen erlebt, doch nie hat er seinen Mut verloren. Und als die Zeit reif dazu war, stellte er sich bereitwillig zur Verfügung, sein Land aus einer fast totalen Niederlage heraus zum endgültigen Sieg zu führen, im größten und blutigsten Krieg, den die Menschheit je gefochten hat.

Ein anderes Beispiel, den Wert von Willenskraft zu illustrieren, ist die Erfolgsgeschichte der weltweit operierenden amerikanischen Fastfood-Kette McDonald's. Diese Firma verdankt ihre hervorragenden Leistungen der Bestimmtheit, mit der jeder Mitarbeiter angehalten wird, dienstfertig, bereitwillig und schnell den Kunden täglich frische und saubere Mahlzeiten anzubieten. Um sicher zu gehen, dass diese Bestimmtheit nichts von ihrer Stärke verliert, hat das Unternehmen folgenden Schritt unternommen: In jedem Büro hängt an gut sichtbarer Stelle ein Poster mit folgender Aufschrift:

Entschlossenheit

Nichts in der Welt kann Beharrlichkeit ersetzen:

Talent kann es nicht: Nichts ist alltäglicher als erfolglose Menschen mit grossen Talenten.

Begabung kann es nicht: Begabte Versager sind schon fast sprichwörtlich.

Bildung kann es nicht: Die Welt ist voll von gebildeten menschlichen Wracks.

Beharrlichkeit, Entschlossenheit alleine sind allmächtig.

Wir werden im siebten Kapitel erfahren, wie jedermann, der die notwendige Willenskraft aufbringt, Meister seines eigenen Schicksals werden kann. Die Willenskraft ist der Schlüssel für die Entwicklung des eigenen Selbst. Wenn sie gestärkt wird, ist die Transformation unseres Charakters ein erreichbares Ziel. Transformation bedeutet hier das Aufgeben von schlechten Gewohnheiten – unseren Schwächen wie Gier, Zorn, Anhaftung, Geiz, Egoismus und Eifersucht. Danach können wir uns die Eigenschaften zu eigen machen und sie verstärken, wie wir sie in den Abbildungen 3.1 und 3.2 als Teil der „universellen inneren Struktur einer guten Führungskraft" kennengelernt haben. Indiens viele tausend Jahre lange Erfahrung mit spirituellen Übungen, die uns transformieren können, wurde folgendermaßen beschrieben:

> „Für denjenigen, welcher mit äußeren Neigungen gekämpft und sie besiegt hat, werden die inneren Neigungen leicht kontrollierbar."[33]

Konsequenterweise wurde die Selbstverleugnung von Wünschen und physischen Bedürfnissen auf folgende Weise nutzbar gemacht und dadurch die Willenskraft entwickelt:

- Fasten zur Stärkung der Willenskraft kennt man in allen Kulturen. Im Islam ist das 30-tägige Fasten während des Ramadans eine allgemein übliche Methode zur Reinigung des Geistes und zur Stärkung der Willenskraft. Die japanischen Samurais kombinierten das Fasten mit dem Barfuß-Laufen im Schnee für den gleichen Zweck. Das 40-tägige Wasserfasten ist die wohl rigoroseste Methode spiritueller Übungen in Indien – mit demselben Ziel.

- Revolutionäre übten sich im „Hände-über-die-Kerzenflamme-Halten“, während einer längeren Zeit und ohne zu zucken. Dies stählt den Geist.
- Für eine bestimmte Zeit auf Zucker und Salz zu verzichten, dient dem gleichen Zweck.
- Im Winter in eiskaltem Wasser baden hilft.
- Den Schlaf von acht auf sagen wir sechseinhalb Stunden pro Tag zu reduzieren, dient demselben Zweck. Zusätzlich gewinnt man 450 Extra-Stunden pro Jahr, geeignet für das Studium oder sonstige produktive Arbeit.
- Aufgeben von schlechten Gewohnheiten und Süchten wie Trinken, Rauchen, Betelblätter Kauen, Tabak Schnupfen, zu lange Fernsehen usw. stärkt die Willenskraft.
- Längere Dauerläufe oder Jogging – vielleicht dreimal wöchentlich – stärkt nicht nur die Willenskraft, sondern hilft auch der Gesundheit.

Die folgenden Worte von W. H. Longfellow helfen uns verstehen, wie wir unsere Willenskraft stärken können, um beharrlich zu sein:

> „Die Höhen haben große Menschen nicht im plötzlichen Fluge erreicht. Während diese Menschen sich nachts aufwärts arbeiteten, schliefen ihre Mitmenschen.“

Wenn wir über Willenskraft reden, sind ein paar Worte der Vorsicht angebracht. Willenskraft sollte nicht mit Hartnäckigkeit verwechselt werden. Hartnäckigkeit (Starrsinn) ist normalerweise das Resultat von Selbstgefälligkeit, von Egoismus oder von reiner Unkenntnis. Die Grenze dazwischen ist sehr schmal. Eine Führungspersönlichkeit mit der nötigen Flexibilität und der Initiative, die Methode zu ändern, wenn sie einen Plan umsetzt, ohne dessen Grundabsicht zu verlassen, hat den richtigen Ansatz. „Es gibt immer die Gefahr, dass Entschlossenheit zu reiner Halsstarrigkeit verkommt, Flexibilität zu Wankelmütigkeit. Wenn es dir gelingt, das Gleichgewicht zwischen diesen beiden zu halten – Stärke des Willens und Flexibilität des Geistes –, dann bist du auf gutem Wege, eine bedeutende Führungskraft zu werden.“[34]

Wenn die Quelle der Willenskraft das Gewissen ist, die innere Stimme, dann hilft diese einer Führungskraft, auf dem richtigen Weg zu bleiben. Sollte die Quelle jedoch der eigene Egoismus sein, dann enden wir unweigerlich im Starrsinn. Manch ein Diktator, dessen immense Willenskraft mit seinem Egoismus verbunden war, wurde größenwahnsinnig, und er brachte viel Leid über sein Volk. Hitler und Stalin sind zwei Beispiele dafür.

Grundsätzlich ist es Initiative, welche eine Führungskraft dazu führt, ihre Methode ohne Preisgabe des ursprünglichen Ziels zu ändern. Deshalb ist es die Initiative, welche als dritter Wert bei allen herausragenden Führungspersönlichkeiten zu entdecken ist.

Initiative

Eine wirkungsvolle Führungskraft ist den Ereignissen jeweils zwei Schritte voraus. Sie kann dies dank einer intelligenten Vorahnung, welche auf einem gesunden Informations-System gründet, um auftauchende Schwierigkeiten und Hindernisse zu bewältigen. Sie hält auch immer Ausschau nach günstigen Gelegenheiten, die sie zur Unterstützung ihrer Aufgabe nutzen kann. Alle diese Fähigkeiten sind ein Zeichen von Initiative. In einem Wort: Ein Mensch mit Initiative ist ein Selbststarter, und das macht ihn dynamisch.

Im Gegensatz dazu lungert ein Mensch ohne Initiative herum und wartet, dass die Dinge geschehen. Er fürchtet sich, selbstbewusst zu sein und etwas zu wagen. „Niemand hat mir etwas gesagt"; „es wurde mir nicht befohlen"; „ich wusste es nicht" usw. sind die üblichen Entschuldigungen von Vorgesetzten, die keine Eigeninitiative haben. Der Mensch mit Initiative sorgt dafür, dass die Dinge geschehen.

Die Angst, einen Fehler zu machen, hemmt die Initiative. Andererseits fördert gegenseitiges Vertrauen und Zutrauen, gekoppelt mit der Delegation von Kompetenzen und Verantwortung, ein Klima, in dem Initiative am besten blühen kann. Es ist wichtig, dass eine Führungskraft ein solches Umfeld im Rahmen ihrer eigenen Verantwortung schafft. In einem solchen Umfeld lernen wir: „Irren ist nicht menschlich."*

* Sai Baba im Gespräch mit M.B.A.-Studenten

Wenn wir unser Unterscheidungsvermögen richtig anwenden, werden die Chancen, einen Fehler zu machen, geringer. Und selbst wenn ein Fehler passiert ist, kann dieser umgehend wieder korrigiert werden – als Lernprozess und nicht als Strafe. Dadurch blüht Initiative auf.

Initiative kann mit abwägendem Vorwegdenken entwickelt werden. Eine Führungskraft sollte sich in Ruhe die Zeit nehmen, um über den gewählten Weg nachzudenken und sich die möglicherweise auftauchenden Probleme oder Schwierigkeiten vorstellen zu können. Sie wäre dann geistig vorbereitet, sollten solche antizipierten Probleme tatsächlich auftauchen. Dadurch wäre sie in der Lage, unverzüglich und entschlossen einen alternativen Weg einzuschlagen.

Die vielleicht wichtigste Quelle der Initiative ist die Gewohnheit einer Person, ihre Vision weit über ihren Job zu stellen. Jeden Tag sollten wir mit der Selbstbefragung beginnen: „Was kann ich Wesentliches beitragen zu den Leistungen und den Ergebnissen der Institution, der ich diene?“[35]

Die Frage bezieht sich nicht nur auf den eigenen Job – dies würde die Wirksamkeit beschränken. Die Frage ist in Bezug auf die ganze Institution zu stellen. Das erhebt unsere Vision wie auch die der Leute um uns herum. Diese Einstellung ist der Urquell von Initiative. Ebenso ist eine Führungskraft, die sich diese Einstellung zur Gewohnheit macht, dazu bestimmt, immer höhere Verantwortung zu übernehmen.

Die nachfolgende Übung eignet sich, um zu erkennen, dass fast jede Komponente, welche zu einer guten und wirkungsvollen Führungskraft gehört, Teil der „universellen inneren Struktur einer guten Führungskraft“ ist.

Übung 4.1: Attribute erfolgreicher Führungskräfte

Eine unter Top-Managern in England durchgeführte Untersuchung[36] hat 25 Attribute erbracht, welche von diesen Führungskräften als für ihren Erfolg maßgeblich erklärt wurden. Diese sind nachfolgend in ungeordneter Folge aufgelistet.

Sie können diese Attribute jetzt in der Reihenfolge ihrer Bedeutung für das Erreichen von Spitzenpositionen auflisten. Gleichzeitig notieren Sie die entsprechenden Komponenten der „universellen inneren Struktur einer guten Führungskraft" (wie in den Abbildungen 3.1 und 3.2 erklärt), die Sie als Quelle des Attributes erachten.

In der Tabelle 4.1 sehen Sie das Ergebnis der ursprünglichen Umfrage, sowie die entsprechende Zuordnung zu den Quellen der „universellen inneren Struktur einer guten Führungskraft".

(Versuchen Sie aber, diese Übung zuerst selber zu machen – entweder alleine oder mit anderen in der Gruppe.)

Folgende Attribute stehen zur Verfügung:

Ehrgeiz
Bereitschaft, hart zu arbeiten
Unternehmungsgeist
Scharfsinn
Fähigkeit, am Ball zu bleiben
Fähigkeit, erhellend zu schreiben
Vorstellungskraft
Fähigkeit, Gelegenheiten sofort zu erkennen
Bereitschaft, Überstunden zu machen
Neugierde
Verständnis für andere
Gefühl für Zahlen (Geschicklichkeit)
Fähigkeit des abstrakten Denkens
Integrität
Fähigkeit, wirksam zu verwalten
Enthusiasmus
Fähigkeit, erhellend zu sprechen
Zielgerichtetheit
Risikobereitschaft
Führungsqualitäten
Fähigkeit, Entscheidungen zu treffen
Fähigkeit zu analysieren
Fähigkeit, unangenehmen Situationen zu begegnen
Aufgeschlossenheit
Fähigkeit, sich schnell Veränderungen anzupassen

Tabelle 4.1: Rangordnung der Attribute bei erfolgreichen Führungskräften in England

Attribute	Zuordnung (Quelle) der Attribute in Bezug auf die „universelle innere Struktur einer guten Führungskraft“
1. Entscheidungsfähigkeit	Mut
2. Führungsqualitäten	Universelle innere Struktur einer Führungskraft
3. Integrität	Selbstlosigkeit, rechtes Handeln
4. Enthusiasmus	Vision und Wissen
5. Vorstellungskraft	Ideal/Vision und Fachwissen
6. Bereitschaft, hart zu arbeiten	Willenskraft
7. Fähigkeit zu analysieren	Fachwissen und Selbstkenntnis
8. Verständnis für andere	Umgang mit Leuten
9. Fähigkeit, Gelegenheiten sofort zu erkennen	Inititative
10. Fähigkeit, unangenehmen Situationen zu begegnen	Mut
11. Fähigkeit, sich schnell Veränderungen anzupassen	Initiative und Fachwissen
12. Bereitschaft, Risiken einzugehen	Mut
13. Unternehmungsgeist	Initiative
14. Fähigkeit, erhellend zu sprechen	Kommunikationsgeschick im Umgang mit Leuten
15. Scharfsinn	Wissen
16. Fähigkeit, effizient zu verwalten	Fachwissen und Umgang mit Leuten
17. Aufgeschlossenheit	Selbstlosigkeit

18. Fähigkeit, am Ball zu bleiben	Willenskraft
19. Bereitschaft, Überstunden zu machen	Willenskraft
20. Ehrgeiz	Ideal oder Vision
21. Zielgerichtetheit	Willenskraft
22. Fähigkeit, erhellend zu schreiben	Kommunikationsgeschick im Umgang mit Leuten
23. Neugierde	Initiative und Fachwissen
24. Gefühl für Zahlen	Fachwissen
25. Fähigkeit des abstrakten Denkens	Selbstlosigkeit, basierend auf einer Vision

Bemerkungen für Lehrer

1. Studenten sollten dazu ermutigt werden, unter ihresgleichen nach wirklichen Lebensgeschichten zu suchen, sie zu sammeln und aufzuschreiben – Lebensgeschichten von Mut, Willenskraft und Initiative.
2. Willenskraft zu entwickeln ist ein äußerst aufregendes Unterfangen. Am besten beginnt man mit einfachen Zielvorstellungen. Jedes erreichte Ziel kann uns zu größeren Anstrengungen begeistern. Dieses Aktionsprogramm sollte sich über mehrere Monate erstrecken.
3. Nachdem die Studenten sich einige Zeit mit diesem Thema beschäftigt haben, sollen sie entscheiden, welche der drei Qualitäten – Mut, Willenskraft, Initiative – sie als die für sich wichtigste betrachten.

5
„SEIN“ – Die universelle innere Struktur einer guten Führungskraft: Kenntnis der Aufgabe und des Selbst

Das Wissen ist eine wichtige Komponente der universellen inneren Struktur einer guten Führungskraft. Es besteht aus drei Untergruppen, wie in Abbildung 3.1 gezeigt wurde:

- Fachwissen
- Selbstkenntnis (die eigenen Tugenden und Schwächen kennen)
- Fähigkeit im Umgang mit Leuten

Die Fähigkeit im Umgang mit Leuten setzt wesentliche Kenntnis der menschlichen Natur voraus. Sie beinhaltet auch die ganze Kraft der übrigen Komponenten. Erst diese vereinten Kräfte geben einer Führungspersönlichkeit die Fähigkeit, mit Leuten so umzugehen, dass diese ihr Bestes zu geben bereit sind, ungeachtet der Umstände. Wir werden diese Fähigkeit im sechsten Kapitel besprechen.

Der eigentliche Wert von Wissen liegt in dem, was eine Führungskraft aus eigener Anstrengung gelernt hat. Ihre direkten Erfahrungen im gewählten Arbeitsfeld können in Wirklichkeit durch nichts anderes ersetzt werden. Trotzdem gilt das Lernen von den Erfahrungen anderer als eigentliches Kennzeichen aller herausragenden Führungspersönlichkeiten. Lernen ist ein lebenslanger und kontinuierlicher Prozess. Die Lesegewohnheiten gelten als größter einzelner Faktor, welcher zu indirekten Erfahrungen beiträgt. „Der große Wert indirekter Erfahrungen liegt in der größeren Mannigfaltigkeit und Spannweite des Wissens. Geschichte ist eine universelle Erfahrung nicht nur eines anderen, sondern von vielen anderen.“[37] Eine in den USA durchgeführte Untersuchung zeigte, dass Top-Manager im Jahr durchschnittlich neunzehn Bücher lesen, zehn davon Sachbücher. Die Bibliothek ist eine wichtige Quelle zur Stärkung des Führungspotentials.

Fachwissen

Das Wissen um die Aufgabe, welche eine Führungskraft gewählt hat, gibt dieser große Kraft. „Wissen ist Macht" ist eine wohlbekannte Maxime. Tatsächlich stimmt es, dass „eine Gruppe von Menschen oft von derjenigen Person dominiert werden kann, die den klarsten Durchblick hat".[38] Das Wissen um das Gesamtsystem des Arbeitsgebietes, in welchem man wirkt, sowie des internen als auch externen Umfelds der Institution sind ebenfalls notwendig, damit die „Dinge erledigt werden".

Eine Führungskraft kann sich dann am besten entwickeln, wenn sie auf einem Gebiet tätig ist, für welches sie besonders geeignet ist und in welchem sie sich wohl fühlt. Angenommen, dieses Gebiet sei gut ausgewählt, sollte eine Führungskraft ihr Wissen und ihre Kompetenz auf diesem Gebiet vergrößern. In unserer sich schnell verändernden Welt der Technologie ist es von größter Wichtigkeit, sein Wissen auf den neuesten Stand zu bringen. Dies ermöglicht es einer Führungskraft, flexibel auf Veränderungen zu reagieren und mit der nötigen Sicherheit mit den Leuten umzugehen.

Eine Führungskraft sollte früh anfangen, von den Erfahrungen und dem Wissen anderer zu lernen. „Weisheit beginnt an dem Punkt, wo man zu verstehen beginnt, dass Unwissenheit nicht beschämend ist."[39] Ein neugieriger und offener Geist und das Akzeptieren begründeter und konstruktiver Kritik sind wesentliche Voraussetzungen für die Bereicherung und die Erweiterung des Wissens.

Das letzte Ziel des Wissens ist das Entwickeln von Intuition, dem sechsten Sinn einer Führungskraft, ähnlich dem Wirken eines kompetenten Chirurgen in der Medizin. Im Oxford Dictionary wird Intuition definiert als „die Macht des Geistes, durch welche dieser die Wahrheit der Dinge unmittelbar, ohne darüber nachzudenken oder sie zu analysieren, erkennt". Es ist destillierte (konzentrierte) Erfahrung und das Ergebnis jahrelangen Lernens von jeglichem Aspekt des gewählten Arbeitsgebietes. Das Erwerben von Wissen mit gesundem Menschenverstand ist der Königsweg zur Intuition. Gesunder Menschenverstand ist die Fähigkeit, Unwichtiges zur Seite zu schieben und zum Kern der Sache vorzudringen, also zu dem, was wirklich eine Rolle spielt.

Schwieriger wird es, wenn es darum geht, unser Selbst, unsere eigene Natur mit ihren Stärken und Schwächen zu erkennen.

Selbstkenntnis

Eine gute Führungskraft muss ihren eigenen Charakter verstehen. Das ist unbedingt notwendig. Führung ist die Interaktion zwischen dem Führenden und dem Geführten. Eine gute Führungskraft versteht beide Parteien.

Die eigentliche Tragödie der Menschheit liegt darin, dass ein jeder von uns sich als Inbegriff der Vollkommenheit sieht und sich weigert, sein Selbst wie „im Spiegel“ zu betrachten.

Jeder Mensch hat einen gesunden und edlen Kern. Dieser wird jedoch mit Schichten von Egoismus, Wünschen, Habgier, Zorn und Eifersucht verschiedenster Dichte überzogen. Vollständig mit diesen Schichten beschäftigt, erkennen wir nicht einmal, dass wir auch Unzulänglichkeiten haben könnten. Wir beschuldigen die anderen, uns zu enttäuschen, zu betrügen usw. Um diesen Sachverhalt besser verstehen zu können, betrachten wir das Beispiel von zwei Brüdern.

Zwei Brüder wuchsen gemeinsam in der gleichen Stadt in einer wohlhabenden Familie auf. Sie hatten beide das gleiche Erbgut und beide wuchsen im genau gleichen Umfeld auf. Als sie ihre Ausbildung abgeschlossen hatten, waren beide jedoch von unterschiedlichster Natur und beide hatten ein völlig unterschiedliches Temperament. Eines Tages ging der ältere Bruder quer durch das Wohnzimmer der Familie. Er war barfuß. In der Mitte des Raumes stieß er an einen Blechbecher, der von einem Kind liegen gelassen worden war. Da er den Becher nicht gesehen hatte, stieß er mit großer Wucht daran und dies verursachte ihm große Schmerzen. Er brüllte laut auf und schrie: „Ich weiß es: Jemand hat mir absichtlich diesen Becher in den Weg gestellt, damit ich mich daran verletze. Jedermann in diesem Haus ist gegen mich. Alle sind eifersüchtig auf mich und wollen mir Schaden zufügen. Warum müssen die Menschen auch so gemein sein?“ ... und so schrie er weiter in einem fort. Von diesem Lärmen angezogen, rannte auch der jüngere Bruder in den Salon und stieß sich mit noch größerer Wucht am selben Becher. Seine große Zehe wäre fast gebrochen. Doch seine Reaktion war ganz anders. Alles was er sagte, war: „Ich muss ja blind sein, gegen einen solch großen Becher zu rennen. Ich muss in Zukunft vorsichtiger sein.“

In diesem Beispiel müsste der ältere Bruder sein Wesen in größerem Umfang neu programmieren, (um in der Computersprache zu reden), wollte er sich auch nur ein ganz rudimentäres Potential an Führungsqualitäten aneignen. Der jüngere Bruder andererseits hätte eine gesunde Grundlage mit der Möglichkeit zum Wachsen. Diejenigen, welche ihren eigenen Charakter verstehen, werden niemals von selbst-geschaffenen Zweifeln heimgesucht, die einen gegenteiligen Einfluss auf die Fähigkeit haben, mit Menschen umzugehen.

Selbstkenntnis ist auch ein Schritt zum Verständnis anderer, was für eine harmonische, zwischenmenschliche Beziehung wichtig ist. Ohne Selbstkenntnis kann sich in einer Gruppe allmählich unbewusstes Verhalten entwickeln, welches die Arbeit verzögert, in Frage stellt oder sogar sabotiert. Ein äußerst brauchbarer Test, um unsere Einstellung gegenüber andern zu beurteilen, wurde von Professor William Schutz an der Harvard Universität erarbeitet. „Fundamental Interpersonal Relation Orientation of Behaviour" (FIROB) heißt der Test, der die zugrundeliegende Wirklichkeit unseres Charakters in Bezug auf drei Gebiete zwischenmenschlicher Verhaltensweisen zu verstehen hilft:

- Sozial sein wollen oder dies von anderen erwarten
- Kontrolle ausüben wollen oder erwarten, dass andere uns kontrollieren
- Lieben können oder Liebe von anderen erwarten.

Als allgemeine Regel kann man sagen, dass sich Gegensätze gut vertragen. So würde zum Beispiel eine Person, die gerne Kontrolle über andere ausüben möchte, gut auskommen mit einem Menschen, der gerne kontrolliert werden möchte. Andererseits würden bestimmt Konflikte auftauchen, wenn die gleiche Person mit einem Menschen zu tun hätte, der auch gerne Kontrolle ausüben möchte. Dieser Test ist hilfreich, um zu verstehen, wie wir auf andere Menschen wahrscheinlich reagieren werden. Es bedarf allerdings eines erfahrenen Psychologen, der geübt ist, den Test richtig zu deuten.

Wenn wir jedoch verstanden haben, dass die Kenntnis unserer eigenen Stärken und Schwächen wesentlich ist zur Selbst-Verwirklichung, dann können wir einiges auf diesem Weg selbst tun. Unsere Unfähigkeit, uns selbst objektiv zu betrachten, „setzt einen auf eine Fährte der Selbsttäuschung und Selbstrechtfertigung, zu der häufig das Rationalisieren (rationale Lügen) vor sich selbst und anderen gehört".[40] In diesem „Handel" verletzen wir uns selbst zutiefst und kämpfen uns durch das Leben, indem wir anderen die Schuld zuweisen.

Der beste Weg, uns kennen zu lernen, besteht darin, uns selbst in völliger Stille zu betrachten und Fragen über uns selbst zu stellen. Unser Gewissen wird uns beständig die richtigen Antworten geben. Wenn wir unsere Motive untersuchen, die unseren Gedanken, Worten und Taten zugrunde liegen, dann beginnen wir, uns zu verstehen. Eine Möglichkeit ist, Fragen zu stellen, die mit der „universellen inneren Struktur einer guten Führungskraft" verbunden sind. Zum Beispiel:

- Sind meine Gedanken, Worte und Taten immer lauter? Gab es kürzlich einen Anlass, wo dies nicht der Fall war?
- Kann ich als ein integerer Mensch betrachtet werden – handle ich so, wie dies von mir in meiner Position erwartet wird?
- Bin ich ehrlich? Gab es da kürzlich einen Anlass, bei dem ich nicht die Wahrheit sagte, jemanden betrog oder stahl?
- Bin ich loyal? Oder passe ich meine Loyalität meinen Interessen an?
- Glaube ich an Gott? Oder erinnere ich mich nur an ihn, wenn ich in Schwierigkeiten bin?
- Ist mein Motiv in dem, was ich sage oder tue, mein Eigeninteresse, oder habe ich ein Ideal, das höher als „ich", „mich" oder „mein" ist?
- Habe ich den Mut, Entscheidungen zu treffen, wohl wissend, dass diese sich als falsch erweisen können? Oder bin ich ein Zauderer, oder versuche ich, meinen Vorgesetzten dazu zu bringen, die Entscheidung zu treffen?
- Habe ich die Geduld und das Durchhaltevermögen, an einer Aufgabe zu bleiben, bis sie erfolgreich bewältigt ist? Oder gebe ich im Falle von Schwierigkeiten schnell auf? Oder bin ich schlicht faul?
- Ergreife ich Initiativen oder lasse ich mich gerne treiben?
- Verfüge ich über das Wissen, die Geschicklichkeit und die Fähigkeit, um vortreffliche Arbeit zu leisten? Habe ich mein Wissen auf den aktuellen Stand gebracht?
- Kann ich Leute dazu bringen, zustimmend zu reagieren, sodass das, was getan werden muss, ausgeführt wird?
- Kenne ich meine Stärken und Schwächen? Oder glaube ich, perfekt zu sein und dass die Leute aus Eifersucht nicht mit mir kooperieren wollen?

Es sind noch viele andere „Werkzeuge" entwickelt worden, die uns helfen, unser eigenes Potential bewerten zu können. Es folgen noch zwei weitere solcher Instrumente in Form von einfachen Übungen: eine Checkliste für Führungseigenschaften und eine Selbsteinschätzungs-Übung. Um Missverständnisse zu vermeiden, ist es notwendig, gewisse Ausdrücke, die bei Selbsterforschungs-Tests häufig angewendet werden, klar zu definieren:

- Lauterkeit – wenn es keine Doppelbödigkeit, Unaufrichtigkeit oder Scheinheiligkeit in Gedanken, Worten und Taten gibt.
- Integrität – Aufrichtigkeit, Verlässlichkeit, Ehrlichkeit. Es kommt dem „Dharma" im Sanskrit am nächsten, wo es Rechtschaffenheit, rechte Lebensführung bedeutet.
- Loyalität – wahrhaftig und pflichtbewusst der Aufgabe, Liebe oder Verpflichtung gegenüber; dem Land oder der Regierung gegenüber in Treue verpflichtet.
- Ehrlichkeit – fair und gerecht sein in Wort und Tat. Nicht lügen, betrügen oder stehlen.
- Holismus – ganzheitliches Denken; die Tendenz der Natur, Einheiten zu formen, welche mehr als die Summe ihrer Teile sind.

Checkliste und Fragen für Führungseigenschaften

Übung 5.1 hilft uns, zu erkennen, ob wir die grundlegenden Voraussetzungen für eine Führungskraft besitzen. Der Wert dieser Übung hängt natürlich ab von der Offenheit und Losgelöstheit, mit der wir uns selber beurteilen. Die Übung besteht aus drei Teilen. Der erste Teil handelt von den fünf zentralen charakteristischen Eigenschaften, die im ausgewählten Beschäftigungsfeld erwartet werden. Der zweite Teil ist eine Selbsteinschätzung bezüglich Introvertiertheit/Extravertiertheit. Der dritte Teil schließlich behandelt weitere Eigenschaften, welche auf ein Führungs-Potential hinweisen können. Je höher der Ja-Anteil bei diesen Fragen ist, desto höher ist das Führungs-Potential.

Selbsteinschätzungs-Übung

Übung 5.2 besteht aus zwei Teilen. Der erste Teil gibt uns Gelegenheit, uns selbst zu beurteilen und dieses Urteil mit dem zu vergleichen, wie wir gerne sein möchten. Zusätzlich gibt er uns die

Möglichkeit, von einer andern Person, der wir vertrauen und von der wir ein ehrliches und objektives Feedback erwarten können, beurteilt zu werden. Der zweite Teil hilft uns, festzustellen, ob wir als Führungskraft eher effektiv oder ineffektiv sind. Klare Anleitungen erläutern die Fragen. Die Nützlichkeit dieser Übung hängt natürlich wiederum von der Ehrlichkeit und inneren Distanz ab, mit welcher wir uns selbst beurteilen. Wenn wir einen Freund um ein Urteil bitten, dann müssen wir eines beachten: Unser Freund sollte uns beurteilen, ohne dass er unsere Eigen-Beurteilung zu sehen bekommt. Ebenso sollten wir natürlich unsere Beurteilung aufschreiben, ohne Kenntnis der Fremd-Beurteilung unseres Freundes. Nur so erhalten wir ein objektives Bild.

Übung 5.1: Besitzen Sie grundlegende Führungs-Eigenschaften?[41]

Teil I

Zählen Sie die fünf wichtigsten Eigenschaften auf, die von einer Arbeitskraft in Ihrem Bereich erwartet werden. Beurteilen Sie sich selbst:

	gut	durchschnittlich	schwach
1)			
2)			
3)			
4)			
5)			

Teil II

Kreisen Sie die Ziffer ein, mit der Sie sich auf der folgenden Skala einschätzen würden:

Sehr introvertiert — sehr extravertiert

5 4 3 2 1 2 3 4 5

Führungskräfte neigen dazu, auf dieser Skala etwas mehr extravertiert als introvertiert zu sein, d.h. sie sind eine Mischung aus beidem.

Teil III

	JA	NEIN
1. Haben Sie gezeigt, dass Sie eine verantwortungsvolle Person sind?	☐	☐
2. Mögen Sie die mit Führung verbundene Verantwortung genauso wie die damit verbundene Entlohnung?	☐	☐
3. Sind Sie selbstsicher genug, um Kritik, Gleichgültigkeit oder Unpopularität von anderen auszuhalten, und um effektiv mit anderen zusammenzuarbeiten, ohne ständige Überwachung?	☐	☐
4. Sind Sie aktiv und nehmen Sie am sozialen Geschehen teil?	☐	☐
5. Können Sie Ihre Emotionen und Stimmungen kontrollieren, oder werden Sie von ihnen kontrolliert?	☐	☐
6. Gibt es Grund zur Annahme, dass andere Sie für einen warmherzigen Menschen halten?	☐	☐
7. Können Sie Situationen während der letzten drei Monate angeben, bei denen Sie absichtlich unehrlich oder nicht geradlinig zu den Mitarbeitern waren, mit denen Sie zusammenarbeiten?	☐	☐
8. Sind Sie bekannt für Ihre Begeisterung bei der Arbeit?	☐	☐
9. Hat irgend jemand das Wort Integrität in Bezug auf Sie benutzt?	☐	☐

Übung 5.2: Selbsteinschätzung[42]

Diese Übung gibt Ihnen die Möglichkeit, sich selbst einzuschätzen, und dies mit dem zu vergleichen, wie Sie gerne sein möchten. Zusätzlich haben Sie die Möglichkeit, das Urteil eines Freundes, dem Sie vertrauen, einzuholen.

Erster Schritt

Füllen Sie alle Leerzeilen der „Selbstbeurteilung“ aus. Sie dienen dazu, das tatsächliche und das erwünschte Verhalten zu beschreiben, wie Sie reagieren, wie Sie mit anderen umgehen und wie Sie führen. Für jede aufgelistete Eigenschaft schreiben Sie die Zahl in die linke Spalte, die Ihr tatsächliches Verhalten am besten beschreibt. Dann schreiben Sie die Zahl in die rechte Spalte, die Ihr erwünschtes Verhalten am besten beschreibt.

Zweiter Schritt

Markieren Sie in jeder der drei Listen die drei Punkte, welche die größte Diskrepanz zwischen dem tatsächlichen und dem erwünschten Verhalten aufweisen. Wenn Sie Ihr erwünschtes Verhalten höher bewertet haben, markieren Sie es mit + (plus). Wenn Sie Ihr tatsächliches Verhalten höher bewertet haben, markieren Sie es mit – (minus). Nun kennzeichnen Sie besonders die Beurteilungen, bei welchen Sie am ehesten eine Verbesserung vornehmen können und wollen.

Dritter Schritt

Nun können Sie Ihre Selbsteinschätzung mit der Einschätzung eines Menschen, dem Sie vertrauen und der bereit ist, Ihnen ein ehrliches Feedback zu geben, vergleichen.

		Selbst-einschätzung tatsächlich	Selbst-einschätzung gewünscht	Fremd-einschätzung

1) PERSÖNLICHE REAKTIONSMUSTER

Tendenz, günstige Gelegenheiten zu suchen			
zufrieden im Abwarten	1 2 3 4 5 6 7	stets auf der Suche	_ _ _
Breite der Sichtweise			
intensiver, enger Fokus auf gegebene Probleme	1 2 3 4 5 6 7	extensive Suche nach Lösungen für gegebene Probleme	_ _ _
Entscheidungsverhalten			
schiebe die Entscheidung so lange wie möglich hinaus	1 2 3 4 5 6 7	entscheide so schnell wie möglich	_ _ _
Intuitiv vs. Objektiv			
verlasse mich ausschließlich auf Gefühle	1 2 3 4 5 6 7	verlasse mich ausschließlich auf Fakten	_ _ _
Impulsivität			
denke, bevor ich spreche	1 2 3 4 5 6 7	spreche, bevor ich denke	_
Problemlösungsverhalten			
löse meine Probleme immer selbst	1 2 3 4 5 6 7	lerne ausschließlich von andern	_ _ _
Beharrungsvermögen			
gebe bei schwierigen Problemen zu schnell auf	1 2 3 4 5 6 7	gebe nie auf	_ _ _
Identifikation mit den eigenen Problemen			
sehe mich nie als Teil des Problems	1 2 3 4 5 6 7	sehe mich immer als Teil des Problems	_ _ _
Externer vs. interner Fokus			
völlig von meiner Umgebung bestimmt	1 2 3 4 5 6 7	völlig von meinen inneren Gedanken bestimmt	_ _ _
Verstehen WARUM ich WAS mache			
kein Verständnis	1 2 3 4 5 6 7	völliges Verständnis	_ _ _

Reaktion auf Erfolg – Misserfolg

motiviert durch Tadel, Fehlschläge und negatives Feedback	1 2 3 4 5 6 7	motiviert durch Lob, Erfolg und positives Feedback	_ _ _

2) VERHALTENSSTIL ANDEREN GEGENÜBER

Fähigkeit, anderen verständnisvoll zuzuhören

unaufmerksam, nicht empfänglich	1 2 3 4 5 6 7	beobachtender, aufmerksamer und sensibler Zuhörer	_ _ _

Bereitschaft, anderen Gefühle mitzuteilen

absolut keine Bereitschaft	1 2 3 4 5 6 7	absolute Bereitschaft	_ _ _

Wahrnehmung der Gefühle anderer

absolut keine Wahrnehmung	1 2 3 4 5 6 7	sensibles Einfühlungsvermögen	_ _ _

Toleranz gegenüber Konflikten und Feindschaft

untolerant	1 2 3 4 5 6 7	tolerant	_ _ _

Warmherzig und freundlich anderen gegenüber sein

kalt und reserviert	1 2 3 4 5 6 7	warmherzig und offen	_ _ _

Akzeptanz von Warmherzigkeit und Zuneigung anderer

unangenehm	1 2 3 4 5 6 7	sehr angenehm	_ _ _

Reaktionen gegenüber Kommentaren über mein Verhalten

ablehnend, empfindlich und mich verteidigend	1 2 3 4 5 6 7	annehmend und dadurch wachsend	_ _ _

Bereitschaft, anderen zu vertrauen

sehr misstrauisch, schöpfe Verdacht	1 2 3 4 5 6 7	sehr vertrauensvoll	_ _ _

Fähigkeit, andere zu beeinflussen

völlig unfähig	1 2 3 4 5 6 7	sehr fähig	_ _ _

Verhältnis zu Gleichrangigen

starke Konkurrenz	1 2 3 4 5 6 7	sehr kooperativ	_ _ _

3) FÜHRUNGSSTIL

Risikobereitschaft bei Unsicherheiten

sehr vorsichtig	1 2 3 4 5 6 7	sehr abenteuerlustig	_ _ _

Delegationsverhalten			
ziehe es vor, andere die Probleme lösen zu lassen	1 2 3 4 5 6 7	ziehe es vor, die Probleme selbst zu lösen	_ _ _
Sich um das Wohlbefinden der Untergebenen kümmern			
kein Thema	1 2 3 4 5 6 7	großes Anliegen	_ _ _
Verhältnis zu den Vorgesetzten			
immer von den Vorgesetzten abhängig	1 2 3 4 5 6 7	immer auf mich selbst gestellt, vertraue mir selbst	_ _ _
Zeitperspektive			
in kurzer Zeit das Maximum herausholen	1 2 3 4 5 6 7	immer die langfristige Sicht im Auge behalten	_ _ _
Individual- oder Gruppen-Entscheidungen			
ziehe individuelle Entscheidungen vor	1 2 3 4 5 6 7	ziehe Gruppen-Entscheidungen vor	_ _ _
Politisch vs. Partizipativ			
verlasse mich auf politische Allianzen und Verträge, Bluffs	1 2 3 4 5 6 7	verlasse mich auf offene Kommunikation, Partizipation und Vertrauen	_ _ _
Zurückgreifen auf Autorität, damit Dinge erledigt werden			
vertraue auf meine Position und meine Macht	1 2 3 4 5 6 7	vertraue auf die Überzeugungskraft und/oder persönliche Geschicklichkeit und Wissen	_ _ _
Sachbezogen vs. Personenbezogen			
ausschließlich daran interessiert, dass die Aufgabe erledigt wird	1 2 3 4 5 6 7	die zwischenmenschlichen Beziehungen haben Vorrang	_ _ _

Übung 5.3: Persönliche Effizienz einer Führungskraft

Aktive und effiziente Personen besitzen ein Arsenal von ziemlich ähnlichen Verhaltensweisen. Umgekehrt zeigen Menschen, die weniger aktiv oder effizient sind, ihrerseits gleichartige Verhaltensweisen. Die folgende Übung soll Ihnen zeigen, wo Sie stehen.

In der linken Spalte stehen die Charakteristiken von eher inaktiven und ineffizienten Leuten, auf der rechten Seite die der eher aktiven und effizienten Personen. Auf der Zahlenskala markieren Sie nun den Standort, den Sie einzunehmen meinen.

Auch diese Übung können Sie zunächst für sich machen, um danach von einem vertrauenswürdigen Menschen ein ehrliches Feedback einzuholen. In kleineren Gruppen können die vorgenommenen Beurteilungen auch gemeinsam diskutiert und erläutert werden.

	Inaktiv/Ineffektiv		Aktiv/Effizient
1)	Ich bin normalerweise passiv und habe wenig Energie und Vitalität	1 2 3 4 5 6 7	Ich bin normalerweise aktiv und voller Energie
2)	Ich versuche, in meinen Erfahrungen nicht zu weit zu gehen	1 2 3 4 5 6 7	Ich übertreibe und versuche, die Dinge auf die Spitze zu treiben
3)	Ich versuche, Herausforderungen zu vermeiden und ungestört zu bleiben	1 2 3 4 5 6 7	Ich suche Herausforderungen
4)	Ich lasse mich stark von den Meinungen anderer beeinflussen	1 2 3 4 5 6 7	Ich bin mir über meine eigenen Wertvorstellungen und Prioritäten im Klaren
5)	Ich setze niedrige persönliche Maßstäbe	1 2 3 4 5 6 7	Ich setze hohe persönliche Maßstäbe
6)	Ich verschwende Zeit und Energie	1 2 3 4 5 6 7	Ich nutze Zeit und Energie als kostbare Ressourcen
7)	Ich vermeide Selbsterkenntnis und Einsicht	1 2 3 4 5 6 7	Ich bin stets auf der Suche nach Selbsterkenntnis und Einsicht in mein Inneres
8)	Ich vermeide Feedback	1 2 3 4 5 6 7	Ich schätze Feedback
9)	Ich steige aus, wenn die Sache schwierig wird	1 2 3 4 5 6 7	Ich ziehe die Dinge immer durch
10)	Ich bin im allgemeinen mit anderen unzufrieden	1 2 3 4 5 6 7	Ich komme im allgemeinen mit anderen gut aus
11)	Ich kümmere mich nie um andere	1 2 3 4 5 6 7	Ich kümmere mich stets um andere
12)	Ich bin immer angespannt	1 2 3 4 5 6 7	Ich bin immer entspannt und ruhig
13)	Ich neige dazu, andere zu manipulieren	1 2 3 4 5 6 7	Ich bin immer offen und ehrlich

14)	Ich bin grundsätzlich unzufrieden mit meinem Leben	1 2 3 4 5 6 7	Ich bin grundsätzlich zufrieden mit meinem Leben

Die Verhaltensweisen in den beiden Spalten schließen sich gegenseitig aus. Sie repräsentieren in der Tat unsere Entscheidungen, welche wir täglich in Bezug auf unsere Herangehensweisen in unserem Leben und in unserer Arbeit fällen müssen. Wenige Leute stehen nur auf der einen oder anderen Seite. Die meisten von uns bewegen sich irgendwo in der Mitte dieser Skala. Persönliches Wachstum und Entwicklung zeigen sich in der Bewegung von der passiven zu der aktiven Seite hin. Aktive und effiziente Menschen haben in der Regel die Tendenz, das Leben als Abenteuer zu sehen, sie erfreuen sich der gebotenen Vielfalt und fühlen sich oft bereichert. Auf der anderen Seite haben passive und ineffiziente Menschen eher eine unzulängliche Einstellung gegenüber der „unbefriedigenden Natur der Dinge". Kurz, aktive Menschen sind bessere und dynamischere Führungskräfte.

Bemerkungen für Lehrer

In diesem Jahrhundert erfuhr das Wissen eine explosionsartige Erweiterung, und die Erziehungssysteme auf der ganzen Welt konzentrieren sich darauf, dieses Wissen mit großer Geschicklichkeit weiterzugeben. Die Diskussion über die relative Wichtigkeit von Wissen und Charakter löst Fragen aus über den Wert von Wissen, macht das Wissen doch nur zehn Prozent der Fähigkeiten einer Führungskraft aus. Viele Menschen haben das Gefühl, dass der Prozentsatz wesentlich höher sein sollte. Die Angabe eines genauen Prozentsatzes kann natürlich in Frage gestellt werden, aber trotzdem bleibt es eine Tatsache, dass schwierige Entscheidungen nur mit großer Charakterstärke getroffen werden können. Und deshalb spielt der Charakter eine so dominante Rolle in den Fähigkeiten einer Führungskraft. Der eigentliche Gütetest einer Führungskraft kommt dann, wenn trotz auftauchender Schwierigkeiten, Entmutigungen, Kritiken, Missgeschicke und menschlicher Fehlverhaltensweisen eine getroffene Entscheidung durchgeführt werden muss. In solchen Situationen hilft einer Führungskraft nur ein starker Charakter, um „auf Kurs zu bleiben".

Die Selbsterkennungs-Übungen sind hilfreiche Indikatoren. Es ist aber wichtig, dass ein Lehrer am Ende des Tests sich für jeden Schüler Zeit nimmt, um mit ihm zusammen seine wichtigsten Stärken und Schwächen besprechen zu können. Dies ist die schwierigste Aufgabe für den Lehrer und sie verlangt von ihm viel Geduld, Verschwiegenheit und Liebe. Selbsterkenntnis ist das Sprungbrett zur Selbstentwicklung und muss deshalb in einer Art behandelt werden, dass daraus ein Aktionsprogramm entwickelt werden kann, wie wir es mit der Fallstudie im siebten Kapitel besprechen werden.

6
„SEIN“ – Die universelle innere Struktur einer guten Führungskraft: Umgang mit Leuten

Der angemessene Umgang mit Leuten ist die Crux des gesamten Führungsprozesses. Seine Wirksamkeit hängt ab von der Stärke und Ausgewogenheit in der universellen inneren Struktur einer Führungskraft. Es ist wichtig, dass wir diese Tatsache in ihrem ganzen Umfang verstehen. Graphisch zeigt dies Abbildung 6.1.

Es sollte das Ziel einer Führungskraft sein, ihre innere Struktur in dem Maße zu stärken, dass sie das Beste aus ihren Leuten „herausholen“ kann, sowohl „im Sieg wie in der Niederlage“. Bevor wir besprechen, wie wir die innere Struktur stärken können, wollen wir uns zunächst mit einigen Aspekten im Umgang mit Menschen beschäftigen. Wir werden in diesem Kapitel die folgenden Themen besprechen:

- Der Umgang mit Leuten auf verschiedenen Ebenen
- Die menschliche Natur
- 'Mahāmantra‘ (die letztgültige Formel) für den Umgang mit Menschen
- Die Wichtigkeit der Kommunikation
- Führungs-Stil
- Führung im globalen Zusammenhang
- Praktische Hinweise für den Umgang mit Leuten

Der Umgang mit Leuten auf verschiedenen Ebenen

88 Prozent einer wirkungsvollen Management-Strategie sei das Verständnis und der richtige Umgang mit den Leuten, so das Stanford Research Institute. (Wirkungsvolle Betriebsführung [effective management] ist der Management-Begriff für Führung.) Es ist wichtig, daran zu erinnern, dass diese Erkenntnis auf allen Stufen von Führung – in der unteren, mittleren und der oberen Führungsebene – zutrifft. Das „Katz-Modell“[43] (siehe Abbildung 6.2) deutet auf die entsprechenden Wertigkeiten von Führungsqualitäten auf den verschiedenen Stufen. Obwohl seither einige

FÄHIGKEIT IM UMGANG MIT MENSCHEN DIE ROLLE DER UNIVERSELLEN INNEREN STRUKTUR GUTER FÜHRUNGSKRÄFTE

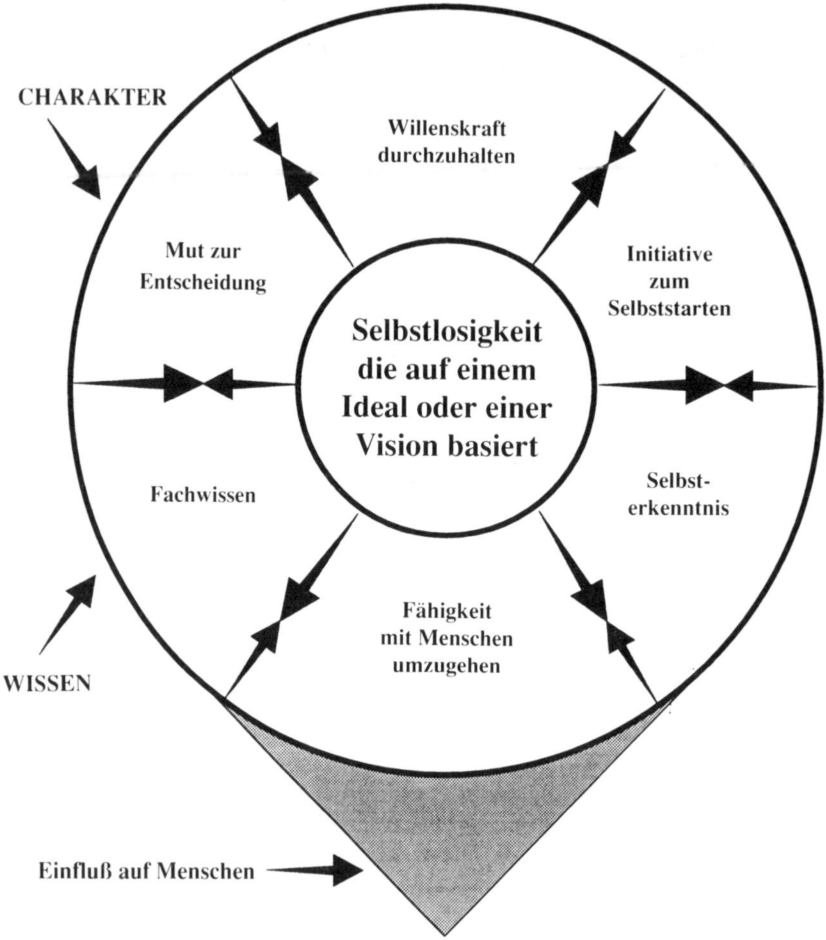

Abbildung 6.1

kleinere Anpassungen vorgenommen wurden, können wir deutlich erkennen, dass die Fähigkeit eines geschickten Umgangs mit den Leuten den jeweils größten Aspekt einer Führungskraft auf allen Stufen des Managements darstellt.

Alle Führungskräfte müssen im Umgang mit ihren Leuten drei Richtungen berücksichtigen:

- Erstens nach unten: Die Führungskraft muss ihr eigenes Team zu einer wirkungsvollen und zusammenhängenden Gruppe aufbauen, die bereit ist, die gesteckten Ziele der Organisation zu erreichen.
- Zweitens seitwärts: Die Führungskraft muss die Unterstützung und die Zusammenarbeit der Kollegen anstreben, über die sie zwar keine direkte Kontrolle ausüben kann, die aber in einer wichtigen Beziehungsfunktion zu ihrer Gruppe stehen.
- Drittens nach oben: Die Führungskraft ist darum bemüht, eine zielbewusste, konstruktive und harmonische Beziehung zu den oberen Hierarchiestufen – dem Boss – herzustellen.

Die menschliche Natur

Um mit Menschen einen richtigen und wirksamen Umgang pflegen zu können, ist es für eine Führungskraft unabdingbar, die menschliche Natur zu verstehen. Darüber gibt es eine Unmenge von Theorien. Zur Entwicklung des Führungspotentials wollen wir uns auf zwei Theorien beschränken, welche beide einen praktischen und dauerhaften Wert für Führungskräfte haben.

Jüngste Untersuchungen haben ergeben, dass „wir uns alle, Sie und ich, durch die Befriedigung innerer Bedürfnisse selbst motivieren“.[44] In diesem Zusammenhang kann uns das Konzept von A. H. Maslow über die Hierarchie menschlicher Bedürfnisse von Nutzen sein. Seinen Untersuchungen[45] zufolge können die individuellen Bedürfnisse in hierarchischer Form dargestellt werden, so wie dies Abbildung 6.3 zeigt. Die starken Bedürfnisse stehen an erster Stelle. Danach folgen die jeweils schwächeren, aber umso mehr motivierenden Bedürfnisse. In späteren Jahren konzentrierte sich Maslow noch auf spirituelle Bedürfnisse, welche seit sechstausend Jahren die Basis der indischen Kultur, des indischen Ethos und der indischen Zivilisation sind. Diese Bedürfnisse können einen Menschen zu Handlungen führen, welche von großer Hingabe,

FÄHIGKEITEN WIRKUNGSVOLLER FÜHRUNGSKRÄFTE
DAS KATZ-MODELL

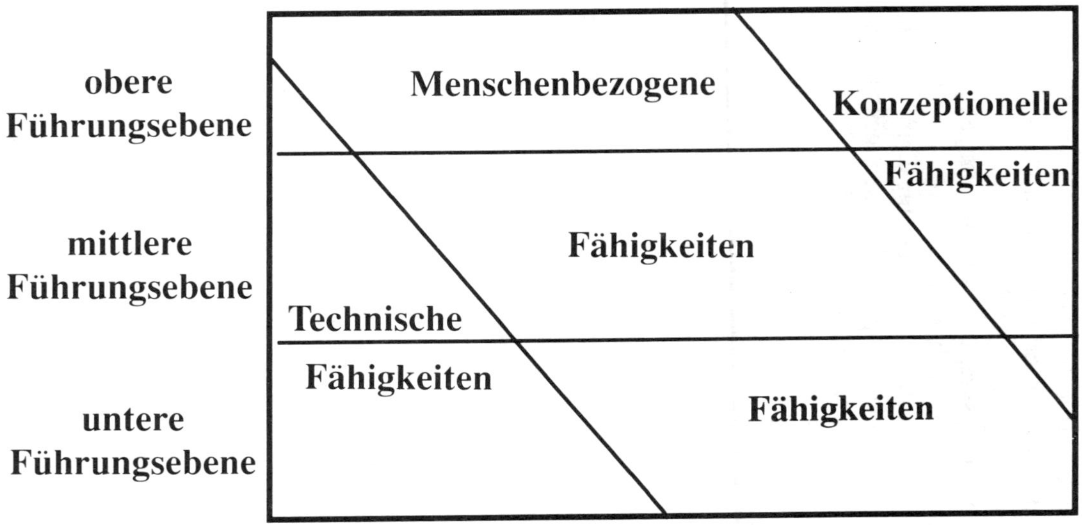

Abbildung 6.2

durch Selbstaufopferung und Dienst an hohen Idealen motiviert sind.

Das zweite Konzept ist die indische Erfahrung, wonach die menschliche Natur jedes Individuums aus unterschiedlichen Anteilen der folgenden drei gunas (Eigenschaften) zusammengesetzt ist:

- *tamas* die dumpfe, träge und inaktive Eigenschaft
- *rajas* der aktive, leidenschaftliche Aspekt der Natur
- *sattva* der reine, ethische Aspekt der Natur, auf Harmonie und und Ausgewogenheit ausgerichtet

Der Wunsch nach einer Belohnung, das heißt nach den (positiven) Früchten seiner Handlungen, ist ein Zeichen von rajas; das Aufgeben von Handlungen, weil man daraus keine Belohnung erhalten kann, ist tamas; sich in Handlungen engagieren im Wissen darum, dass daraus Ergebnisse resultieren, aber ohne Anhaftung an eine Belohnung und ohne sich darum zu kümmern, ist sattva. Die indische Kultur und Zivilisation haben deshalb überlebt, weil der ethischen Führung (sattva) in der Gesellschaft eine äußerst große Bedeutung beigemessen wurde. Ethische, von Gleichmut geprägte Führungspersönlichkeiten haben schon immer einen großen Einfluss auf die indische Mentalität und Handlungsweise ausgeübt – eines der jüngsten Beispiele dafür ist Mahatma Gandhi.

„*Mahāmantra*“ (die letztgültige Formel) für den Umgang mit Leuten

Es gibt einen einfachen Satz, welcher den Führungskräften als Leitbild für den Umgang mit Leuten dienen kann. In seiner Bedeutung allerdings ist dieser Satz dermaßen kraftvoll, dass er den Status eines mahāmantras errungen hat. Der Satz lautet:

> „Eine gute Führungskraft kennt ihre Leute besser als deren eigene Mütter sie je gekannt haben und kümmert sich mehr um sie als diese.“

Niemand kennt die Beschaffenheit einer Gruppe von Menschen besser als eine Mutter ihre Kinder kennt. Sie besitzt eine untrügliche Intuition für die Bedürfnisse ihrer Kinder. Sie kennt deren Schwä-

HIERACHIE DER BEDÜRFNISSE NACH MASLOW

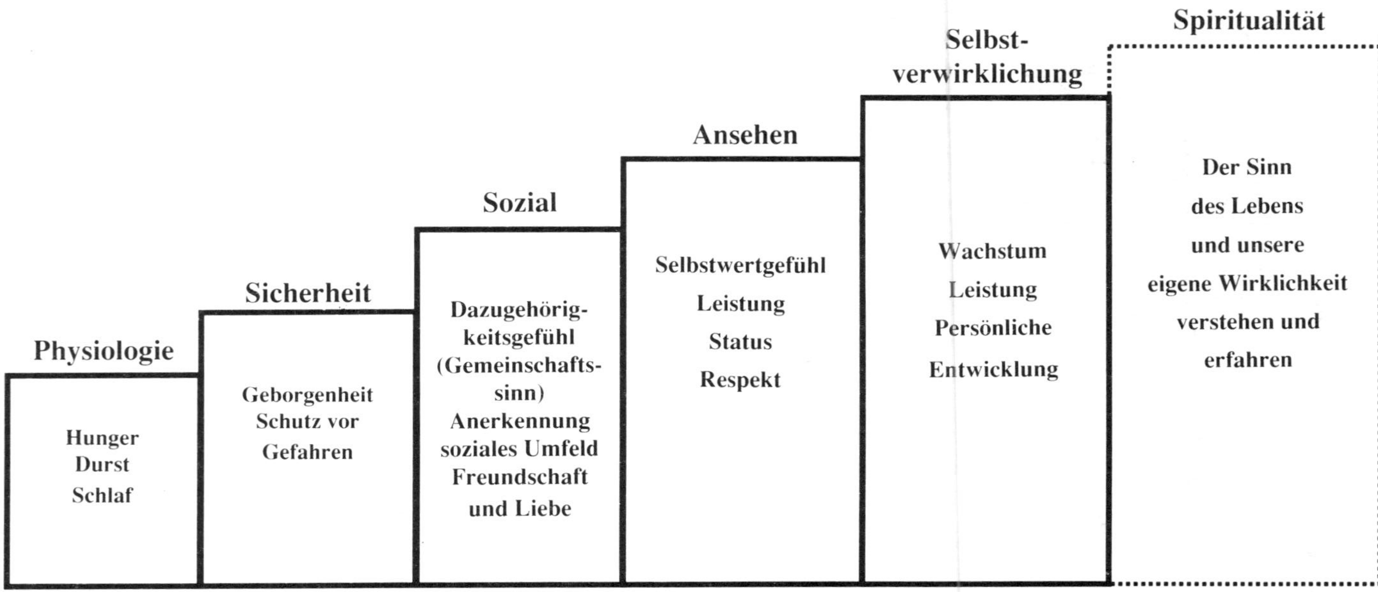

Abbildung 6.3

chen und Stärken. Ihre hauptsächliche und oft auch einzige Sorge gilt der Erziehung ihrer Kinder, dass diese eine Bereicherung für die Familie, die Gesellschaft, das Land und die ganze Welt werden. Je klarer und höher die Einsicht einer Mutter in diese Vision ist, desto erhabener ist ihr Einsatz, ihre Kinder zu außergewöhnlichen Leistungen zu erziehen. Im Wissen um die ganze Persönlichkeit ihrer Kinder erkennt sie, was die Kinder in der jeweiligen Situation brauchen. Sie weiß, wann ein Kind das richtige tun wird, indem es lediglich dem Vorbild der Mutter folgt. Sie weiß, welches Kind einen Klaps oder ein ruhiges Gespräch braucht. Sie weiß aber auch, welches hie und da sogar den „Stock" braucht. Sie wendet diesen aber mit Liebe an, um Fehler und schlechte Gewohnheiten korrigieren zu helfen. Der wichtigste Grund, weswegen Kinder unter der führenden Hand der Mutter zugänglich werden, ist die Tatsache, dass die Mutter sich um die Kinder kümmert, und dass diese ihr blind vertrauen.

Das gleiche gilt für die Art und Weise, wie eine wirksame Führungskraft ihren Leuten begegnen muss. Wenn diese überzeugt sind, dass ihre Führungskraft eine Persönlichkeit ist, die sie gut kennt und sich wahrhaftig um sie kümmert, dann werden sie zu allem bereit sein. Es verlangt allerdings einen enorm großen Aufwand, bis eine Führungskraft ihre Leute kennt, besser kennt als deren eigene Mütter – Aufwand an Zeit, Aufmerksamkeit und echtem Interesse an den Menschen. (Eine Selbst-Einschätzungsübung zum Thema Menschenkenntnis folgt am Ende dieses Kapitels. Ziel dieser Übung ist es, die Notwendigkeit zu erkennen, warum wir Zeit und Energie aufwenden müssen, um unsere Leute kennen zu lernen.)

Wir müssen den Unterschied zwischen milder Nachsicht und echter Sorge klar erkennen. Nachsicht bedeutet übertriebene Belohnung in Form von materiellen Dingen, also Geld oder andere Annehmlichkeiten. Nachsicht verwöhnt den Empfänger meistens. Andererseits ist echte Sorge, Achtsamkeit oder das „Sich-um-den-andern-Kümmern" eine Frage der Einstellung, eine Eigenschaft, welche auf selbstloser Liebe basiert. Infolgedessen ist die „echte Sorge" eine Angelegenheit des Herzens und darf nicht mit materiellen Hilfsmitteln in Verbindung gebracht werden.

Eine Fähigkeit, welche einer Führungskraft hilft, ihre Leute zu kennen und sich um sie zu kümmern, ist die Kommunikationsfähigkeit.

Kommunikation: die Menschen kennen

Die Fähigkeit, Menschen wirklich zu kennen, ist die Grundlage im Umgang mit ihnen, und Kommunikationsfähigkeit spielt dabei eine wichtige Rolle. Es gibt viele Kommunikations-Kurse, die einer Führungskraft helfen zu SAGEN, was zu tun ist. Indes gibt es wichtige Aspekte dieser Fähigkeit, die für das Kennen der Menschen und für den Umgang mit ihnen relevant sind, die näher untersucht werden müssen.

Die meisten angespannten oder bereits zerbrochenen Beziehungen lassen sich zurückführen auf einen völligen Zusammenbruch der Kommunikation zwischen Individuen in einer Familie, einer Gruppe, einer Gemeinschaft, einem Land oder sogar in der Führung einer Nation. Man sieht nur noch die schlechten Seiten im anderen, und dies führt zu Entfremdung. Kommunikations-Fähigkeit andererseits bringt Ausgeglichenheit in die zwischenmenschlichen Beziehungen, indem sie die Missverständnisse und falschen Empfindungen ausmerzt. Diese Fähigkeit hat zwei Seiten:

- Die Fähigkeit sich auszudrücken
- Die Fähigkeit zuzuhören

Das Talent des „Sich-Ausdrücken-Könnens“ bezieht sich nicht nur auf die Fähigkeit, mit Worten gewandt umzugehen. Mit diesem Talent kann eine Führungskraft Vertrauen gewinnen. Der verbale Ausdruck hat aber nur einen Anteil von etwa 30 Prozent an dieser Fähigkeit. Die restlichen 70 Prozent beziehen sich auf die Körpersprache, also auf den Ausdruck der Augen, die Überzeugungskraft des Sprachklangs, die Aufrichtigkeit in der Körperhaltung oder allgemein auf die Ausstrahlung einer Person. Die Körpersprache vermittelt das ganze Sein einer Führungskraft, und ihre Wirksamkeit hängt gänzlich von der Stärke und Ausgewogenheit der „universellen inneren Struktur einer guten Führungskraft“ ab. Echter Ausdruck kennt keinen Dünkel. Spontaneität, Redlichkeit und Aufrichtigkeit sind weit wirkungsvoller als das bloße Beherrschen der Sprache.

Die Fähigkeit des Zuhörens bedeutet, den anderen Menschen zu verstehen und zu kennen. Es wurde festgestellt, dass dieser Aspekt der Kommunikation weit wichtiger, doch leider noch nicht vorherrschend ist. „Achte auf das Verhältnis von zuhören zu reden

– lerne ein guter Zuhörer zu sein.“[46] Das ist ein guter Ratschlag. Sogar die Natur hat dieses Verhältnis berücksichtigt: der Mensch hat zwei Ohren, aber nur einen Mund!

Zuhören hat drei Aspekte. Der erste ist selbstverständlich der physische Aspekt des Hörens; Hören, was eine andere Person sagt, verlangt Aufmerksamkeit. Der zweite Aspekt des Zuhörens ist das Verstehen, was die andere Person sagt. Dies verlangt ungeteilte Konzentration. Es ist ein Zeichen von Unaufmerksamkeit, wenn man während des Zuhörens aus dem Fenster schaut oder sich mit herumliegenden Papieren beschäftigt. Der dritte Aspekt des Zuhörens bezieht sich auf das Sich-Erinnern, was gesagt wurde. Eine Führungskraft verfügt natürlicherweise nur dann über diese Fähigkeit, wenn sie auch tatsächlich hört und versteht, was gesagt wird. Ein aufmerksames und wohlwollendes Zuhören-Können und ein gleichzeitiges Zeigen von anteilnehmender Wärme gibt der anderen Person das Gefühl, als Individuum wahrgenommen zu werden und nicht nur eine „Nummer“, ein anonymer Teil einer Maschinerie zu sein. Dies erzeugt Vertrauen im Team. Vor allem aber gibt die Berücksichtigung der Körpersprache einer Führungskraft die Möglichkeit, ihre Leute und deren Eigenschaften auch wirklich verstehen zu können.

Ein wichtiger Teil der Kommunikations-Fähigkeit ist ein gutes Namensgedächtnis. Es gibt für einen Menschen kaum einen süßeren Klang als seinen eigenen Namen, vor allem wenn er vom Chef angesprochen wird.

Untersuchungen ergeben folgende Erfahrungswerte für wirkungsvolle Kommunikation:

50 Prozent Zuhören
25 Prozent Reden
15 Prozent Lesen
10 Prozent Schreiben

Führungs-Stile

„Eine Führungskraft verändert ihren Führungsstil zwischen autoritär und partizipativ (oder autokratisch und demokratisch) je nach der Aufgabe, den wechselnden Situationen, denen sie begegnet, und der Zusammensetzung der Gruppe, die sie führt“. Dies ist eine sehr prägnante Zusammenfassung der Art und Weise, wie eine gute

Führungskraft „funktionieren“ soll. Indes verwendet eine Führungskraft nie bewusst einen speziellen Führungsstil. Dies muss sich ganz natürlich von innen heraus ergeben. Der Stil ist Ausdruck des Menschen und der Kraft und Ausgewogenheit seiner „universellen inneren Struktur“. Wenn jemand versucht, etwas vorzutäuschen, was er nicht ist, bleibt der Rückschlag nicht lange aus. Es ist besser „man selbst zu sein“ als einen Stil nachzuahmen.

Das Konzept der zwischen den Extremen wechselnden Führungsstile ist in dem von R. Tannenbaum und W. Schmidt entwickelten Modell gut dargestellt, wie Abbildung 6.4 zeigt. Dieses Modell soll allerdings nur als Illustration der verschiedenen zur Verfügung stehenden Möglichkeiten gesehen werden. In der Praxis bedeutet jeglicher Wechsel des Führungsstils lediglich eine intuitiv vorgenommene Veränderung der Anteile „persönliches Beispiel“, „Überzeugung“ und „Zwang“.

Das persönliche Beispiel ist der mächtigste Faktor in der Methode, Menschen zu begeistern, damit diese das von ihnen Erwartete auch tun. Wenn eine Führungskraft pro Tag zwölf bis vierzehn Stunden arbeiten kann, dann kommt die Botschaft an. Das persönliche Beispiel von Pünktlichkeit, Integrität, Ehrlichkeit, Genügsamkeit, Mut, Beharrlichkeit, Initiative, selbstloser Liebe ist ansteckend. TUN, was man predigt, ist das Geheimnis der Menschenführung.

Es gibt Menschen, die überzeugt werden müssen, und Zeiten, in denen es angebracht ist, sich der Überzeugungskunst zu bedienen, um die Leute zu motivieren, das Notwendige zu tun. Wenn die Menschen die Umstände verstehen, können sie sich ihnen gewachsen zeigen und die beschwerlichsten Aufgaben erfüllen. Die Kunst auf lange Sicht zu überzeugen liegt in einer Organisations-Kultur begründet, dem „esprit-de-corps“, in welchem die Leute stolz darauf sind, alles zu tun, um die Ehre und den guten Namen ihrer Organisation aufrecht zu erhalten.

Zwang in Form von Bestrafung der wenigen trägen, faulen oder „grollenden“ Mitarbeiter, die ihren Teil an der Arbeit nicht vollbringen, ist notwendig, um die Disziplin aufrecht zu erhalten. Ebenso müssen die Leute unmissverständlich wissen, dass die Führungskraft fair und gerecht ist, jedoch keineswegs tolerant gegenüber den Inkompetenten, Falschen oder mutwillig Bösen. Die Unfähigkeit, angemessene Maßnahmen zu ergreifen, wird oft begründet mit „Druck von oben“, Angst vor Rechtsstreitigkeiten, Gewerkschafts-Agitationen und dergleichen. In einem gewissen

FÜHRUNGSSTILE

Führungskraft gebraucht Autorität

Freiraum der Mitarbeiter

1. Führungskraft fällt Entscheidungen und teilt diese mit	2. Führungskraft verkauft Entscheidungen	3. Führungskraft präsentiert Vorschläge und lädt zu Fragen ein	4. Führungskraft präsentiert vorläufige Entscheidungen, die noch geändert werden können	5. Führungskraft präsentiert das Problem, erhält Lösungsvorschläge und fällt Entscheidung	6. Führungskraft setzt den Rahmen und bittet die Mitarbeiter, Entscheidungen zu fällen	7. Führungskraft erlaubt Mitarbeitern freie Entscheidungen innerhalb der vom Vorgesetzten definierten Grenzen

Abbildung 6.4

Grade liegt diese Unfähigkeit auch an einem Mangel an moralischem Mut zu handeln.

Führung im globalen Zusammenhang

In den vor uns liegenden Dekaden wird die Menschheit schnelle Fortschritte zu ihrem letztgültigen Ziel hin machen:
„Einheit der Menschheit, Globalisierung der Wirtschaft und Welt-Bürgerschaft".

Die weitverbreiteten ethnischen und religiösen Konflikte in der Welt sind die letzten Grabenkämpfe des Widerstandes gegen die neue Weltordnung. Selbst die großen, für das 21. Jahrhundert vorausgesagten Umwälzungen in Form von „demographischer Explosion, Turbulenzen wirtschaftlicher Nivellierung und ökologischen Katastrophen",[47] werden den Marsch der Menschheit nur beschleunigen.

Unser Planet Erde ist im Universum, wie „ein großes Gebäude, das mit Wänden in verschiedene Räume unterteilt ist. Ein Raum heißt „Amerika", ein anderer „Indien", ein weiterer „China" und so fort. Jetzt entfernen wir die Wände und befinden uns alle in einer einzigen, riesengroßen Halle. Mit Liebe und Anpassungsfähigkeit können wir alle lernen, glücklich zusammen zu leben."* Die zugrundeliegende Kultur von uns allen ist die gleiche, nämlich „menschlich zu sein".** Deshalb ist es wichtig, dass die Führungskräfte von morgen sich darauf vorbereiten, in Harmonie mit diesem großen Übergang zu sein.

Vor mehr als 2000 Jahren musste Indien in kleinerem Rahmen durch eine ähnliche Erfahrung hindurchgehen. Indien wurde damals zu einem Schmelztiegel der verschiedensten Glaubensrichtungen und ethnischen Gruppen, die im Laufe der Jahrhunderte in dieses Land der „Fülle und Fruchtbarkeit" eingewandert waren. Jeder derartige Prozess birgt Konfliktstoff in sich. Doch auch das Heilmittel ist greifbar – es liegt in den Herzen der Menschen.

Die Führungskräfte von morgen wären gut beraten, sich des spirituellen Erbes der Menschheit bewusst zu sein und es zu verstehen. Wenn wir Bücher wie Aldous Huxleys „Perennial Philosophy"

* Sai Baba in einer Ansprache in Kodaikanal (Indien) vom 7. April 1993
** ebenda

oder Peggy Masons und Ron Laings „Embodiment of Love" lesen, beginnen wir die Grundlage dieser Einheit der Menschheit – ja der Einheit des Universums – zu verstehen. Solche Bücher erweitern unsere Visionen zu jenen fernen Horizonten, die zu erahnen wir gerade noch in der Lage sind. Führungskräfte wären dann in der Lage, sich über ihre nationalen, ethnischen oder religiösen Ursprünge hinaus zu erheben. Mit ihrer Überzeugungskraft und durch ihr Handeln würden sie sich als Weltbürger in die Welt von morgen versetzen können – so wie dies der amerikanische Ex-Präsident Jimmy Carter, Deutschlands Ex-Kanzler Willy Brandt oder Indiens Mahatma Gandhi als Beispiel vorgelebt haben.

Im alten Indien regierte einmal Kaiser Ashoka über fast das ganze Gebiet des heutigen Indien. Das Land war damals ein Schmelztiegel, so wie es die USA heute sind. Ashoka ließ deshalb in viele Felsen des Landes das folgende Edikt einmeißeln:

> „Alle Religionsgemeinschaften verdienen aus dem einen oder anderen Grunde Ehrerbietung. Dadurch erhöht der Mensch seine eigene Religion und dient gleichzeitig den Religionen der anderen."[48]

Nur Führungskräfte mit einer Vision der „Einheit in der Vielheit" werden sich im „Weltdorf" von morgen Achtung verschaffen können. Um die Erfahrung machen zu können, wie eine solche Vision und Geisteshaltung im Alltag praktiziert werden kann, sollte man den Ort „Prashānti Nilayam" in Indien besuchen, den Ashram Shrī Sathya Sai Babas. Tausende von Menschen aus der ganzen Welt stromen täglich hierher, um diese Einheit zu erfahren.

Praktische Hinweise für den Umgang mit Menschen

Der operative Teil der Führung liegt in der besonderen Fähigkeit, so mit den Leuten umzugehen, dass diese ermutigt werden, ihr Bestes für eine Sache, eine Organisation oder eine anstehende Aufgabe zu geben. Diese Fähigkeit hängt ab von der Stärke und Ausgewogenheit des SEINS einer Führungskraft – von der universellen inneren Struktur wirksamer Führung. Jedem, der sich mit Aufrichtigkeit und Willenskraft dieser aufregenden Aufgabe widmet, wird es gelingen, diese Struktur zu stärken, bis die Transformation stattgefunden hat.

Ein paar praktische Hinweise für den Umgang mit Leuten mögen hilfreich sein. Die meisten dieser Hinweise stammen aus Erfahrungen von Führungskräften in den unterschiedlichsten Lebenssituationen. Die Hinweise sind gedacht, Führungskräften im Umgang mit Menschen, die für sie arbeiten, mit ihren Kollegen und mit ihren Vorgesetzten zu helfen. (Eine gute Führungskraft betrachtet diese Menschen niemals als ihre Untergebene; sie werden als Mitglieder ihres Teams angesehen). Die herausragende Tugend im Umgang mit Menschen ist selbstlose Liebe, wie die Liebe einer guten und herzlichen Mutter; ihre Motive sind korrigierender, nicht strafender Natur, selbst wenn sie den Rohrstock gebraucht.

Umgang mit Leuten, die für eine Führungskraft arbeiten

Selbstkontrolle

Keinem Team-Captain wird es gelingen, sein Team zu leiten und zu inspirieren, wenn es ihm an Selbstkontrolle oder Selbstdisziplin mangelt. Es ist dies eine schwierige Aufgabe, ohne deren Erfüllung jedoch wenig Chance besteht, eine gute Führungskraft zu werden. Selbstkontrolle verlangt nach einer gewissen philosophischen Betrachtungsweise und einer Art genügsamer Einfachheit, was wir oft mit Aristokraten und Heiligen in Verbindung bringen. Nicht nur dass diese Art der Selbstkontrolle zum Führungspotential beiträgt, sie ist auch die Quelle großer Glückseligkeit.

Erfolg und Fehlschlag

Es ist eine grundlegende menschliche Eigenschaft, Erfolge für sich in Anspruch zu nehmen, Misserfolge hingegen den anderen oder dem System anzulasten. Im Gegensatz dazu überlässt eine gute Führungskraft die Lorbeeren des Erfolges ihren Leuten, und nimmt die Verantwortung für Fehlschläge auf sich. Dieser Ansatz verbindet die Menschen, sodass sie mit vereinten Kräften für eine Organisation arbeiten.

Ziele setzen

Es ist hilfreich, wenn die Mitarbeiter sich selber Ziele setzen können. Auf diese Weise ist es nicht nur wahrscheinlicher, dass sie ihre selbstgesetzten Ziele erreichen; sie übertreffen sie oft noch.

Fehler korrigieren

Oft muss eine Führungskraft Mitarbeiter korrigieren, die straucheln, Zeichen der Schwäche zeigen oder schlicht versagen. Hier ist es besser, man sagt „Das ist nicht, was ich von einer Person Ihres Kalibers erwarte“ als Worte wie „Von Ihnen kann ich ja nichts anderes erwarten“. Der erste Satz hebt den Selbstrespekt eines Menschen selbst im Moment des Versagens. Der zweite Satz macht diesen Menschen zu ihrem Feind.

„Wir“, nicht „Ihr“

Eine gute Führungskraft sieht sich immer als Teil des Teams und spricht jeweils von ‚wir‘ und nicht von ‚ihr‘.

Erreichbarkeit

Eine Führungskraft hat die Verantwortung, sicher zu stellen, dass sie für ihre Leute erreichbar ist. Sie sollte die Zeit und den Ort festlegen, wann und wo die Mitarbeiter ihres Teams sie treffen können. Krankheiten und Tragödien passieren oft im menschlichen Leben. Eine gute Führungskraft macht es sich zur Pflicht, in solchen Fällen ihren Mitarbeitern beizustehen, sie im Falle eines Krankenhausaufenthaltes zu besuchen und bei persönlichen Schwierigkeiten Zeit für sie zu haben. Die Leute danken eine solche Behandlung mit dauerhaftem Engagement.

Ärger

Eine gute Führungskraft verliert ihre Fassung nicht. Andererseits ist berechtigter Ärger nicht das gleiche wie ein unkontrollierter Wutausbruch und sollte deshalb nicht unterdrückt werden. Indes ist äußerste Sorgfalt erforderlich, um die Ehre und Würde des

Individuums in Gegenwart von Kollegen oder Familienmitgliedern nicht zu kompromittieren.

Anerkennung

Gute und wirksame Führungskräfte haben das menschliche Bedürfnis nach Anerkennung mit sichtbarem Erfolg dazu eingesetzt, die zwischenmenschlichen Bande mit ihren Leuten zu pflegen und diese damit zu motivieren. Sie haben gewissenhaft nach dem Prinzip gelebt „Loben in der Öffentlichkeit, tadeln unter vier Augen". Dadurch gelang es ihnen, eine Organisations-Kultur zu schaffen, in der die Leute weit über ihre Pflichten arbeiteten und so zum hohen Standard der Organisation beitrugen. Die eigentliche Basis dafür, dass sich die Leute wie „Helden" fühlen können, ist die echte Sorge und selbstlose Liebe einer Führungskraft für ihre Leute. Es folgen ein paar Methoden, welche von Führungskräften mit Erfolg angewandt wurden:

- Lächeln Sie und begrüßen Sie Ihre Leute mit ihrem Namen. Es gibt keine süßere Musik für eines Menschen Ohr als der Klang seines eigenen Namens. „Kaya hall hai Sham Singh?" (Hindi für: Wie geht es Ihnen, Sham Singh?) wird vom so Angesprochenen wärmstens erwidert. Und wenn dabei noch angefügt wird „tumahre bete Sunder Singh ki parhai kese chal rahi hai?" (wie geht es Ihrem Sohn Sunder in der Schule?), dann ist Sham Singhs Tag gelaufen und seine Hingabe an die Arbeit ist gesichert. Und wenn sich diese Kurz-Kommunikation wie hier in der Muttersprache des Angesprochenen abspielt, wird die Wirkung noch nachhaltiger sein.
- Schauen Sie immer nach Möglichkeiten, gute Arbeit zu loben. Loben Sie die dafür verantwortliche Person in Gegenwart der Kollegen und Kolleginnen. In ganz besonderen Fällen können Sie sogar ein Foto machen lassen, auf dem Sie oder andere Vorgesetzte mit dieser Person zu sehen sind. Schlechte Arbeit hingegen sollte nie unbemerkt bleiben. Angebrachter Tadel sollte aber, wie bereits gesagt, nur unter vier Augen geschehen.
- Zeigen Sie persönliches Interesse an der Entwicklung und der Karriere Ihrer Leute. Helfen Sie ihnen, ihre Fähigkeiten zu verbessern.
- Das Aushängen einer Fotografie des „Mitarbeiters des Monats" oder der „Mitarbeiterin des Monats" auf der Informations-Tafel

kann einen äußerst positiven Effekt auf die Belegschaft haben. Es muss aber darauf geachtet werden, dass nur wirklich gute Arbeiter und Arbeiterinnen damit belohnt werden.

- Nehmen Sie gelegentlich Ihr Mittagessen mit ihren Leuten ein.
- Laden Sie kleinere Gruppen zum Tee oder zum Essen zu sich nach Hause ein.
- Stellen Sie die Leute vor, wenn Vorstandsmitglieder oder Besucher vorbei kommen, und loben Sie die Verdienste und Leistungen der Leute.
- Schreiben Sie Dankes- oder Anerkennungsbriefe an alle Beteiligten, wenn ein Projekt oder eine besondere Aufgabe vollendet wurde.
- Bringen Sie Fotografien Ihrer Leute in Ihre Hauszeitungen oder in die Medien.
- Lassen Sie Team-Symbole mit dem Logo der Firma entwerfen, wie T-Shirts, Anstecknadeln oder ähnliches. Um einer Gemeinschaft Teamgeist einprägen zu helfen, haben einige öffentliche und private Organisationen damit angefangen, für die ganze Belegschaft, vom Vorstand bis zum Hilfsarbeiter, die gleiche Uniform anfertigen zu lassen.
- Damit Anerkennung wirksam ist, sollte sie unmittelbar erfolgen. In der Armee gibt es das System der Auszeichnung für Tapferkeit im Feld. Diese wird unmittelbar nach einem Kampf an diejenigen verliehen, welche sich über das normale Maß hervorgetan haben. Das führt unweigerlich zu einer hohen Moral in der Truppe.

Umgang mit Kollegen

Mit diesen Menschen ist der Umgang besonders heikel. Konkurrenzdenken, Eifersucht, Immer-eine-Nasenlänge-voraus-sein-Wollen verlangen ihren Tribut. Doch auch hier gibt es ein paar Verhaltensweisen, welche gute Resultate hervorbringen.

- Seien Sie ein Team-Spieler: Helfen Sie Ihren Kollegen bei ihren Aufgaben und Projekten. Ein guter Team-Spieler bekommt immer gute Reaktionen. „Behandle sie, wie du gerne behandelt werden möchtest“, ist noch immer die beste Praxis.
- Unfaire Vorteile: Jeder, der sich seinen Kollegen gegenüber Vorteile verschaffen will, macht sich als „Streber“ unbeliebt

und erntet Feindseligkeiten. Eine gute Führungskraft vermeidet dies.

Umgang mit dem Vorgesetzten

Eine wirkungsvolle Führungskraft entwickelt Geschick im Umgang mit ihrem Vorgesetzten. Hier ein paar praktische Tips:

- Lernen Sie Ihren Chef kennen. Lernen Sie seinen Hintergrund kennen, seine Karriere im jetzigen Arbeitsgebiet, seine Gewohnheiten, seine Arbeitsmethoden, seine Ziele, seine Neigungen und Abneigungen. Dieses Wissen befähigt Sie, seine Gemütsverfassungen und Wünsche zu antizipieren, was unweigerlich geschätzt wird.
- Seien Sie verlässlich. Wenn Sie eine Aufgabe übernehmen, müssen Sie alles menschlich Mögliche unternehmen, um sie erfolgreich zu erfüllen. Kein Chef mag sich um einen Mitarbeiter kümmern, dessen Leistungen ungewiss sind. Ehrliche Fehler können toleriert werden, Unzuverlässigkeit aber kann nicht unterstützt werden. Sollten Sie auf unüberwindbare Schwierigkeiten beim Erfüllen einer Aufgabe stoßen, so ist es am besten, Sie informieren ihren Chef persönlich – um zu verhindern, dass er die Nachricht über andere Quellen zu hören bekommt.
- Hören Sie Ihrem Chef mit ungeteilter Aufmerksamkeit zu. Halten Sie Augenkontakt, um Ihre Aufmerksamkeit auf das zu konzentrieren, was er sagt. Versuchen Sie nicht, schon während des Gesprächs gefällige Antworten in Ihrem Kopf vorzubereiten; dies lenkt Ihre Aufmerksamkeit ab. „Lesen" Sie die Körpersprache Ihres Chefs, damit Sie nicht nur verstehen, was er sagt, sondern damit Sie auch seine Absichten besser verstehen können. Antworten Sie erst nach einer kurzen Pause, damit Sie das Gesagte vollständig in sich aufnehmen und verstehen können. Kein Vorgesetzter schätzt es, wenn er einem Mitarbeiter eine Sache zweimal erklären muss.
- Ihr Reden sollte kurz sein. Um Ihre Gedanken Ihrem Chef während der zur Verfügung stehenden Zeit klar übermitteln zu können, ist es wichtig, sich auf das Wesentliche zu konzentrieren. Dies verlangt Vorausdenken. Eine gute Hilfe dazu ist es, das Problem, und sei es noch so komplex, auf einem einseitigen Memo zusammenzufassen.

- Seien sie diplomatisch. Legen Sie Vorschläge auf den Tisch, bei denen alle Aspekte des „Für und Wider“ sorgfältig ausgearbeitet sind. Es ist mehr als wahrscheinlich, dass der Chef sich für die von Ihnen bevorzugte Lösung entscheidet. Lehnen Sie nie einen Vorschlag des Chefs aus dem Stegreif ab. Fassen Sie Ihre Beobachtungen in Fragen wie: „Wird das unseren Terminplan nicht empfindlich stören?“ oder: „Haben wir die nötigen Leute, diesen ausgeklügelten Plan auch wirklich in die Tat umzusetzen?“ und so weiter. Diplomatisch sein bedeutet aber nicht, dass man den Chef schlechte Entscheidungen treffen lässt. Deuten Sie sachte auf die möglichen Gefahren hin. Seien Sie immer aufrichtig. Solche Aufrichtigkeit gewinnt am Ende eher die Achtung und den Respekt des Chefs als irgendwelche Schmeicheleien.
- Es ist weise, den Chef gut dastehen zu lassen. Betonen Sie seine Stärke anderen gegenüber. Lassen Sie ihn alle Informationen und Gedanken lange vor einer geplanten Sitzung oder Konferenz wissen. Überlassen Sie ihm das Reden. Bringen Sie keine neuen Informationen während einer solchen Sitzung in die Diskussion ein, es sei denn, Sie werden vom Chef dazu aufgefordert. Scheuen Sie sich nicht davor, wenn Ihr Chef die Anerkennung für Ihre Ideen einheimst. Auf die Dauer wird dies ihrem Verhältnis zu Ihrem Chef förderlich sein.
- Seien Sie ein Team-Spieler. Wenn Sie über Kollegen sprechen, betonen Sie ihre gute Seiten mehr als ihre Schwächen. Dadurch erwerben Sie sich ehrliche Anerkennung.
- Lösen Sie Ihre Probleme. Ein Mitarbeiter, der seine persönlichen Probleme im Griff hat, wird einer weinerlichen Person vorgezogen.

Die Analyse des Umgangs mit Leuten zeigt letztendlich, dass dies eine Einstellungssache ist. Während man von den Leuten ihr Bestes erwartet, kümmert man sich gleichzeitig in vollem Umfang um sie. Dies ist nur möglich in einer Atmosphäre des freien Gedankenaustausches. Drückeberger und Parasiten im Namen der „Menschlichkeit“ zu tolerieren, kann großen Schaden anrichten. Glücklicherweise gibt es diese Art Leute selten. Umso strenger muss aber mit ihnen umgegangen werden.

Es gibt kaum einen besseren Kommentar über Führung und die Art und Weise, wie eine Führungskraft mit ihren Leuten umgehen sollte, als was Sun Tsu vor mehr als 2000 Jahren aufgeschrieben hat.

> „So sucht der vorrückende General keinen persönlichen Ruhm und im Rückzug versucht er nicht einer Bestrafung zu entgehen; sein einziges Ziel ist es, seine Leute zu schützen und die besten Interessen seines Herrschers zu fördern: So ein General ist dem Staate ein kostbarer Juwel. Weil er seine Soldaten wie Kinder betrachtet, folgen sie ihm auch in die tiefsten Täler nach. Er behandelt sie wie seine geliebten Söhne, und sie gehen mit ihm bis in den Tod. Wenn er so für seine Leute sorgt, wird er die größtmögliche Stärke gewinnen."[49]

Übung 6.1: Eine Führungskraft kennt ihre Leute besser als deren eigene Mütter

Fülle die folgende Tabelle in Bezug auf eine Kameradin oder einen Kameraden in deiner Klasse aus. Wenn du die Antwort nicht weißt, schreibst du ein x.

Name der ausgewählten Person: ____________________

Frage — Antwort

1. Name des Großvaters väterlicherseits ___ *Uli Keller* ______
2. Name der Großmutter väterlicherseits ____________
3. Name des Großvaters mütterlicherseits ____________
4. Name der Großmutter mütterlicherseits ____________
5. Konfession ____________
6. Wohnort ____________
7. Schulort während der ersten vier Schuljahre ____________
8. Name des Vaters ____________
9. Beruf des Vaters ____________
10. Name der Mutter ____________
11. Beruf der Mutter ____________
12. Ausbildung des Vaters ____________
13. Ausbildung der Mutter ____________
14. Namen der Brüder und Schwestern ____________
    a) ____________
    b) ____________
    c) ____________
    d)

15. Klassenstufe der Geschwister ______________________
    a) ______________________________________
    b) ______________________________________
    c) ______________________________________
    d) ______________________________________
16. Was will dein Klassenkamerad/deine Klassenkameradin einmal werden? ______________________________
17. Seine oder ihre stärkste Tugend ____________________
18. Seine oder ihre schwächste Seite ____________________
19. Hast du ihn oder sie einmal zuhause besucht? __________
20. Welches Spiel spielt er oder sie am besten? __________
21. Welches sind seine oder ihre Hobbies? ______________

Auswertung:

Frage 1 ist ein Beispiel und wird nicht mitgezählt. Gib für jede Antwort, die du geben kannst, einen Punkt. Mit mehr als sechzehn Punkten besitzt du gute Voraussetzungen, um die Fähigkeit zu entwickeln, mit Leuten umzugehen. Ansonsten musst du mehr Zeit dafür investieren. Diese Übung soll dir ein Gefühl dafür geben, wie gut eine Führungskraft ihre Leute kennen sollte.

Bemerkungen für Lehrer

Wenn möglich sollten die Schüler den Videofilm „Twelve O'Clock High" der Warner Brothers zu sehen bekommen – ein Klassiker mit Gregory Peck als Held. (Dieser Film ist nur in der amerikanischen Originalversion auf Video erhältlich. Anm. d. Übers.) Die Geschichte basiert auf den Erlebnissen einer Bombergruppe der US-Airforce während des Zweiten Weltkriegs. Der Film zeigt das Verhalten von zwei Führungskräften im Umgang mit den Leuten. Beide sind hochqualifizierte Offiziere. Dennoch führt der eine die Truppe in ein moralisches Tief, das hohe Verluste und völlige Unbrauchbarkeit für den Krieg zur Folge hat. In diesem Moment wird dieser erste Offizier durch eine zweite Führungskraft ersetzt, die die Situation wendet.

Es ist nützlich, den Film in drei Teilen zu zeigen. Der erste Teil endet mit der Ablösung der ersten Führungskraft. Die Schüler sollten vor dem Weitersehen des Films aufgefordert werden, sich die Gründe für das schlechte Benehmen der Truppe aufzuschreiben. Ebenfalls sollten sie sich Gedanken darüber machen, was sie an dieser Stelle als neue Führungskraft unternehmen würden, um die Moral der Truppe wieder auf die Höhe zu bringen.

Bevor der zweite Teil gezeigt wird, sollte eine Diskussion in der Klasse stattfinden. An der Stelle des Films, an der es der zweiten Führungskraft gelungen ist, die Kampfmoral der Truppe wieder herzustellen, endet der zweite Teil. Hier erfolgt eine erneute Diskussion in der Klasse. Welche Mittel hat dieser Offizier angewendet, um die Moral zu heben?

Der dritte Teil handelt dann von der eigentlichen Schlacht und kann, wenn es die Zeit erlaubt, auch noch gezeigt werden.

Ermutigen Sie Ihre Schülerinnen und Schüler, weitere praktische Beispiele und Hinweise zur Diskussion beizutragen, nachdem diese das Thema auch zuhause mit den Eltern besprochen haben.

7
Stärkung des „SEINS" für gute Führungskräfte

Säe einen Gedanken, dann erntest Du eine Tat,
Säe eine Tat, dann erntest Du eine Neigung,
Säe eine Neigung, dann erntest eine Gewohnheit,
Säe eine Gewohnheit, dann erntest Du einen Charakter, und
Säe einen Charakter, dann erntest Du ein Schicksal.
*Demnach liegt das Schicksal in Deinen Händen!"**

Wir kommen jetzt zum wichtigsten Kapitel dieses Buches: Wie können wir unser Führungspotential verbessern?

In den vorausgehenden Kapiteln diskutierten wir die holistischen und praktischen Grundlagen von „Führung". Welches ist der Ablauf von Führung, welches sind die Funktionen von Führung und welches sind die universellen Komponenten von Führung?

Wir erkannten, dass Wissen ein wichtiger Bestandteil von guter Führung ist. Es ist nicht sehr schwierig, Wissen zu erwerben und zu aktualisieren. Das Ausbildungs- und Erziehungssystem der Welt ist darauf ausgerichtet, Wissen in allen Beschäftigungsfeldern zu vermitteln. Tatsächlich ist es wichtig, dass wir unser Wissen und unsere Fähigkeiten immer auf dem neuesten Stand halten. So sind zum Beispiel Fernkurse, kurze Trainingsprogramme, Seminare oder Workshops, Fachbücher und Magazine in Überfülle vorhanden. Eine zukünftige Führungskraft sollte alle diese Angebote nutzen. Dennoch mussten wir feststellen, dass, wie wichtig Wissen auch sein mag, es doch nur zwölf Prozent des ganzen Führungspotentials ausmacht. Der Charakter ist die bei weitem wichtigste Komponente von Führung. Und genau hier beginnen die Schwierigkeiten, die Führungsqualitäten zu vervollkommnen. Leider gibt es keine Möglichkeit, mit welcher ein Mensch im Klassenzimmer zu einem Menschen mit Charakter transformiert werden könnte. Die

* Aus der Ansprache des Kanzlers der Shrī Sathya Sai Universität am Konvokationstag vom 22. November 1991. Er zitiert darin diese uralte spirituelle Erfahrung Indiens, die Tausende von Jahren zurückliegt, in: Sathya Sai Baba: Benedictory Addresses, Prasanthi Nilayam, p. 111.

Beschreibung, was wir unter einem solchen Menschen verstehen, darf hier nochmals wiederholt werden:

„Ein ehrlicher Mensch;
ein Mensch mit einem Bewusstsein für die Pflicht und die Verantwortung seiner Position;
ein Mensch, der die Wahrheit sagt;
ein Mensch, der anderen das ihnen Zustehende gibt;
ein Mensch voller Rücksicht den Schwachen gegenüber;
ein Mensch mit Grundsätzen, zu denen er steht;
ein Mensch, den Glück nicht zu überschwenglich macht und den Schicksalsschläge nicht zu sehr bedrücken;
ein Mensch, der treu ist;
ein Mensch, dem man vertrauen kann.“[50]

Sind Führungsqualitäten angeboren oder erworben?

Die Frage, die sich hier stellt, lautet: „Wie können wir uns selber transformieren, damit wir es wert sind, als Menschen mit Charakter bezeichnet zu werden?“ Ist das überhaupt möglich? Und genau dieses Dilemma ist es, welches Anlass zu unendlichen Debatten darüber gibt, ob Führungskräfte geboren oder gemacht werden. Am ehesten kommen wir dieser Frage näher, wenn wir ein anderes, aber ähnliches Problem betrachten, nämlich: „Werden Athleten für die Olympiade geboren oder gemacht?“ Die Antwort ist, dass niemand an einer Olympiade teilnehmen kann, wenn er oder sie nicht über eine grundlegende athletische Eignung verfügt und diese dann entsprechend entwickelt und mit großer Hingabe trainiert. Das Ziel einer außergewöhnlichen Leistung kann nur durch Training, Verpflichtung und Durchhaltewillen erreicht werden. Das gleiche gilt in Bezug auf Führung. Durch das Trainieren geeigneter junger Leute kann eine große Anzahl guter Athleten herangezogen werden – auch wenn es dabei nur relativ wenige Olympia-Kandidaten geben wird und noch weniger Goldmedaillengewinner. Ebenso kann eine gute Schulung aus den meisten von uns gute und wirkungsvolle Führungskräfte machen, auch wenn nur wenige herausragende Führungspersönlichkeiten werden. In beiden Fällen hängt die Wirksamkeit von den Anstrengungen ab, die ein Mensch macht, um sich zu entwickeln.

Stärkung des Führungspotentials

Da Führung eine Funktion des Geistes ist, der sich im Charakter widerspiegelt, muss der Geist trainiert werden, damit er das Führungspotential im vollen Umfang entwickeln kann. Aus der im Westen fragmentarisch gebliebenen wissenschaftlichen Untersuchung dieses Themas können wir nicht viel Hilfe erwarten. Ein wohlbekannter Psychologe hingegen hat wiederholt auf ein bewährtes Verfahren hingewiesen, welches mit Erfolg als Inspiration zur Entwicklung und Förderung unserer selbst angewendet werden kann: Das Lesen von Lebensgeschichten herausragender Führungspersönlichkeiten. Er schreibt:

> „Die angehende Führungskraft sollte alles studieren, was über Führung bekannt ist und Bücher über Führung lesen. Sie sollte sich selber testen im Hinblick auf das Gelesene und ihre Eigenschaften mit den Führungsqualitäten vergleichen, wie sie in den Büchern als Voraussetzung beschrieben werden. Sie sollte sich dieser idealen Einstellung in ihrem Verhalten annähern und anpassen. Es gibt keinen Zweifel darüber, dass Weisheit verbunden mit dem Wunsch zu lernen, einen großen Wandel in der Fähigkeit, andere Menschen zu führen, bewirken kann."[51]

Somit gilt für die Entwicklung unseres Führungspotentials als erstes das ausgedehnte Lesen von Büchern über Führung, vor allem auch von Biographien herausragender Führungspersönlichkeiten der Geschichte. Das „Management Development Institute" in Indien machte Untersuchungen über Führungspersönlichkeiten der Wirtschaft im heutigen Indien. Eine dieser Untersuchungen beschäftigte sich mit Rusi Modi, dem ehemaligen Vorstands-Vorsitzenden der „Tata Iron and Steel Company" (TISCO), einem der am besten geführten Wirtschaftsunternehmen Indiens. Rusi wurde wiederholt als einer der bedeutendsten Wirtschaftsführer Indiens und der ganzen Welt eingestuft. Er ist überzeugt davon, dass Führungsqualitäten angeboren sind. Seine Ansichten sind auf Video festgehalten. In diesem Interview wurde er gefragt, was er zukünftigen Führungskräften empfehlen würde, wie sie ihr Führungspotential zu einem Maximum entwickeln könnten. Nach kurzer Bedenkzeit erinnerte er sich plötzlich an seine Schulzeit. Damals hatte er als junger Bursche mit größtem Eifer die Lebensgeschichten so berühmter Männer wie Bismarck und Napoleon gelesen. Dies hatte ganz natürlich einen Einfluss auf sein Verhalten, sogar schon als Junge. Er erzählte, wie ihn sein Vater manchmal wegen seines Napoleon-Verhaltens bestraft hatte! Das Leben dieser großen Männer hatte ihn ganz offensichtlich inspiriert. Diese Erfahrung von Rusi Modi wird von vielen Führungskräften der Welt geteilt, welche ebenso, manchmal unbewusst, von der Lebensgeschichte großer Menschen stark beeinflusst wurden.

Jeder Mensch, der an der Transformation seines Selbst arbeiten will, tut gut daran, sich mit den Lebensgeschichten bedeutender Persönlichkeiten der Geschichte zu beschäftigen, vor allem von Menschen seines Berufsfeldes. Eine Liste von 108 großen Persönlichkeiten in der Geschichte der Menschheit findet sich am Ende dieses Buches. Viele Namen könnten angefügt werden. Diese Biographien oder Autobiographien zu kaufen, ist eine der besten Investitionen, die wir machen können. Das wird uns aber nur helfen, wenn wir uns das Lesen zur Gewohnheit machen. Und hier lag das Problem für den Autor – ein General der indischen Armee –, der sich mit der Frage der Verbesserung von Führungsqualitäten beschäftigte. Er war sich bewusst, dass ein Großteil seiner Offiziere eher lesefaul war!

Die Suche nach einer Methode, Menschen zu verändern führte ihn zu einem Goldschatz im spirituellen Erbe Indiens und seiner Erfahrung mit der Neuprogrammierung des menschlichen Charakters. Das Konzept des sādhana (was „stetiges Bemühen, ein bestimmtes Ziel zu erreichen" bedeutet) wurde für Tausende von Jahren als Weg zur Selbstverwirklichung angewendet. Es ist dies der Weg des Sich-Befreiens von Schwächen und Lastern und des Einpflanzens Menschlicher Werte in den Charakter. Der folgende Rat öffnete ein Fenster auf der Suche des Autors, wie durch diese alte Technik ein Mensch „neu gemacht" werden kann:

> „Du hast eine ganz besondere Art, vertikal zu schreiben. Das ist prārabdha, eine ererbte Situation, Bedingung oder Tendenz. Du kannst Deine Schrift zu einer Schräglage verändern. Das bedeutet purushakāra, Anstrengung. Achte auf Deine Gedanken. Dann achten Deine Taten auf sich selber. *Du säst eine Tat und erntest eine Neigung. Du säst eine Neigung und erntest eine Gewohnheit. Du säst eine Gewohnheit und ern-*

test einen Charakter. Du säst Deinen Charakter und erntest Dein Schicksal. Demnach ist das Schicksal in Deine eigene Schöpfung. Wenn Du Deine Gewohnheiten änderst, wirst Du Meister Deines Schicksals.“[52]

Der Kern dieser alten Aussage besagt, dass es möglich ist, seinen Charakter zu verbessern, wenn man bereit ist, die notwendigen Schritte zur Änderung seiner Gewohnheiten auf sich zu nehmen. Interessanterweise kommt der Doyen der amerikanischen Management-Lehrer, Peter Drucker, genau zur gleichen Schlussfolgerung. Er schreibt: „Selbstentwicklung der effektiven Führungskraft steht im Mittelpunkt der Entwicklung der Organisation, einerlei ob sie ein Wirtschaftsbetrieb, eine Regierungsbehörde, ein Forschungslaboratorium, ein Hospital oder eine militärische Dienststelle ist... In dem Maße, in dem die Tätigkeit der Führungskräfte effektiv wird, hebt sich das Leistungsniveau der gesamten Organisation. Die Sicht der Menschen erweitert sich – nicht nur die eigene, sondern auch die der Mitarbeiter“[53]. Dieser Prozess bedeutet, dass man „sehr viele neue Arbeitstechniken annehmen (muss), je weiter man in seiner Laufbahn kommt, und man gelegentlich einige alte Arbeitsgewohnheiten ablegen (muss)“[54]. Selbstentwicklung bedeutet in Wirklichkeit das Entwickeln von „Führungseigenschaften – aber nicht brillante und geniale Führungseigenschaften sind gemeint, sondern bescheidenere, aber dauerhaftere, basierend auf Hingabe, Entschlossenheit und ernsthafter Zielstrebigkeit“.[55]

Leider kann Führungsqualität – vor allem deren wichtigste Komponente, das SEIN, die Quelle der Effektivität – nicht gelehrt werden. Führungskunst kann nur durch Selbstanstrengung erworben werden. Führung ist eine Funktion der zwischenmenschlichen Beziehungen und keine Frage der Position innerhalb der Organisation. Die Frage, die sich hier stellt, bezieht sich also auf das Individuum, welches Führungsqualitäten zu erwerben wünscht: Was kann oder muss ich unternehmen, um dies zu erreichen?

Drucker behauptet kategorisch, dass Effektivität erlernt werden kann, und er empfiehlt: „Effektivität ist also eine Verfahrensweise; das heißt ein Komplex praktizierter Verfahrensregeln. Und Verfahrensregeln können gelernt werden... indem man sie übt, nochmals übt und immer wieder übt.“[56]

In seinem grundlegenden Werk „Die sieben Wege zur Effektivität“ konzentriert sich der Autor Stephen Covey auf die Änderung von Gewohnheiten für diejenigen, welche effektive Führungskräfte werden möchten. Das Thema des Buches[57] ist ein Ausschnitt aus dem zuvor zitierten: *„Du säst eine Tat und erntest eine Neigung. Du säst eine Neigung und erntest eine Gewohnheit. Du säst eine Gewohnheit und erntest einen Charakter. Du säst Deinen Charakter und erntest Dein Schicksal. Demnach liegt das Schicksal in Deinen eigenen Händen!"*. Es ist offensichtlich, dass die indische Erfahrung bei der Transformation des Menschen mittlerweile weltweit Anerkennung gefunden hat. Diesen Beitrag finden wir auch im indischen Gebet des Lokasamastāh sukhino bhavantu (Möge die ganze Welt glücklich sein). Dieses Ideal ist es, welches die indische Kultur 6000 Jahre lang überleben ließ.

Es ist verhältnismäßig leicht, Übungen auf Gebieten wie der Musik, dem Theater, dem Sport usw. zu machen und die Fortschritte zu messen. Aber wie können wir etwas nicht Greifbares, Immaterielles wie den Charakter üben? Genau aus diesem Grunde ist die Praxis des sādhana für die Transformation des menschlichen Geistes eine Hilfe. Aspiranten auf dem Weg der Spiritualität werden ermutigt, ein Tagebuch zu führen. Die Erfahrung zeigt, dass alle, die mit Aufrichtigkeit und Entschlossenheit ein persönliches Tagebuch führen, mit „unfehlbarem Erfolg" rechnen können. Diese Methode setzt die wohlüberlegte Entscheidung voraus, Schwächen zu identifizieren, welche wir ausrotten möchten, und Verhalten oder Tugenden zu bestimmen, welche wir uns aneignen möchten. Nachdem wir das aufgeschrieben haben, müssen wir nur noch mit Hilfe unseres Tagebuches den Erfolg kontrollieren, den wir Tag für Tag auf dieses Ziel hin machen. So müssen wir uns jeden Abend einige Minuten Zeit nehmen, um unseren Tag Revue passieren zu lassen, damit wir erkennen können, wo wir gefehlt haben oder unserem Ziel näher gekommen sind. Und unsere Erkenntnisse sollten wir genau aufschreiben. Der Ausgangspunkt eines solchen Tagebuchs ist die „Selbst-Erkenntnis", wie wir sie im fünften Kapitel besprochen haben. Sobald wir uns der auszurottenden Schwächen und der erwünschten Tugenden bewusst sind, wird das Führen eines Tagebuches zu einer einfachen Angelegenheit. Eine Fallstudie wird diese Methode illustrieren. Es wäre indes nützlich, noch vor dieser Fallstudie zwei Tagebuch-Beispiele kennen zu lernen. Das eine Beispiel finden Sie in diesem Kapitel. Das andere wird im achten Kapitel im Rahmen der kurzen Lebensbeschreibung eines der Gründungsväter der USA, Benjamin Franklin, vorgestellt.

Selbstentwicklungs-Tagebuch

Die folgende Tabelle 7.1 zeigt ein Tagebuchmodell, wie es 1979 entstanden ist. Selbstredend kann dieses Modell den persönlichen Bedürfnissen angepasst werden. Die Gebiete der „universellen inneren Struktur einer guten Führungskraft", welche gestärkt werden müssen, unterscheiden sich von Mensch zu Mensch. Ebenso werden die Schwächen, die man loszuwerden wünscht, bei jedem Menschen andere sein. Konsequenterweise muss die Checkliste im Tagebuch den Bedürfnissen des Anwenders entsprechend strukturiert werden.

Tabelle 7.1: Modell eines Selbstentwicklungs-Tagebuchs bezogen auf Führungsqualitäten

Monat ______________________

Nr.	1 2 3 4 31	Bemerkungen
1. Zeitaufwand für Körperübungen		
2. Zeitaufwand für das Studium beruflicher Fertigkeiten		
3. Zeitaufwand für das Studium der Leute in meinem Wirkungsfeld und für das Studium des Personal-Managements		
4 Anzahl Untergebener, denen ich bei ihrer persönlichen oder beruflichen Entwicklung geholfen habe		
5. Wie oft habe ich bei Entscheidungen den Nutzen der Organisation oder des Landes über meine Eigeninteressen gestellt?		
6. Wie oft hatte ich den Mut, Fehler oder disziplinloses Verhalten meiner Untergebenen zu korrigieren?		
7. Wie oft habe ich meinen Untergebenen gegenüber ein persönliches Beispiel gegeben?		
8. Vergeudete Zeit für Tagträume bezüglich Familie, Wohlstand oder zukünftigen Ruhm oder für Hadern mit der Vergangenheit.		
9. Wie oft war ich geizig, wütend, eifersüchtig, neidisch oder hasserfüllt?		
10. Bei wievielen Handlungen habe ich mich bewusst eingeschränkt, um meine Willenskraft zu stärken?		

Die Erfahrung des Autors während der letzten vierzehn Jahre hat eine wesentliche Modifikation erbracht. Die meisten Menschen ziehen es vor, sich während einer gegebenen Zeit auf nur eine gewünschte Tugend und/oder eine auszurottende Schwäche zu konzentrieren. Diese Praxis basiert im Wesentlichen auf den Erfahrungen von Benjamin Franklin, der das Tagebuch dazu benutzt hat, sich selbst zu ändern. Das Geheimnis des Erfolges liegt darin, sich zunächst einfache und begrenzte Ziele zu setzen und diese zu erreichen. Auf diese Weise „bilden wir Charakterstärke, welche alle anderen positiven Dinge in unserem Leben möglich macht“.[58] Das können wir gut am Beispiel von Vishnu Prasad aus Nepal illustrieren.

Das Selbstentwicklungs-Tagebuch: eine Fallstudie

Vishnu Prasad war ein Trainee für die Führungsmannschaft einer internationalen Bank in Katmandu. Als guter Student wurde er noch vor seinem 21. Altersjahr für diese Stelle ausgewählt. Die Bank organisierte ein dreitägiges Führungsseminar auf der Grundlage des in diesem Buch beschriebenen Modells. Prasad war einer von zwanzig Teilnehmern.

Zum Abschluss des Workshops wurden die Teilnehmer aufgefordert, sich das Ziel zu setzen, während der nächsten drei Monate eine oder zwei (schlechte) Gewohnheiten zu ändern. Jedem Teilnehmer wurde dabei individuell geholfen, dieses Ziel zu formulieren. Prasad war ehrlich genug, seine Probleme in aller Offenheit seinem Lehrer gegenüber folgendermaßen zu schildern:

> „Ich stamme aus einer sehr armen Familie aus Ost-Nepal. Mein in der indischen Armee dienender Bruder unterstützte mein Vorhaben, in Katmandu zu studieren. Ich war ein guter Student. Viele Kommilitonen aus wohlhabenden Familien versuchten, sich mit mir zu befreunden. Ich schämte mich meiner armseligen Herkunft. So begann ich ein falsches Bild von meinen Eltern zu malen. Langsam wurde es zu einer Gewohnheit, Lügen oder Halbwahrheiten zu erzählen, wenn es dem Aufpolieren meines Images diente. Diese Gewohnheit breitete sich aus, sodass ich Lügen über meine Erfolge erzählte, um anderen zu imponieren. Als Resultat habe ich zu allen möglichen Situationen frei ersonnene Geschichten

zur Verfügung. Diese Gewohnheit aber führte mich zu einem anderen Problem. Um meine Popularität zu erhöhen, offeriere ich freimütig Dinge für meine Kommilitonen zu tun, nur um danach feststellen zu müssen, dass ich weder die nötige Zeit noch die Hilfsmittel dazu habe. Um wieder aus einer solchen Situation herauszukommen, muss ich mir weitere Geschichten ausdenken. All dies stört mich. Tief in mir weiß ich, dass dies falsch ist. Aber ich kann einfach nicht davon loskommen."

Nach einiger Diskussion mit einem Workshop-Lehrer entschied sich Prasad für ein Ziel, welches er in drei Monaten erreichen wollte: „Ich werde keine Lügen erzählen". Er fertigte ein einfaches Tagebuch an, um sich auf dieses Ein-Punkte-Programm zu konzentrieren. Jeden Abend machte er eine Tages-Inventur und zählte die Anzahl falscher Aussagen, die er während des Tages machte, zusammen. Das Resultat notierte er im Tagebuch. Danach beschloss er, die Anzahl am nächsten Tag zu unterbieten.

Während der ersten zwei Wochen kam er auf durchschnittlich vier falsche Aussagen pro Tag. Während der nächsten zwei Wochen waren es noch drei. Dabei blieb es auch für zwei weitere Wochen. In der vierten Periode kam er auf durchschnittlich eine falsche Aussage. In der fünften Periode zählte er für die ganzen vierzehn Tage nur zwei falsche Aussagen; und diese beiden Lügen passierten ihm in einer Stress-Situation, aus Angst, dass die Wahrheit sein Ansehen bei seinem Manager verderben könnte. Doch er arbeitete hartnäckig weiter an sich, und während der sechsten und somit letzten Zwei-Wochen-Periode hatte er ein sauberes Tagebuch für jeden der vierzehn Tage. Er lernte zu schweigen, wenn seine vorherige Gewohnheit ihn wieder zum Geschichten-Ersinnen verleiten wollte. So konnte er für die nächsten drei Monate ein neues Ziel formulieren: Jedesmal wenn er einen Fehler beging, diesen auch zu gestehen. Zunächst war dies sehr schwierig. Doch nach den ersten beiden Vorkommnissen war er über die Reaktion seines Vorgesetzten erstaunt. Es verringerte nicht sein Ansehen, wie er befürchtet hatte. Im Gegenteil, es führte sie näher zusammen. Im dritten Quartal fügte er noch ein weiteres Ziel hinzu: Er wollte den Tag mit der Frage beginnen: „Was kann ich heute zur Vorzüglichkeit meiner Bank beitragen?" Die Frage bezog sich nicht auf seine persönliche Aufgabe, die darin bestand, sich um die Festgeldanlagen und Darlehen zu kümmern, sondern auf die Bank als Ganzes. So gab er sich einen Pluspunkt, wenn er einem Kollegen oder einem Kunden helfen konnte, oder wenn er sich Kunden gegenüber mit lobenden Worten über die Bank äußerte. Er war endlich in der Lage, etwas Positives zu unternehmen, und dies bereitete ihm enormes Vergnügen. Und so ging es weiter.

Nach etwa zwei Jahren wurde er für einen angesehenen Posten in der Filiale in Hongkong ausgewählt. Als er wieder einmal seinen Lehrer traf, fragte ihn dieser nach seinem Selbstentwicklungsprogramm und nach seinem Tagebuch. Prasad antwortete: „Das Tagebuch veränderte mein Leben. Ich fand einen lebenslangen Freund in diesem kleinen Notizbuch, das ich immer bei mir trage. Die ersten drei Monate waren die schwierigsten. Doch ich hielt mich an Ihren Ratschlag und beschloss, dass in diesen drei Monaten nur ein Thema die wichtigste Sache in meinem Leben sein sollte: Ich wollte mich von der Angewohnheit zu lügen befreien. Ich dachte immer nur an dieses eine Ziel. Nach einem Monat hatte ich Vertrauen, dass ich gewinnen könnte. Doch als sich das Resultat nicht gleich weiter verbessern wollte, kamen die schwierigsten zwei Wochen. Doch auch dies half meiner Entschlossenheit durchzuhalten. Danach war es ein Kinderspiel." Prasad zeigte seinem Lehrer das Tagebuch mit den Eintragungen der ersten drei Monate und seinen Plänen für die Zukunft.

Wichtig ist natürlich, dass wir von diesem Prozess überzeugt sind und daran glauben. Nur so können wir einer solch anstrengenden Herausforderung auch mit Erfolg begegnen. Wenn wir immer noch Zweifel haben, so sollten uns die Worte von Samuel Johnson von der großen Wahrheit dieses Weges zu mehr Effektivität, Lebensqualität und Glück überzeugen:

> „Die Quelle der Zufriedenheit muss dem eigenen Geist entspringen, und wer so wenig über die Natur des Menschen weiß, dass er Glück durch das Verändern von irgend etwas anderem als seinen eigenen Charakteranlagen sucht, der wird sein Leben mit fruchtlosen Bemühungen verschwenden und den Kummer vervielfältigen, den er los zu werden trachtet."[59]

Die Erfahrung zeigt, dass die zur Transformation des Charakters eines Menschen benötigte Zeit nicht nur vom Alter abhängt, sondern vielmehr von der Aufrichtigkeit der Anstrengung. Dr.

Art Ong Jumsai aus Thailand – ein unermüdlicher Förderer der Menschlichen Werte im thailändischen Erziehungswesen – denkt, dass es bei gleichbleibender Intensität der Bemühungen bei einem zehnjährigen Kind innerhalb von zweieinhalb Monaten möglich ist, größere Transformationen zu beobachten. Bei einem 20-jährigen Menschen dauert es etwa fünf Monate und bei über 50-jährigen kann es mehrere Jahre dauern. Erfahrungen von Armee-Offizieren mit Selbstentwicklungs-Tagebüchern deuten darauf hin, dass wenn sie die ersten drei Monate mit Aufrichtigkeit aushielten, sie fühlbare Veränderungen in sich wahrnehmen konnten – genug um ihr Bestreben fortzuführen.

Ein auf freiwilliger Basis durchgeführtes Experiment in der Armee zeigte, dass ein Großteil der Offiziere begeistert war, sich mit Hilfe des Selbstentwicklungs-Tagebuchs an diesem Selbstentwicklungs-Programm zu beteiligen. Allein die Anzahl derjenigen, welche die erste Drei-Monats-Periode durchhielten, betrug selten mehr als fünfzehn bis zwanzig Prozent aller Beteiligten. (Kürzlich durchgeführte Versuche ergaben, dass ein Hauptgrund für diese schlechten Ergebnisse darin zu suchen war, dass zu viele Reformen gleichzeitig begonnen wurden. Nur ein Problem zu einer Zeit anzupacken, ergibt bessere Ergebnisse.) Auf den ersten Blick schien es sehr enttäuschend zu sein, dass eine derart große Anzahl Offiziere nicht über genügend Willenskraft verfügten, durchzuhalten. Dennoch stimmte diese Tatsache völlig überein mit Gruppen-Verhalten. Jede Gruppe kann in drei Teile unterteilt werden. Je ein Drittel verhält sich ihrer Organisation gegenüber positiv, neutral oder negativ. Wenn der positive Teil stark genug ist, den neutralen mitzuziehen, dann geht es dieser Organisation gut und sie wird effektiv. Demgegenüber wird eine Organisation, deren neutraler Teil von einer starken negativen Gruppe mitgerissen wird, mit moralischen und disziplinarischen Problemen zu kämpfen haben. Demzufolge stärkten die fünfzehn bis zwanzig Prozent der Offiziere, die von diesen Selbstentwicklungs-Bemühungen profitiert hatten, den positiven Teil ihrer Einheit oder ihres Verbandes. Dies wurde von den Verbandsführern, welche an diesen Versuchen teilgenommen hatten, bestätigt. Allerdings hatten die interessantesten Resultate dieser Experimente zunächst nichts mit Führung zu tun.

Informelle Berichte und Bemerkungen, auch von außerhalb der Armee, trafen ein, nach denen die Offiziere, die auch nach drei Monaten noch ein Tagebuch führten, nicht nur effektivere Führungskräfte, sondern auch als Menschen ganz allgemein glücklichere Individuen wurden. Die Kommentare lauteten etwa wie: „Er lacht mehr“, „er scheint mit sich im Frieden zu sein“, „er ist viel entspannter“, „Daddy spielt mit uns öfter als je zuvor“.

Gleichung vom Glück

Es dauerte einige Zeit, bis die Ursache dieses glücklichen Nebeneffektes verstanden wurde. Die „Jagd nach dem Glück“ ist ein Hauptziel des menschlichen Lebens. Tatsächlich wurde dieses Ziel in der amerikanischen Verfassung fast als fundamentales Menschenrecht verankert. Die Erklärung für den glücklichen Nebeneffekt finden wir in der folgenden Gleichung vom Glück, welche die ganze Weisheit der Welt in sich enthält:

$$\text{Glück} = \frac{\text{Anzahl der erfüllten Wünsche}}{\text{Anzahl der gehegten Wünsche}}$$

Damit wir diese Gleichung verstehen können, ist es wichtig, den Einfluss, welchen die Wünsche auf das menschliche Leben ausüben, vollständig zu erfassen. „Der Wunsch ist das erste Zeugnis unseres Bewusstseins; wir sind in Sympathie und Antipathie, in Wünschen und Wollen hineingeboren“.[60] Mit dem Älterwerden verstärken sich unsere Neigungen und Abneigungen, und unser Wunsch nach begehrenswerten Dingen wird ständig größer. Wir werden verleitet zu glauben, dass Dinge, welche unsere Sinne befriedigen, uns Glück bringen. Wir suchen uns Musik aus, die unsere Ohren befriedigt; geschmeidige und weiche Stoffe, welche unsere Haut entzücken; schöne Sachen, welche unsere Augen erfreuen; Essen und Trinken mit gutem Geschmack für unsere Zunge; Wohlgerüche, die der Nase gefallen; Reichtum, Besitz, guter Name, Anerkennung, Status und Macht geben uns das Gefühl, glücklich zu sein. Die Wahrheit aber ist, dass unkontrollierte Wünsche „unseren Intellekt umnebeln und unsere Sicht pervertieren. Sie verursachen ein Trugbild, wo vorher keines war; sie kleiden Dinge als wünschenswert ein. Um sich aus den Klauen dieser Wünsche, welche verantwortlich sind für Zorn, Groll, Gier, Neid, Falschheit usw. befreien zu können, muss man sein Bewusstsein reinigen“.[61]

Unerfüllte Wünsche führen zu Frustrationen und diese zu Wut und, davon abgeleitet, zu Hass und Eifersucht, welche einen Menschen blind machen. Erfüllte Wünsche geben zwar momentane Befriedigung, doch rufen sie auch viele neue Wünsche auf den Plan – und dies macht uns gierig und brennend vor Neid. Unkontrollierte Wünsche sind die Quelle allen Unglücks, aller Agitation, Drogensucht, Kriminalität, Gewalt, zerbrochenen Beziehungen und Scheidungen – von allem, was die meisten Gesellschaften der Welt plagt und verfolgt. Schließlich machen uns all diese Wünsche nach irdischen Dingen äußerst selbstsüchtig und egoistisch, wie dies in Abbildung 7.1 dargestellt ist.

Das zwanzigste Jahrhundert kann ohne weiteres das Jahrhundert der Werbung in Radio und Fernsehen genannt werden. Vorstellungen werden durch „das Reich der Fantasie, des Wissens und der Gefühle hindurch zum wünschenden und begehrenden Kern des Ich getragen... Die Reklame ist das organisierte Mittel zur Verbreitung und Intensivierung der Begierde“.[62] Im Besonderen richten sich diese Begierden auf fleischliche Gelüste und Habgier und sind „die Hauptursache von Leid und Missetat und das größte Hindernis zwischen der menschlichen Seele und ihrem göttlichen Urgrund“.[63]

Immer mit anderen gleichziehen wollen ist der mentale Krebs, der zu vielen Wünschen führt, welche jedoch absolut keine Beziehung zu den echten Bedürfnissen eines Individuums oder einer Familie haben. Er führt lediglich zu noch mehr Bedürfnissen; und Bedürfnisse können ohne Ende sein. Endlos sind aber auch die Leiden und Erschütterungen, welche sie zur Folge haben.

Die Gleichung vom Glück deutet darauf hin, dass, wenn wir die Willenskraft haben, unsere Wünsche und Bedürfnisse zu kontrollieren und sie in Grenzen zu halten, unser ‚Glücksquotient‘ steigen wird. Je kleiner der Nenner – die Anzahl der gehegten Wünsche – desto größer wird unser innerer Frieden und unser Glückszustand sein.

Die Wissenschaftler der Seele machen auf der ganzen Welt dieselbe Erfahrung: „Wunschlosigkeit ist die Bedingung für Erlösung und Erleuchtung.“[64]

NETZWERK DES EGOISMUS

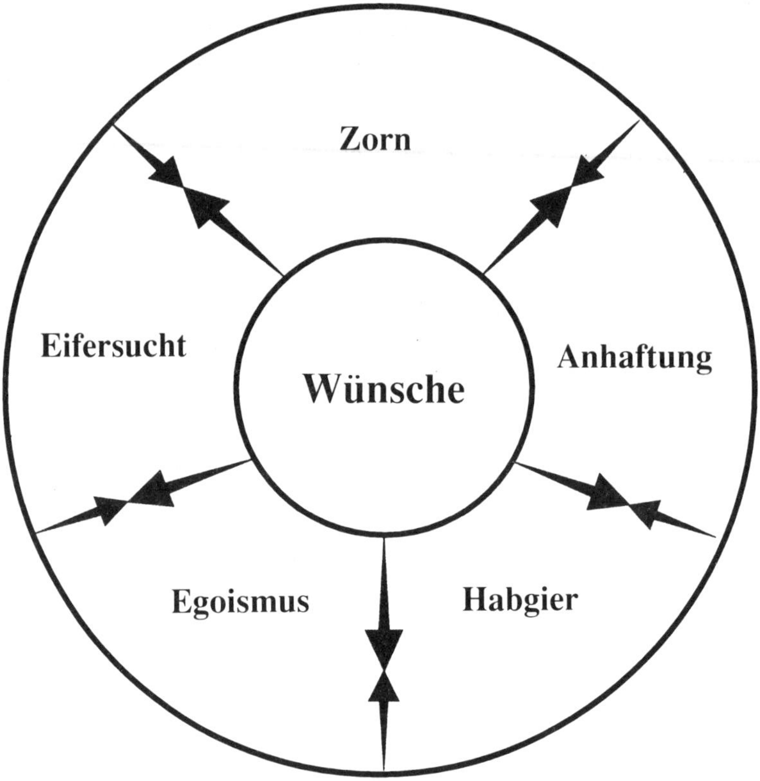

Abbildung 7.1

„Wenn alle Vergnügungen dieser Welt einer Maß-Einheit* entsprechen, dann entsprechen Freude, Glück und Seligkeit, welche dem Menschen inhärent sind und durch Wunschverzicht erfahren werden können, 10^{22} Einheiten.“

Taittirīya Upanishad II, Stanze 8

Wenn wir einmal die Geistesstärke erworben haben, mit welcher wir unsere Wünsche beherrschen und begrenzen können, dann werden unsere Freude und unser Glück sich immer weiter steigern. Beherrschung wird nicht durch Unterdrückung der Wünsche, sondern durch Unterscheidungsvermögen und intelligentes Bewerten von gut und schlecht, von richtig und falsch, von kurzlebiger Befriedigung versus lang andauerndem Elend, und vor allem durch leidenschaftsloses Urteilen bei der Trennung von Wünschen und Bedürfnissen erreicht.

Wir wollen ein paar Aussagen spiritueller Lehrer über dieses Wünschen, Wollen und Erbitten hören:

„Der Namenlose ist der Anfang von Himmel und Erde;
das Namentragende ist die Mutter der zehntausend Dinge.
Wer wunschlos ist, kann das Wunder des Weges erkennen;
wer Wünsche hat, wird nur Scheinbares entdecken.“[65]

Lao tse

„Oh Herr! Ich, ein Bettler, verlange von Dir mehr als tausend Könige von Dir verlangen dürfen. Jeder hat es nötig, etwas von Dir zu verlangen; ich bin gekommen, um Dich zu bitten, mir Dich selbst zu geben.“[66]

Ansari von Herat

„Der Geschmack des Herumwanderns im Ozean des todlosen Lebens hat mich von all meinem Bitten erlöst. Wie der Baum im Samen, so steckt alle Krankheit im Bitten.“

Kabir

* Ein Mensch erfreut sich einer Maß-Einheit weltlichen Glücks, wenn er jung, mit guter Ausbildung, diszipliniert, entschlossen und körperlich stark ist und die Freuden und Reichtümer der ganzen Welt besitzt.

„Ich habe fast keine Wünsche, aber wenn ich nochmals geboren würde, hätte ich deren überhaupt keine. Wir sollten nichts verlangen und nichts verweigern, sondern uns den Armen der göttlichen Vorsehung anvertrauen, ohne die Zeit mit irgendwelchen Wünschen zu vergeuden, außer jenem, das zu wollen, was Gott von uns will.“[67]

Der Heilige Franziskus von Sales

„Wünschen führt zu Hass gegen die, die sich uns in den Weg stellen, zu Vorliebe für die, die unsere Wünsche befriedigen, und zum unausweichlichen Rad der Neigungen und Abneigungen.“[68]

Sai Baba

„Im Ozean der Gefühle und Gedanken lauert eine giftige Schlange: der Wunsch. Wenn sie zerstört ist, werden sich die Schwächen und Frivolitäten, die Triumphe, Versuche und Fehlschläge, Leid und Freud, die mit den Wünschen einhergehen, Gott ergeben.“

Sai Baba

„Begrenze die Wünsche und sei glücklich!“

Sai Baba

„Je weniger Gepäck, desto mehr Komfort, desto leichter die Reise (im Zug und im Leben).“

Sai Baba

Dass gesteigertes Glück die Folge von beharrlichem Arbeiten an sich selber ist, wie wir dies aus den Experimenten in der indischen Armee erfahren haben, erteilt uns eine einleuchtende Lehre: Wenn wir die Entschlossenheit und das Durchhaltevermögen für das Erreichen eines einfachen Ziels auf dem herausfordernden Weg der Selbstentwicklung aufbringen, dann erwerben wir auch die Willenskraft, unsere Wünsche zu begrenzen. Deshalb wurde die „Willenskraft“ zur Königin der Tugenden einer Führungskraft erklärt. Indem unsere Wünsche sich von persönlichen, weltlichen Bedürfnissen zu höheren Idealen und Errungenschaften erheben, steigern wir auch die Effektivität unserer Führungsqualitäten und unser Glück, wie Abbildung 7.2 darstellt.

DER AUFSTIEG DES MENSCHEN

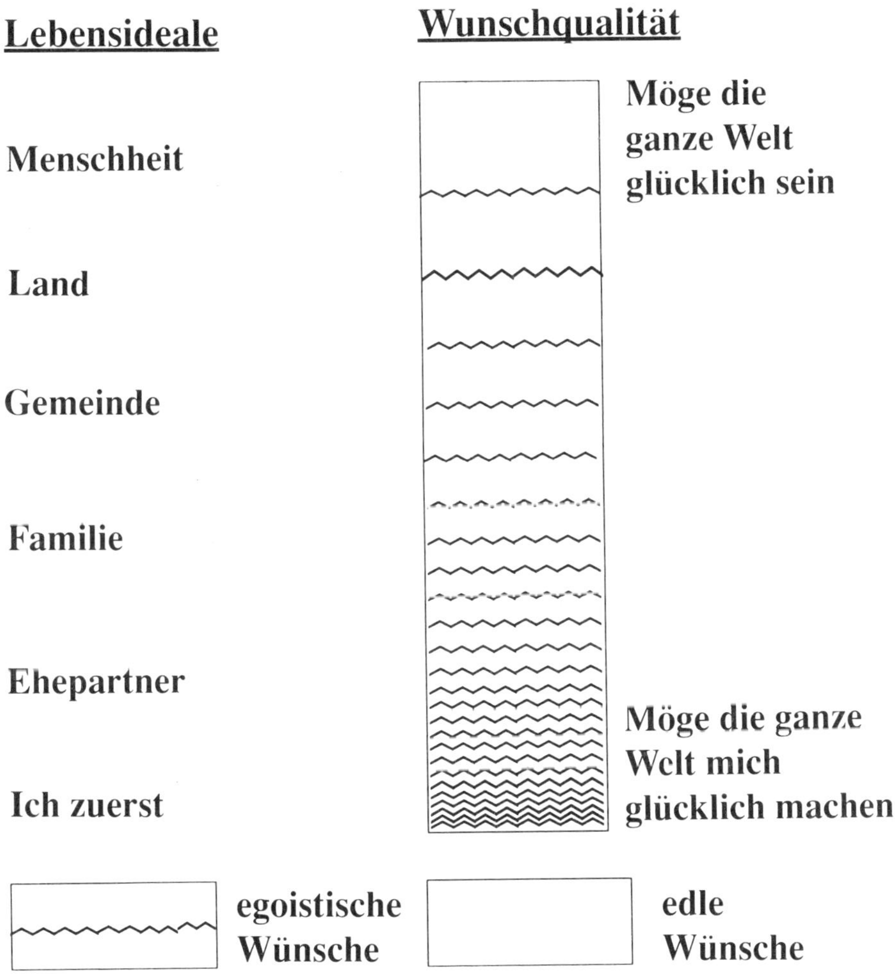

Abbildung 7.2

Wir haben zwei wesentliche Methoden kennengelernt, die uns helfen können, unseren Charakter zu transformieren. Die besten Resultate erreichen wir, wenn wir beide Methoden verbinden. Wenn wir uns entschieden haben, eine Gewohnheit zu ändern oder eine neue anzunehmen und an dieser Herausforderung mit Beharrlichkeit bis zum Sieg arbeiten, dann verstärkt das enorm unser Selbstvertrauen, weiterzumachen. Es ist klug, sich während der ersten drei Monate einfache Ziele zu setzen, um dann später schwierigere hinzuzufügen, wenn unser Beharrungsvermögen wächst. Im nächsten Kapitel werden wir eine Methode kennenlernen, wie wir uns motivieren, durchzuhalten. Es ist das Lesen der Lebensgeschichten bedeutender Menschen, was uns hier ganz besonders weiterhelfen kann. Wenn wir lesen, wie große Führungspersönlichkeiten ihr Potential durch eigene Anstrengungen entwickelt haben, gewinnen wir für unsere eigenen Bemühungen große Inspiration.

Bemerkungen für Lehrer

Dieses Kapitel ist offensichtlich das wichtigste des Buches. Die Studenten müssen inspiriert werden, ein eigenes Programm für ihre Selbstentwicklung aufzustellen. Die Schritte dazu sind in diesem Kapitel erläutert worden. Oft aber ist eine persönliche und vertrauliche Beratung notwendig. Mit Liebe und Geduld kann der Einzelne motiviert werden. „Was passiert, wenn ich versage?“ – dieser Angst begegnen wir oft, wenn Menschen erfahren, dass es tatsächlich möglich ist, sich zu entwickeln. Doch, wenn die angestrebten Ziele für die ersten Bemühungen bescheiden ausgewählt werden, ist die Chance eines Versagens vergleichsweise gering. Einige solcher einfachen Zielvorgaben, welche dem Einzelnen helfen können, sein Selbstvertrauen zu stärken, stammen aus England. Hier wurde das Führen eines Selbstentwicklungs-Tagebuchs bereits erfolgreich an vielen Privatschulen angewendet. Nachfolgend nennen wir ein paar dieser Ziele zum Ändern und/oder Annehmen von Gewohnheiten:

- Ich werde am Esstisch meine Finger nicht mehr abschlecken.
- Ich werde meine Zähne immer am Morgen und nach dem Essen putzen.
- Ich werde nicht mehr in der Nase bohren.
- Ich will meine Schulbücher in Ordnung bringen, bevor ich zu Bette gehe.

- Ich will jeden Tag eine Seite Schönschrift schreiben.
- Bevor ich mich zum Schlafen hinlege, will ich mein Gebet im Bett sitzend aufsagen.
- Ich werde nicht petzen, wenn ich von einem älteren Schüler bestraft werde.

Für Jugendliche haben sich weitere Zielvorgaben als sehr hilfreich erwiesen, wie das Rauchen aufgeben, keine Süssigkeiten, Kaffee und dergleichen zu sich nehmen, fünf Kilogramm Gewicht abnehmen, einen Kilometer in vorgegebener Zeit rennen, das Tagträumen aufgeben.

Es gibt Menschen, die gewisse persönliche und private Schwächen ausrotten möchten, welche sie nicht mitteilen oder in ein Tagebuch schreiben möchten. Ihnen sei empfohlen, mit Codenamen zu arbeiten.

Diese Arbeit an der „Begrenzung der Wünsche" kann interessante und stimulierende Diskussionen zur Folge haben. Die Studenten sollten dazu ermutigt werden, über ihre Erfahrungen mit klar erkannten unechten Bedürfnissen, wie sie vor allem durch Reklame, Druck durch Gleichaltrige oder Sinnesanreize erzeugt werden, zu diskutieren und sich mitzuteilen. Solche Gespräche sollten gut vorbereitet werden.

Ein paar Studenten könnten für das Verständnis der „Gleichung vom Glück" etwas Unterstützung in Mathematik nötig haben. Diese sollte ihnen gewährt werden.

Manchmal kann das Thema der Wunsch-Beseitigung heftige Debatten zwischen spirituell bereits fortgeschrittenen und den noch ganz im Weltlichen Verhafteten auslösen. Hier könnte der Hinweis auf die pragmatische Seite der „Begrenzung der Wünsche" hilfreich sein: Wir sollten nur so viele Bedürfnisse hegen, wie wir auch tatsächlich befriedigen können. In dem Moment, in dem wir unsere Möglichkeiten übersteigen, schaffen wir Probleme für uns und auch für andere.

Begleitende Ermutigungen für Studenten, die mit diesem Programm anfangen wollen, ist die heiligste Pflicht und Aufgabe eines Lehrers. Dies sollte diskret, unaufdringlich und ohne Druck geschehen.

8
Stärkende Motivation für die Selbstentwicklung zur Führungskraft

Wir haben gesehen, wie alle Menschen sich verbessern möchten, dass jedoch nur wenige durchhalten. Wie können wir diese Trägheit überwinden?

Es ist eine allgemeine Erfahrung, dass der Widerstand gegen die Veränderung einmal lieb gewonnener und lange gepflegter Gewohnheiten in Gedanken, Worten und Taten äußerst stark ist. Es ist vergleichbar mit dem enormen Zug der Schwerkraft, welcher von einer startenden Raumfähre überwunden werden muss. „Die ersten wenigen Minuten des Starts und die ersten Kilometer der Reise haben mehr Energie verbraucht als die restlichen 400.000 Kilometern in den folgenden Tagen (auf dem Weg zum Mond oder zu anderen Planeten).“[69] Das Gleiche gilt, wenn wir uns von tiefverwurzelten Gewohnheiten wie Selbstsucht, Saumseligkeit, Mangel an Ausdauer, Unehrlichkeit usw. befreien wollen, welche allesamt große Hindernisse für wirkungsvolle Führungsqualitäten sind. Um bei dieser Befreiung erfolgreich zu sein, braucht es mehr „als ein bisschen Willenskraft und ein paar kleine Veränderungen im Leben... Das ‚Abheben‘ bedarf enormer Anstrengungen, aber wenn wir uns erst von der Schwerkraft freigemacht haben, nimmt unsere Freiheit eine ganz neue Dimension an.“[70] Und genau aus diesem Grunde haben große Denker und Weise, wie Patanjali in Indien, den Rat gegeben, dass es für diese Art Transformation eine entschiedene Anstrengung „während langer Zeit“ braucht, auf dass wir den Kurs unseres Lebens ändern und so Meister unseres eigenen Schicksals werden können.

Um unsere Gewohnheiten ändern zu können, ist es wichtig, dass

- wir verstehen, warum wir unsere Gewohnheiten ändern wollen, und welche neuen Gewohnheiten wir uns aneignen wollen. Dieses Wissen gewinnen wir aus dem Bewusstsein unserer Stärken und Schwächen in Bezug auf die „universelle innere Struktur von guter Führung“.
- wir den Wunsch zur Veränderung haben. Dieser Wunsch wächst aus einem Ideal oder einer Vision, welche wir vom Leben haben,

und aus der Notwendigkeit, dieses Ideal oder diese Vision zu erfüllen. Der Wunsch nach Veränderung wächst auch aus dem Bewusstsein, dass Erfolg in unseren Selbstentwicklungs-Bemühungen und bei der Verbesserung unseres Charakters zu Glück im Leben führt (wie im siebten Kapitel beschrieben).

- wir wissen, wie wir diese Änderung unserer Gewohnheiten bewerkstelligen können. Wir haben die bewährten Methoden wie das Lesen von Lebensgeschichten herausragender Führungspersönlichkeiten oder das Führen eines Selbstentwicklungs-Tagebuchs bereits besprochen.

Die Abbildung 8.1 zeigt Interaktion und Gleichgewicht zwischen diesen drei Faktoren. Davon hängt ab, ob wir unsere Gewohnheiten ändern können.[71]

Wenn wir uns einmal im Klaren darüber sind, was, warum und wie wir transformieren wollen, müssen wir uns ein Handlungs-Programm zusammenstellen, das uns zum Ziel führen wird. Wenn wir Meister unseres Schicksals werden wollen, müssen wir vor allem in das uns zur Verfügung stehende Hauptwerkzeug investieren – und das sind wir selbst. Diese notwendige Investition wurde auch schon mehrfach in der Weltgeschichte, in allen Gesellschaften und Kulturen der Welt, getestet. Die wichtigsten Voraussetzungen für diese Transformation sind

- Zeit
- Willenskraft durchzuhalten.

Die Erfahrung bei der Transformation des menschlichen Charakters beweist, dass die Investition von Zeit und Willenskraft in einigen wenigen Aktivitäten einen Menschen motivieren können, genügend Durchhaltewillen aufzubringen, sich zu transformieren. Unaufhaltsames und eifriges Arbeiten ist das Geheimnis des Erfolgs, sich die ganze Zeit ins Gedächtnis zu rufen, dass „alle wahre Arbeit Erholung ist",[72] und dass tatsächlich der „Wechsel der Arbeit Musse bedeutet."*

* Sathya Sai Baba in einer Rede an die Studenten der Sathya Sai High School, Dezember 1990.

ÄNDERN VON GEWOHNHEITEN

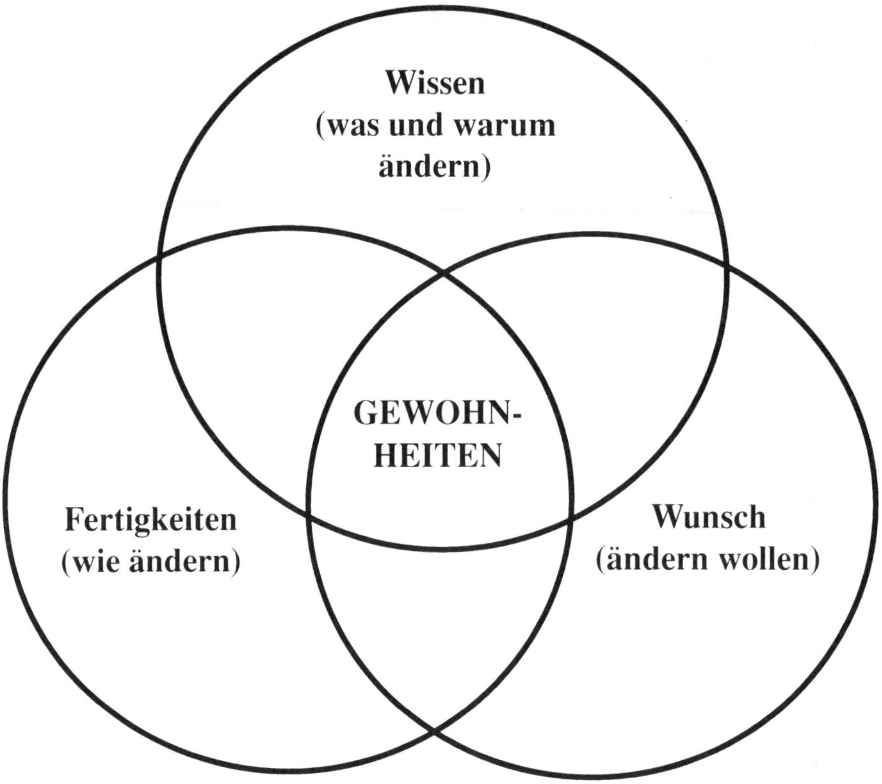

Abbildung 8.1

Die wesentlichen Investitionen sind die folgenden:

- *Investition in die Gesundheit des Körpers.* Nur ein gesunder Körper, der harte physische und mentale Arbeit aushalten kann, ist in der Lage, einen Beitrag für eine schnelle Transformation zu leisten, überhaupt in irgendeinem Unternehmen Erfolg zu haben. Es ist wichtig, sich jeden Tag etwa 45 Minuten Zeit für körperliche Übungen zu nehmen. Yoga-Übungen, wie wir sie aus Indien kennen, sind ein hervorragendes System für die Verbesserung der körperlichen und geistigen Gesundheit eines Menschen. Jedoch sind das traditionelle Joggen, Schwimmen, Wandern, Turnen usw. ebenso wertvolle Beiträge. Reine, mit Liebe zubereitete Nahrung aufzunehmen, ist äußerst wichtig. Die häufigsten Krankheiten entstehen infolge falscher Ernährung, übermäßigem Genuss und ungenügender Bewegung. Es ist heute allgemein anerkannt, dass wir durch die Reduktion der Nahrungsaufnahme auf etwa 70 Prozent der als Norm geltenden Nahrungszufuhr viel für unsere Gesundheit, Klarheit im Denken und Langlebigkeit tun können.

- *Investition in die Gesundheit des Geistes.* „Das Denken des Menschen ist eine außergewöhnliche Kraft"[73] – diese Erfahrung des alten Indien fasst das Potential, das in einem jeden Menschen liegt, zusammen. Das Denken und Fühlen, die Erinnerung, die Imagination und das Unterscheidungsvermögen sind Funktionen des Geistes. So, wie sich die Menschen in ihrem Gesichtsausdruck und in ihren Stimmen unterscheiden, genau so unterscheiden sie sich auch in ihrer Art zu denken, in ihrem Verständnis der Dinge und in ihrer Art, auf Geschehnisse zu reagieren. Deshalb wird in Indien bei der menschlichen Transformation größtes Gewicht auf die Reinheit, Gesundheit und Beherrschung des Geistes gelegt. Meditation und Lesen sind altbewährte Techniken, den Geist wach, lebhaft, stimuliert und positiv zu halten. Es sollte zur täglichen Gewohnheit werden, Bücher über bedeutende Persönlichkeiten, Klassiker, auf das jeweilige Beschäftigungsfeld bezogene Sachbücher, aber auch Bücher über Führung und spirituelle Bücher zu lesen. Es ist eine Tatsache, dass die erfolgreichsten Persönlichkeiten durchschnittlich achtzehn Bücher pro Jahr lesen – dies sollte das Ziel eines jeden sein, der Großes anstrebt.

- *Investition in die spirituelle Gesundheit.* Das spirituelle Wachstum im Transformationsprozess des Menschen ist eines der wichtigsten Teile des Erbes der Menschheit. Seine Wichtigkeit in Bezug auf Führungsqualitäten wird nun auch im Westen erkannt. Indem Stephen Covey Meditation empfiehlt, sagt er: „Die spirituelle Dimension ist ihr Kern, ihr Zentrum, ihre Festlegung auf ihr Wertesystem. Sie ist ein sehr privater und äußerst wichtiger Lebensbereich. Sie zapft die Quellen an, die Sie inspirieren und erheben, und verbindet Sie mit den zeitlosen Wahrheiten der gesamten Menschheit.“[74] Bei einer täglichen Meditation von 20-30 Minuten können wir über diese zeitlosen Wahrheiten nachdenken und die ewigen Fragen, wie „Wer bin Ich?“, „Welches ist der Sinn meines Lebens?“, „Worin liegt das Geheimnis ewigen Glücks?“ verstehen. Dadurch offenbart sich uns unsere eigene verborgene göttliche Natur, und wir erheben uns über die von Zeremonien geprägten Religionen. (Religion kann hier wie auch im nachfolgenden Zitat als in der erstarrten Form, wie sie sich in Kirchen manifestiert, verstanden werden. Anm. des Übers.) „Es ist gut, in eine Religion hineingeboren zu werden, aber es ist nicht gut, darin zu sterben. Wachse und befreie dich von den Begrenzungen der Regeln und Doktrinen, die deiner Gedankenfreiheit Grenzen setzen und von den Zeremonien und Riten, die einschränken und Vorschriften machen. Erreiche den Punkt, wo Kirchen keine Rollen mehr spielen, wo alle Wege enden und wo alle Wege ihren Anfang haben.“[75] Diese Investition ist die produktivste, die uns zur höchsten Anstrengung inspiriert.

- *Investition in die Gesundheit der Gesellschaft.* Der Dienst an unserem Nächsten um seiner selbst willen, ohne dafür Anerkennung oder einen Lohn zu empfangen, ist die anregendste Erfahrung in unserem Leben. In Indien wird dieser Dienst sevā genannt. „Hände die dienen sind heiliger als Lippen die beten“.[76] Und doch zögern wir, solches zu tun. Die Freude, welche wir durch einen *anonymen Dienst* erfahren dürfen, übersteigt jede andere Quelle der Freude – und dennoch scheuen sich die meisten Menschen davor. Selbstloser Dienst gibt unseren Anstrengungen zur Transformation unseres Charakters die notwendige, machtvolle Inspiration zur Beharrlichkeit. Denn das „Dienen weitet deine Vision, erweitert dein Bewusstsein und vertieft dein

Mitgefühl".[77] Deshalb gilt „dienen" als Schlüsselaktivität für effektive Führung. „Eine Führungskraft, die den Geist des Dienens versteht, wird sich durch diesen Dienst immer die Freude an der Führung erhalten können. Ohne das Verständnis für das Dienen und ohne zuerst ein führender Diener zu sein, kann niemand eine Führungskraft werden."[78] Der indische Geist auf diesem Gebiet wird mit dem Sanskritwort paropakāra eingefangen. Das Wort bedeutet: die jedem Bürger auferlegte Pflicht des „Für-den-nächsten-Leben". Stephen Covey zitiert in seinem Buch aus dem monumentalen Werk über Stress von Dr. Hans Selye. Darin kommt dieser zum Schluss, dass „ein langes, gesundes und glückliches Leben das Resultat davon ist, dass man seinen Beitrag leistet und an bedeutungsvollen und persönlich anregenden Projekten teilnimmt, welche anderen Menschen zugute kommen und deren Leben segnen".[79] Ebenso kommt George Bernhard Shaw zu einer ähnlichen Schlussfolgerung, wenn er sagt: „Dies ist die wahre Freude des Lebens – dass du einem Zweck dienst, den du als bedeutend ansiehst; wenn du dich als Kraft der Natur siehst, statt als fiebriger, selbstsüchtiger, kleiner Tölpel voller Unpässlichkeiten und Beschwerden, der sich ständig beklagt, dass sich die Welt nicht genügend darum kümmert, ihn glücklich zu machen. Ich bin der Meinung, dass mein Leben der ganzen Gemeinschaft gehört und es, solange ich lebe, mein Privileg ist, dieser Gemeinschaft so viel zu geben, wie es mir möglich ist."[80] Unser tägliches Ziel sollte es sein, „wenigstens einem menschlichen Wesen mit bedingungsloser Liebe zu helfen".[81] Wir können so Vorbote von Freude, Hoffnung und wie ein Sonnenstrahl sein. Jeder Tag wird dann auch zu einem Tag unseres eigenen Wachsens und unserer eigenen Transformation.

Wenn wir nun durch Anwendung dieser bewährten Maßnahmen in unsere Transformation investieren, dann erlangen wir lebenslang die Inspiration zu wachsen und Meister unseres Schicksals zu werden.

Im siebenten Kapitel haben wir die Technik des Selbstentwicklungs-Tagebuchs beschrieben. Wir diskutierten auch die große Bedeutung, welche dem Lesen von Lebensgeschichten herausragender Individuen, die der Menschheit noch immer als Quelle der Inspiration dienen, beigemessen werden muss. Die besten Resultate erreichen wir, wenn wir beide Techniken gleichzeitig anwenden.

Nicht jeder der 108 am Schluss des Buches aufgelisteten Namen wird alle Leser gleichermaßen begeistern. Wenn wir aber etwa zehn Bücher gelesen haben, so werden wir bestimmt ein paar Biographien finden, die verborgene Kräfte in unserem Unterbewusstsein wecken und uns inspirieren können, diesen Vorbildern nachzueifern. Wir sollten anfangen, solche Bücher intensiv zu studieren.

Kurze Lebens-Skizzen von drei aus diesen 108 Persönlichkeiten sind für dieses Kapitel ausgewählt worden, drei Leben, die vor nicht allzulanger Zeit sehr viele Menschen inspiriert haben. Doch gibt es noch andere Gründe für diese Auswahl. Alle drei Leben sind ausgezeichnete Beispiele dafür, wie ein Mensch seinen Charakter durch eigene Anstrengung transformieren kann. Die drei Männer stammen aus verschiedenen Kontinenten und aus völlig unterschiedlichen gesellschaftlichen Schichten – Arbeiterklasse, Mittelschicht und Aristokratie. Alle drei hatten einen tiefverwurzelten Glauben an den höchsten Schöpfer. Und schließlich hatten alle drei die Vision einer Welt, die zu einem großen, wohl integrierten, globalen Staat zusammenwächst. Es sind die folgenden drei Männer:

- Benjamin D. Franklin aus den USA (geboren 1706)
- Mahatma Gandhi aus Indien (geboren 1869)
- Winston Spencer Churchill aus England (geboren 1874)

Als Vertreter der Britischen Kolonien von Nord-Amerika versuchte Benjamin Franklin die Minister in England zu überzeugen, den Kolonien Selbstverwaltung zuzugestehen. In einem solchen Schritt sah dieser Visionär die Möglichkeit einer ständigen Verbindung zwischen England und Amerika in Form einer Welt-Föderation. Die Briten erteilten ihm eine glatte Absage, und die amerikanischen Kolonien revoltierten und lösten sich schließlich ganz von England. Ungefähr 150 Jahre später versuchte Mahatma Gandhi in ähnlicher Weise, die britischen Minister zu überzeugen, Indien in die Unabhängigkeit zu entlassen, als ein Schritt zu einer Welt hin, in der die ganze Menschheit eine große Familie ist. Winston Churchill wehrte sich heftig gegen dieses Ansinnen. Auch Churchill hatte eine Vision der Welt, doch sah er diese Welt vereint unter der Obhut der britischen Aristokratie.Wir sehen, kurz bevor wir in das 21. Jahrhundert eintreten, wie die Welt sich immer deutlicher zur Einheit der Menschheit hin bewegt. Das Leben dieser drei Männer sollte deshalb von ganz besonderem Interesse für die Führungskräfte von morgen sein. Wir sollten diese Geschichten studieren und erleben, wie sich uns ungeahnte, weite Horizonte eröffnen.

Die kurzen Lebensbeschreibungen dieser drei Männer haben naturgemäß lediglich den Charakter einer Einführung. Ihre Errungenschaften sind von solch unterschiedlicher und weitreichender Bedeutung, dass es unmöglich ist, ihren Beitrag zur Geschichte der Menschheit in nur ein paar Seiten aufzuzeigen. Die Betonung liegt auf der Beschreibung der frühen Jahre dieser Männer, um der Jugend die Inspiration zu geben, dass es tatsächlich möglich ist, Meister seines eigenen Schicksals zu werden – wenn wir die notwendige Anstrengung auf uns nehmen.

Wenn wir diese inspirierenden Lebensbeschreibungen lesen, sollten wir zu verstehen versuchen, wie der Charakter dieser Menschen geformt wurde, um zu dem zu werden, der sie waren. Unter den herausragenden Führungsgestalten der Weltgeschichte entdecken wir immer wieder den großen Einfluss, den ein Lehrer, ein Vorbild oder ein Guru ausgeübt hat, um sie zu dem zu machen, was Plato einen „Philosophen-König" nannte. So war zum Beispiel Alexander der Große beeinflusst von Aristoteles.

Vom Weisen Vidyāranya, der das Zusammenwachsen des mächtigen Vijyanagar-Reiches in Südindien inspiriert hatte, stammt der folgende Sanskrit-Vers, worin er das Konzept von Bhīshma, wie wir dies im Einleitungskapitel kennen gelernt haben, oder das Konzept von Platos Philosophen-König wunderschön umschreibt:

> I charitum shakyum samyagrajyadhi loukikam
>
> „Nur ein Mensch mit gefestigtem Charakter und sicherem Wissen kann die Aufgabe erfüllen, ein Königreich wirksam zu führen und zu verwalten."

BENJAMIN FRANKLIN

Das Leben von Benjamin Franklin – einer der hochgeschätzten Gründerväter der USA – ist eines der besten Beispiele eines Selfmademans in der Geschichte. Wie konnte ein in verhältnismäßig armen Verhältnissen geborener Mensch ohne Schulbildung sich selbst zu einem erfolgreichen Geschäftsmann, Diplomaten, Gelehrten, Erfinder und Weltbürger transformieren?

Seine Karriere führte ihn als Sprecher der britischen Kolonien von Nord-Amerika nach London. Leider verfügten die britischen Staatsmänner nicht über die gleiche Weitsicht wie Benjamin Franklin. Sie wollten ihre Kolonien direkt von London aus regieren. Sie verweigerten den Kolonien die von Franklin vorgeschlagene Selbstverwaltung. Dies führte zur Unabhängigkeits-Erklärung der Kolonien. Nach der Unterzeichnung dieses aufrührerischen Dokuments soll Franklin, der seinen Humor behalten hatte, gesagt haben: „Wir müssen nun alle zusammenhalten, oder wir werden mit Sicherheit getrennt hängen" (englisches Wortspiel: ‚We must all hang together, or we assuredly shall hang separately"). Bald danach brach die amerikanische Revolution aus. Franklin wurde ausgewählt, um ausländische Unterstützung für den Krieg zu sichern und wurde nach Frankreich geschickt – damals Feind Englands. Er erreichte erfolgreich genügend finanzielle und militärische Hilfe, um die Briten wirksam zu schlagen. Dies geschah nur wenige Jahre vor dem Ausbruch der Französischen Revolution im Jahre 1789. Franklin hatte viele Bewunderer in England. So gelang es ihm schließlich, mit den Engländern einen Friedensvertrag auszuhandeln, in welchem den dreizehn ehemaligen Kolonien in Amerika die Selbständigkeit zugestanden wurde. Danach spielte Franklin eine aktive Rolle bei der Ausarbeitung der amerikanischen Verfassung. Und es war sein Vorschlag, dass ungeachtet der vielen Meinungsunterschiede der Delegierten, die neue Verfassung einstimmig angenommen werden sollte. Sein Ansehen war so groß, dass seiner Bitte entsprochen wurde.

Viele junge Menschen wurden durch Franklins Lebensgeschichte dazu inspiriert, mit Fleiß, Genügsamkeit und Willenskraft ihren Charakter zum Besseren zu transformierten. Das Studium dieser Biographie sollte zum Ziel haben zu erkennen, wie dieser Knabe aus unteren Gesellschaftsschichten es fertig gebracht hat, derartige Fortschritte zu machen und sich so zu verbessern, zu entwickeln und zu transformieren, dass „alle seine Aktivitäten, alle seine Erfindungen, alle seine philosophischen, wirtschaftlichen, politischen und wissenschaftlichen Werke auf das eine Ziel hin ausgerichtet waren: das Wohlergehen der ganzen Menschheit".[82] Im Prozess der Selbstverbesserung verbesserte er alles, womit er in Berührung kam.

Franklins Eltern waren 1682 aus England in die USA eingewanderte Färber.* Sie verließen ihre Heimat, um der damals vorherrschenden religiösen Bigotterie zu entkommen. Ihr jüngster Sohn Benjamin wurde im Januar 1706 geboren. Seine vielversprechende Begabung beim Lesen und Schreiben überzeugte seinen Vater, ihn in die Schule zu schicken. Bald entpuppte sich Benjamin als ein äußerst begabter Schüler. Sein Vater jedoch konnte eine Weiterbildung nicht finanzieren. Auch missbilligte er die geringen Einkünfte, die „sich einem auf solche Art erzogenen Kinde in dieser Laufbahn darböten".[83] So musste Benjamin nach zwei Jahren die Schule wieder verlassen. Dafür lernte er verschiedene handwerkliche Fertigkeiten.

Eine Zeitlang half der Junge seinem Vater im Geschäft beim Seife Sieden und Kerzen Ziehen. Doch schätzte er diese Art Arbeit überhaupt nicht. Er hatte viele Spielkameraden. Diese akzeptierten ihn als Anführer in schwierigen Situationen. Nebst anderen Aktivitäten und Spielen liebten sie auch das Fischen in einem nahegelegenen Sumpf. Um nicht stundenlang in diesem gefährlichen Morast stehen zu müssen, entschlossen sie sich, eine Art Plattform zu bauen. Unter Benjamins Führung stahlen die Jungs gehauene Steine von einer Baustelle und bauten sich eine zünftige Plattform. Es dauerte nicht lange bis die Spur der vermissten Steine zu den Jungen führte. Natürlich wurden die Buben von ihren Eltern ins Gebet genommen. Benjamin stritt lange mit seinem Vater über die Nützlichkeit der Plattform für ihre Fischerei. Doch sein Vater konnte ihn überzeugen, „dass dasjenige, was nicht rechtschaffen sei, auch nicht wahrhaftig nützlich sein könne".[84] (Rechtschaffen bedeutet hier: nicht lügen, stehlen oder betrügen.) Dieser Vorfall legte das Fundament von Benjamins Charakter.

Im Alter von zwölf Jahren wurde er als Lehrling in die Druckerwerkstatt seines Bruders James aufgenommen. Dieser hatte das Handwerk gelernt und gerade seine eigene Druckerei eröffnet. Für Benjamin war dies eine willkommene Gelegenheit, konnte er so doch hautnah in der Welt der Bücher und Zeitungen leben. Er pflegte schon Bücher auszuleihen und zu kaufen – auch sah er

* Die folgenden Zitate aus der Autobiographie von Benjamin Franklin stammen aus der Übersetzung von Bürger und Kapp-Auerbach, welche im 19. Jahrhundert im deutschprachigen Raum sich größter Beliebtheit erfreute. (Anm. d. Übers.)

in seiner Druckerlehre die Chance, sich selbst zu bilden. Während vieler Stunden vor und nach der Arbeit stürzte er sich mit noch größerem Eifer ins „Bücher-Verschlingen“. War es einem Freund aus dem Buchladen möglich, ein gutes Buch für ihn herauszuschmuggeln, dann las Benjamin die ganze Nacht, um das Buch am nächsten Morgen wieder unbeschädigt in den Laden zurückbringen zu können.

Neben vielen Klassikern, historischen Büchern und anderen grundlegenden Werken war es vor allem das Buch „Essays to Do Good“ von Cotton Mather, welches „Eindrücke bei mir hinterließ, die in der Folge auf einige der vornehmsten Ereignisse meines Lebens Einfluss gehabt haben“.[85] Eine Zeitlang versuchte er sich im Gedichte-Schreiben; doch sein Vater überzeugte ihn, es aufzugeben, weil „Versmacher immer arme Teufel seien“.[86]

Mit ungefähr sechzehn Jahren wurde Franklin Vegetarier, nachdem er in einem Buch von den Vorteilen erfuhr. Er stellte fest, dass so das Essen viel billiger war. Außerdem förderte es seine Studien, indem „seine Fortschritte mit derjeniger Klarheit der Vorstellungen und mit derjeniger Schnelligkeit des Begreifens im Verhältnis (standen), welche die Frucht der Mäßigkeit im Essen und Trinken sind“.[87] Er fand heraus, dass Brot, eine Handvoll Rosinen und ein Glas Wasser eine ausgezeichnete Mahlzeit waren. Allerdings blieb er nicht lange ein strikter Vegetarier.

Er begann auch alle Bücher über Sokrates zu lesen, die er finden konnte. Hier lernte er die Kunst, andere von seiner Ansicht zu überzeugen. Schroffe Widersprüche und starkes Argumentieren machen den anderen zum Feind. Dagegen hat „die Rolle des demütigen Fragers und Zweiflers ... mich mit einer bescheidenen Schüchternheit auszudrücken“[88] eine bessere Erfolgs-Chance. Wörter wie „gewiss“ oder „zweifellos“ sind umstrittene Ausdrücke einer zu selbstsicheren Einstellung. Dem gegenüber haben Sätze wie: „Ich stelle mir vor, ich denke mir, dass eine Sache so und so ist; mir scheint es; aus diesen oder jenen Gründen würde ich so oder so darüber urteilen; ich bilde mir ein, dass dieses sich so und jenes sich so verhält, wenn ich nicht irre,“[89] eine viel größere Chance, andere zu überzeugen. Franklin erinnert uns dabei an Popes Worte:

„Man muss die Menschen unterrichten,
als ob man sie nicht unterrichtete,

und das Neue sollte wie etwas Vergessenes mitgeteilt werden."[90]

Später lernte er eine weitere Lektion, wie man andere überzeugen kann. Er erkannte die Unschicklichkeit, „wenn jemand sich selbst als den Anreger irgendeines gemeinnützigen Planes darstellt, welcher mutmaßlich das Ansehen des Betreffenden auch nur im geringsten Grade über dasjenige der Nachbarn erheben kann".[91] Am besten ist es, man führt solche Ideen im Namen anderer oder einer Institution ein. Bald begriff er auch, dass „das augenblickliche kleine Opfer der Eigenliebe ... später reichlich vergolten (werden wird)".[92] Diese Erkenntnis wandte er in seinem Leben mit großem Erfolg an. Dies ist die gleiche Wahrheit, die Lao-tse vor zweitausend Jahren lehrte: „Wahres Selbstinteresse (einer Führungskraft) lehrt Selbstlosigkeit."[93]

Doch bald hatte Franklin Probleme mit seinem viel älteren Bruder James. Dieser wollte nicht aufhören, ihn zu verprügeln, wenn sich sein jüngerer Bruder „vielleicht etwas zu frech und herausfordernd"[94] benommen hatte. So entschloss er sich, seinen Bruder James zu verlassen und zog heimlich nach New York. Da er hier keine Arbeit fand, trieb es ihn weiter nach Philadelphia, wo er in einer Druckerei arbeiten konnte. Mit seinem Fleiß und seiner Gelehrsamkeit schaffte er sich bald einen guten Namen in der Stadt als vielversprechender junger Mann. Sir William Keith, der Gouverneur der Stadt, fand Interesse an ihm und ermunterte ihn, seine eigene Druckerei zu gründen. Er stellte ihm sogar einen Kreditbrief in Aussicht, mit welchem er sich in London die nötigen Maschinen hätte beschaffen können.

Franklin segelte nach London, nur um zu entdecken, dass ihn der Gouverneur betrogen hatte: Es gab keine Kreditbriefe. Von einem Mr. Denham, den er auf der Schiffsreise kennen gelernt hatte, erfuhr er, dass der Gouverneur eigentlich ein guter Mensch war, der „freigebig mit Versprechungen (sei), aber nie willens wäre, sie zu erfüllen".[95] Leider hatte dieser Mann eine schlechte Gewohnheit angenommen – „Er wollte aller Welt gefallen, und da er wenig zu geben hatte, so machte er Versprechungen".[96] Ein Mensch jedoch, der nicht tut, was er sagt, ist bald entlarvt, und niemand traut ihm mehr. Franklin lernte im Alter von achtzehn Jahren, sich nie so zu verhalten.

Achtzehn Monate blieb er in London und arbeitete in führenden Druckereien der Stadt. Unter seinen Mitarbeitern war er bekannt als der „amerikanische Wassermann",[97] weil er sich weigerte, Bier zu trinken. Aber er machte wertvolle Erfahrungen in diesem Gewerbe und gewann viele gute Freunde unter Gelehrten und Vertretern der Literatur. Mit Mr. Denham blieb er in gutem Kontakt und lernte von diesem Kaufmann eine entscheidende Lektion.

Denham flüchtete seinerzeit nach Amerika, als sein Geschäft in Bristol in England scheiterte und er seine Gläubiger nicht mehr bezahlen konnte. Einige Jahre lang arbeitete er hart und aufrichtig. Danach kehrte er als reicher Mann nach England zurück. Bald danach lud er alle seine ehemaligen Gläubiger zu einem Bankett ein. Mit einer kurzen Ansprache bedankte sich Denham für die ihm gewährte Unterstützung. Dann begann das Festmahl. Alle dachten, dass dies vermutlich alles war, was sie an Dank erwarten durften. Als die Teller des ersten Ganges weggeräumt wurden, fand jeder unter seinem Teller eine „Anweisung an einen Bankier zur Auszahlung nicht nur der ganzen noch rückständigen Hauptsumme, sondern auch der Zinsen".[98] Für den jungen Franklin war dies ein Beispiel ehrlichen und rechten Benehmens, dem er in seinem Leben nacheifern wollte.

Er kehrte in die USA zurück und ließ sich in Denhams Handelsgesellschaft anstellen. Hier lernte er, wie man ein gutes Geschäft führt. Doch bereits nach sechs Monaten starb Denham, und Franklin arbeitete wieder in einer Druckerei. Innerhalb von zwei Jahren gelang es ihm, eine eigene Druckerei aufzubauen. Zu der Zeit war er vollständig überzeugt, „dass Wahrhaftigkeit, Aufrichtigkeit und Rechtschaffenheit in dem Betragen des Menschen gegen den Mitmenschen höchst wichtige Erfordernisse zum Glück des Lebens wären".[99]

In dieser Zeit begann er sich regelmäßig mit seinen gelehrten Bekannten zwecks gegenseitiger Vervollkommnung in einem auf zwölf Mitglieder beschränkten Klub zu treffen, den sie Junto-Klub nannten. Jeden Freitagabend trafen sie sich und besprachen Themen, die Moral, Politik und Philosophie betrafen. Jedes Mitglied schrieb alle drei Monate einen Essay über ein frei gewähltes Thema. Unter den Mitgliedern dieses Klubs waren ein Mathematiker, ein Landvermesser, ein Schuhmacher, ein Tischler, ein vermögender Gentleman und ein Buchhalter. Lesen und lernen waren ihre gemeinsamen Interessen. Die meisten Ideen und Projekte, welche

Franklin in seinem Leben realisierte, hatten ihren Ursprung in diesen Diskussionen.

Seine harte und ehrliche Arbeit verliehen seinen geschäftlichen Aktivitäten Charakter und Ansehen. Seine Druckerei blühte und begann zu wachsen.

1732 publizierte er seinen „Poor Richard's Almanac" unter dem Pseudonym Richard Saunder. Dieses Jahrbuch wurde zu einem Bestseller. 25 Jahre lang brachte es ihm nicht nur gute Einkünfte, sondern gab ihm auch die Möglichkeit, moralische Grundsätze unter die Leute zu bringen. Er füllte den Kalender mit Redensarten und „Sprichwörtern, welche die Weisheit vieler Zeitalter und Nationen enthielten".[100] In der Folge wurde dieser Kalender übersetzt und auch in vielen Ländern Europas gedruckt.

Als sein Geschäft blühte, startete Franklin viele öffentliche Projekte, indem er Institutionen, welche heute in jeder Stadt der USA zum Standard gehören, gründete – eine öffentliche Bibliothek, eine Feuerwehr, eine Versicherungs-Gesellschaft und ein Krankenhaus. Er gründete eine Akademie, welche heute eine der bedeutendsten Universitäten der USA ist: die „University of Pennsylvania". Ebenso bedeutend war sein Interesse in naturwissenschaftlichen Bereichen. Er erfand einen Ofen zum Beheizen von Räumen, den Blitzableiter (der heute auf der ganzen Welt zur Standardeinrichtung von Häusern gehört) sowie eine Bifokalbrille für Fehlsichtige.

Mit ungefähr 24 Jahren heiratete Franklin eine Miss Read. Sie hatte den Neuankömmling bereits damals vor sieben Jahren, als er schmutzig, mit zerzausten Haaren und hungrig nach der mühsamen Reise von New York nach Philadelphia kam, gesehen. Er hatte drei große Laibe Brot gekauft und ging die Straße entlang, zwei Laibe unter die Arme geklemmt, während er den dritten aß. Sie dachte, dass er „eine höchst lächerliche und erbärmliche Figur machte".[101] Sie wurde ihm ihr ganzes Leben lang eine gute Frau und teilte seine Genügsamkeit und seinen Fleiß. „Mein Frühstück z.B. bestand lange Zeit nur aus Milch und Brot (nicht aus Tee), und ich verzehrte es aus einem irdenen Näpfchen für zwei Pennies mit einem zinnernen Löffel. Allein, man merke wohl, wie der Luxus in Familien einschleicht und um sich greift, trotz aller Grundsätze. Als ich eines Morgens zum Frühstück gerufen wurde, fand ich dasselbe in einer Steingutschüssel mit einem silbernen Löffel. Meine Frau hatte sie ohne mein Wissen für mich gekauft... (weil sie glaubte, dass) ihr Mann einen silbernen Löffel und eine

Schüssel von Steingut ebensogut (verdiene) als irgendeiner seiner Nachbarn."[102]

Möglicherweise sind die wenigen Seiten der Autobiographie, in welchen Franklin erklärt, wie ihm das Führen eines Tagebuchs geholfen hat, sich erwünschte Tugenden anzueignen, sein wohl größtes Geschenk an die Menschheit. Etwa zur Zeit seiner Heirat fasste er „den kühnen und ernsten Vorsatz, nach sittlicher Vervollkommnung zu streben".[103] Er dachte über seinen Charakter nach und wählte dreizehn Tugenden aus, bei welchen er das Gefühl hatte, Gewohnheiten ändern zu müssen, um Vollkommenheit zu erreichen. Diese Tugenden mitsamt seinen Erklärungen waren:[104]

1. MÄSSIGKEIT	Iss nicht bis zum Stumpfsinn. Trink nicht bis zur Berauschung.
2. SCHWEIGEN	Sprich nur, was anderen, oder dir selbst nützen kann; vermeide unbedeutende Unterhaltung.
3. ORDNUNG	Laß jedes Ding seine Stelle und jeden Teil deines Geschäfts seine Zeit haben.
4. ENTSCHLOSSENHEIT	Nimm dir vor, durchzuführen, was du musst; vollführe unfehlbar, was du dir vornimmst.
5. GENÜGSAMKEIT	Mache keine Ausgabe, als um anderen oder dir selbst Gutes zu tun; d.h. vergeude nichts.
6. FLEISS	Verliere keine Zeit; sei immer mit etwas Nützlichem beschäftigt; entsage aller unnützen Tätigkeit.
7. AUFRICHTIGKEIT	Bediene dich keiner schädlichen Täuschung. Denke unschuldig und gerecht, und wenn du sprichst, so sprich danach.
8. GERECHTIGKEIT	Schade niemandem, indem du ihm unrecht tust oder die Wohltaten unterlässt, welche deine Pflicht sind.

9. MÄSSIGUNG	Vermeide Extreme; hüte dich, Beleidigungen so übel aufzunehmen, als sie es nach deinem Dafürhalten verdienen.
10. REINLICHKEIT	Dulde keine Unreinlichkeit am Körper, an Kleidern oder in der Wohnung.
11. GEMÜTSRUHE	Beunruhige dich nicht über Kleinigkeiten oder über gewöhnliche oder unvermeidliche Unglücksfälle.
12. KEUSCHHEIT	Übe geschlechtlichen Umgang selten, nur um der Gesundheit oder der Nachkommenschaft willen, niemals bis zur Stumpfheit, Schwäche oder Schädigung deines eigenen oder eines fremden Seelenfriedens oder guten Rufes.
13. DEMUT	Ahme Jesus und Sokrates nach.

Um Vollkommenheit in allen Tugenden zu erreichen, beschloss er, sich jeweils während einer Woche nur auf eine zu konzentrieren. Nach der Meisterung der ersten würde er in der nächsten Woche zur nächsten Tugend voranschreiten. Er benötigte also dreizehn Wochen, um einen ganzen Zyklus durchzuarbeiten. Dies wiederholte er viermal im Jahr.

Er fertigte sich ein kleines Notizbuch an mit einer Seite für jede Tugend, wie das folgende Bild 8.2 zeigt. Für die sieben Wochentage gab es sieben senkrechte Spalten. Für die dreizehn Tugenden zeichnete er dreizehn waagrechte Spalten und bezeichnete jede Linie mit dem Anfangsbuchstaben der entsprechenden Tugend:[105]

Mit einem schwarzen Punkt markierte er den Tag, an dem er bei einer bestimmten Tugend einen Fehler gemacht hatte. Dies geschah immer am Abend, wenn er über den vergangenen Tag reflektierte. Jeder Tugend galt in der entsprechenden Reihenfolge seine besondere Aufmerksamkeit. So konzentrierte er sich während der ersten Woche darauf, jeglichen Verstoß gegen die Mäßigkeit zu vermeiden. Er überließ die anderen Tugenden dabei ihrem Schicksal und notierte nur die Fehler am Abend. Auf diese Weise blieb durch Konzentration die ganze Woche die Spalte der Mäßigkeit frei von einem schwarzen Punkt, und er konnte annehmen, dass er diese Gewohnheit genügend unter Kontrolle hatte.

MÄSSIGKEIT							
ISS NICHT BIS ZUM STUMPFSINN TRINKE NICHT BIS ZUR BERAUSCHUNG							
	S	M	D	M	D	F	S
M							
S	*	*		*		*	
D	**	*	*		*	*	*
E			*			*	
G		*			*		
F			*				
A							
G							
M							
R							
G							
K							
D							

Abbildung 8.2 Seite des Tagebuchs

Er wechselte in der folgenden Woche zur nächsten Tugend und versuchte, deren Spalte auch frei von schwarzen Punkten zu halten. Er vergleicht dieses Vorgehen mit dem Jäten von Unkraut in einem Gemüsegarten. Es ist nicht möglich, alles Unkraut auf einmal zu beseitigen. Man arbeitet jeweils nur an einem Beet. Und nachdem man das „dreizehnte" Beet vom Unkraut befreit hat, kann man wieder beim ersten anfangen. Durch diesen sich wiederholenden, aber konzentrierten Prozess wurde es allmählich möglich, das Notizheft frei von schwarzen Flecken zu halten. Er radierte die schwarzen Punkte nach jedem Zyklus aus, aber dadurch verschmierte er sein Notizbuch. Deshalb wechselte er nach einigen Jahren zu einem Notizbuch aus Elfenbein, welches ganz einfach abgewischt werden konnte. Nach einiger Zeit mit abnehmender Fehlerquote machte er nur noch einen Zyklus pro Jahr oder über zwei Jahre verteilt. Sein kleines Buch aber führte er immer bei sich. Er bedauerte, dass er vor allem in der Rubrik Ordnung nie ganz erfolgreich war und deshalb viel Zeit vergeudete mit dem Suchen von Sachen, die sich nicht am richtigen Platz befanden.

Auf einer Seite des Büchleins fertigte er einen Stundenplan für die verschiedenen Aktivitäten eines normalen Arbeitstags an. Er begann jeden Tag mit dem Vorsatz: „Was werde ich heute Gutes tun?" In ähnlicher Weise legte er die Zeit fest, während der er über die geleisteten Aktivitäten des Tages nachdachte.

Weisheit und Tugend bei Führungskräften – sei es auf der Stufe einer Familie oder einer Nation – führen zu einem Goldenen Zeitalter, ihr Fehlen zum Niedergang. Die USA verdanken ihren Aufstieg größtenteils Führungsgestalten wie Benjamin Franklin, der mitverantwortlich ist für die vor 200 Jahren gelegten Fundamente dieser Nation. Sein Leben ist ein Beweis dafür, „wie unwesentlich Herkunft für Glück, Tugend und Größe ist",[106] wie ein Freund Franklins schrieb, als dieser ihn überreden wollte, seine Autobiographie fertigzustellen.

Es ist in unserer Jugendzeit, in welcher wir Biographien wie die von Franklin lesen sollten, denn „in der Jugend pflanzen wir unsere wichtigsten Gewohnheiten und Vorurteile; in der Jugend fassen wir unseren Entschluss in Bezug auf Beruf, Bestrebungen und Ehe".[107]

MAHATMA GANDHI

„Es gibt viele Führungsgestalten, die mit spektakuläreren und selbstsichereren Auftritten in unserer modernen Zeit gewirkt haben als Mahatma Gandhi. Doch nur wenige haben in der Geschichte unserer Zeit einen derart folgenschweren und revolutionären Einfluss ausgeübt."[108] Er spornte das indische Volk zu einem gewaltlosen Krieg an – satyagraha – um die Unabhängigkeit zu erlangen. Der Sieg in diesem großen Unternehmen bedeutete gleichzeitig den Anfang vom Ende des Imperialismus und des Kolonialismus in der ganzen Welt, die Rückgabe der Ressourcen der Welt an die rechtmäßigen Besitzer. Gandhis Kampf und Erfolg haben einen wichtigen Beitrag geleistet, den Gang der Menschheit in das Neue Zeitalter zu beschleunigen – ein Zeitalter der „Einheit der Menschheit, Globalisierung der Wirtschaft und Weltbürgerschaft".

Wie schaffte Gandhi es, sich von einem scheuen, introvertierten Jungen zu einer Führungspersönlichkeit zu entwickeln, welche einen vorderen Platz unter den hundert Größten der menschlichen Bestrebungen in der Weltgeschichte aller Zeiten einnimmt?* Und dies, obwohl sich Gandhi später erinnerte, dass er als Schuljunge von eher feiger Natur war. „Immerzu wurde ich von der Angst vor Dieben, Geistern und Schlangen verfolgt. Ich wagte mich nachts nicht aus dem Hause."[109] Er fürchtete sich, ohne Licht in seinem Schlafzimmer zu schlafen und schämte sich, denn selbst seine Frau hatte mehr Mut als er.

Am 30. Januar 1948 wollte dieser selbe Mann im Alter von 78 Jahren mit seinen Leuten zum regulären Abendgebet in Neu Delhi zusammentreffen. Die Menge zählte fast tausend Menschen. Als Gandhi sich der sitzenden Gemeinde näherte, stand ein Mann auf und kam dem langsam gehenden Gandhi entgegen, als ob er ihm huldigen wollte. In einer Entfernung von weniger als einem Meter zog er plötzlich eine Pistole und feuerte drei Schüsse ab. Gandhi starb auf der Stelle, und die ganze Welt wurde in tiefe Trauer gestürzt.

* Die biographischen Angaben sind zur Hauptsache der deutschen Übersetzung des Buches von Louis Fischer entnommen. Dieses Buch diente auch als Grundlage für die legendäre Attenborough-Verfilmung von Gandhis Leben aus den frühen achtziger Jahren. (Anm. d. Übers.)

Spontane Huldigungen wurden diesem „Bürger ohne Reichtum und Besitz, ohne amtliche Titel und Würden, ohne akademischen Rang, wissenschaftliche Bedeutung oder künstlerische Begabung“[110] bezeigt. Fast 3450 Sympathie-Botschaften trafen aus aller Welt ein. Leon Blum, der französische Sozialist, sprach aus, was Millionen auf der ganzen Welt fühlten. Er schrieb: „Ich habe Gandhi nie zu Gesicht bekommen. Ich kenne seine Sprache nicht, ich habe sein Land nie betreten, und trotzdem fühle ich den gleichen Schmerz, als hätte ich einen mir nahestehenden und teuren Menschen verloren. Die ganze Welt ist durch den Tod dieses außerordentlichen Mannes in Trauer versetzt.“[111] Albert Einstein bestätigte, „dass eine machtvolle menschliche Gefolgschaft nicht nur durch das Ränkespiel der üblichen politischen Machenschaften und Gaunereien zusammengebracht werden kann, sondern durch das zwingende Beispiel einer moralisch überlegenen Lebensführung. In unserer Zeit des tiefsten moralischen Verfalls war er der einzige Staatsmann, der für eine höhere menschliche Gemeinschaft im politischen Bereich eintrat“.[112] General Douglas MacArthur aus den USA war der Oberbefehlshaber der Alliierten Besatzungsmacht nach dem Zweiten Weltkrieg in Japan. Dieser große Held und Intellektuelle der zwei Weltkriege, der sein ganzes Leben dem „Management der Gewalt“ widmete, schrieb über Gandhis Glaube an die Gewaltlosigkeit: „Wenn die Zivilisation nicht untergehen soll, werden alle Menschen schließlich nicht umhin können, sich zu Gandhis Glauben zu bekehren, dass die Massenanwendung von Gewalt zum Zwecke der Lösung von Streitfragen nicht nur ein fundamentaler Irrtum ist, sondern auch die Keime der Selbstvernichtung in sich trägt.“[113] Das ist eine große historische Analyse und Wahrheit über die Anwendung von bewaffneter Macht in menschlichen Angelegenheiten.

Die Geschichte von Gandhis Transformation durch eigene Anstrengung ist faszinierend. Es ist ein Weg, der jedem von uns offen steht, vorausgesetzt, wir sind bereit, die nötige Anstrengung auf uns zu nehmen. Ein Weg der zeigt, dass es keine dauerhaften Errungenschaften im Leben gibt, wenn die Mittel, mit denen diese erreicht werden, nicht auf der Grundlage der Menschlichen Werte basieren. Demnach ist ein auf diesen Werten begründetes Leben der königliche Weg nicht nur zu dauerhafter Vorzüglichkeit, sondern auch zu Glück, Frieden und Zufriedenheit im Leben.

Gandhi wurde am 2. Oktober 1869 in eine wohlhabende Handelsfamilie hineingeboren. („Gandhi“ bedeutet Krämer.) Die Familie gehörte zur dritten Kaste der Vaisya (Händler). Während zweier Generationen übten Mitglieder der Familie das Amt des Dewans, das heißt des Premierministers, eines kleinen Fürstenstaates bei Gujarat im Westen Indiens aus. Gandhis Vater Karamchand „hatte keine andere Erziehung genossen als die des praktischen Lebens. Aber er war unbestechlich und genoss in seiner Familie wie außerhalb derselben den Ruf unbedingter Unparteilichkeit“.[114] Er war bekannt für seine Treue und seinen moralischen Mut im Interesse der Fürsten, denen er diente.

Mohanchand Karamchand Gandhi war das vierte Kind und der letzte Sohn aus der vierten und letzten Ehe seines Vaters. Dieser heiratete viermal jeweils nach dem Tod seiner Frau.

Gandhi liebte sein Mutter Putlibai sehr. Er wurde von dieser frommen und „heiligen“ Frau stark beeinflusst. Sie nahm nie eine Mahlzeit zu sich, ohne vorher ihre Gebete zu sprechen, und sie besuchte den Tempel jeden Tag. Sie war langes Fasten gewöhnt, und freiwillig abgegebene Gelübde hielt sie streng ein. Während der „Chaturmas“ – einer Fasten-Periode von vier Monaten während der Regenzeit – lebte sie von nur einer Mahlzeit am Tag. Und selbst während dieser Zeit unterzog sie sich den verschiedensten Gelübden. Manchmal gelobte sie, dass sie nur jeden zweiten Tag eine Mahlzeit zu sich nehmen würde. Ein andermal aß sie nur, wenn sie die Sonne gesehen hatte. Die Kinder warteten dann sehnsüchtig, dass sich die Sonne zwischen den Wolken zeigen würde, um dann zur Mutter zu rennen. Manchmal, wenn die Mutter die Sonne selbst sehen wollte, verschwand diese bereits wieder hinter den Wolken. Dann tröstete sie die Kinder und sagte: „Gott will nicht, dass ich heute esse“,[115] um sich gleich wieder mit größtem Gleichmut ihren Hausarbeiten zu widmen.

Einmal, während „Chaturmas“, gelobte Putlibai, erst zu essen, wenn sie das Girren des Koelvogels gehört habe. (Koel ist eine Art indischer Kuckuck, der bekannt ist für sein fröhliches Girren während der Regenzeit.) Gandhi liebte seine Mutter so sehr, dass er nicht wollte, dass sie eine Mahlzeit ausließ. So ging er eines Tages, als der Vogel zu lange auf sich warten ließ, hinaus und imitierte das Girren des Vogels. Danach rannte er ins Haus hinein und erzählte seiner Mutter, dass er den Koelvogel girren gehört habe und sie nun ihr Essen zu sich nehmen dürfe. Putlibai durchschaute aber ihren Sohn und, ihn bei der Hand haltend, gab sie ihm zwei heftige

Schläge. Sie ermahnte ihn, nie zu lügen, was immer auch geschehen möge. Diese einfache Handlung durch die Hand einer geliebten Mutter, die ein lebendiges Beispiel von klarer Prinzipientreue war, hinterließ bei Gandhi einen tiefen Eindruck. „WAHRHEIT wurde zu einem Grundstein seines Charakters.“[116]

Gandhi begann mit seinen Studien in der örtlichen Schule. Gemäß seinen eigenen Aussagen war er ein mittelmäßiger Schüler. Als scheuer und schweigsamer Junge hatte er nur wenig Kontakt mit seinen Schulkameraden. Kaum, dass die Schule aus war, rannte er nach Hause. Doch war er bereits in diesem jungen Alter ein Anhänger von Pünktlichkeit.

Eines Tages besuchte der britische Schulinspektor die Schule. Gandhi war zwölf Jahre alt. Der Inspektor verlangte von den Schülern, dass sie fünf englische Wörter schreiben sollten. Gandhi schrieb das Wort „kettle“ falsch. Der Lehrer, der durch die Reihen ging, sah den Fehler und versuchte verzweifelt, Gandhi aufzufordern, von der Tafel seines Nachbarn, der das Wort richtig geschrieben hatte, abzuschreiben. Gandhi weigerte sich. Später schalt ihn der Lehrer wegen seiner Dummheit, die das Klassenresultat verdarb, denn alle anderen hatten die Wörter richtig geschrieben. Gandhi hatte einen hohen Respekt vor seinem Lehrer, doch mogeln auf Geheiß des Lehrers war darin nicht enthalten. Dieses Erlebnis wurde zu einem weiteren Wahrzeichen im Leben Gandhis, dessen wir uns mit Freude erinnern wollen.

Im Alter von dreizehn Jahren wurde Gandhi den damals üblichen Bräuchen entsprechend verheiratet. In seinen Schriften hat er sich später gegen diese „grausame Sitte der Kinderehe“[117] ausgesprochen. Er glaubte, dass diese Sitte dem Wachsen der Inder im Wege stand, da es sie hinderte, ihr volles Potential zu erreichen.

Gandhi war sich seiner feigen Natur bewusst. Umso mehr beeindruckte ihn damals ein bekannter Spottvers, welcher in seiner Schule gesungen wurde:

„Sieh den gewalt'gen Englischmann,
Der macht dem kleinen Inder bang,
Nur weil er isst viel Fleisch und Soß',
Ist er mehr als fünf Ellen groß.“[118]

Die jungen Knaben aus Gujarat dachten, wenn alle Inder Fleisch essen würden, könnten sie die Briten aus dem Land vertreiben.

Gandhi wurde von einem Schulkameraden überredet, Fleisch zu essen. Ganz im Geheimen – denn in seiner Familie waren alle strenge Vegetarier – versuchte er es. Obwohl es ihm aber nicht gut bekam, machte er weiter, ein- oder zweimal jede Woche, im Sinne einer patriotischen Pflicht! Er fühlte sich jedoch sehr unwohl, weil er seinen Eltern nicht die Wahrheit sagen konnte. Schließlich gab er dieses Experiment auf, denn er konnte die Anspannung von Falschheit und Täuschung nicht länger aushalten.

Im Alter von ungefähr fünfzehn Jahren stahl Gandhi seinem älteren Bruder ein kleines Stückchen Gold von seiner Armbinde. Dies wurde zum Anlaß einer inneren moralischen Krise. Er wollte seinem Vater die Wahrheit erzählen, um sein Gewissen zu erleichtern. Er schrieb einen genauen Bericht und schloss mit der Versicherung, dass er nie mehr stehlen würde und dass er die Vergebung seines Vaters wünsche. Stillschweigend übergab er den Brief seinem auf dem Krankenlager liegenden Vater. Während Gandhi wie üblich die Füße seines Vaters massierte, damit dieser einschlafen konnte, las der alte Dewan den Brief, setzte sich im Bett auf und begann zu weinen. Gandhi saß neben ihm und weinte auch. Kein Wort wurde gesprochen. Es war nicht nötig. Tränen der Liebe sagten alles, was zu sagen war. Diese Begebenheit stärkte die moralische Ader Gandhis enorm. Wenige Monate später starb sein Vater im Jahre 1885.

Gandhi bestand zwar die Highschool-Prüfungen, konnte aber dennoch nicht auf ein College gehen. Dem Wunsch seines Vaters entsprechend sollte er Rechtsanwalt werden, um danach die Familientradition weiterzuführen und ebenfalls in die Dienste eines Fürsten treten. Dort sollte er sich dann hocharbeiten, um Leiter der Verwaltung in einem der kleinen Königreiche zu werden. Der damals kürzeste Weg, um Jurist zu werden, war ein dreijähriger Kurs in England. Gandhi wollte unbedingt diesen Weg einschlagen, doch gab es Hindernisse. Seine Mutter wollte ihren jüngsten Sohn nicht wegziehen lassen. Auch fehlte es ihm an Geld. In seinem Eifer dachte er zeitweise daran, die Schmuckgegenstände seiner Frau zu verpfänden. Schließlich konnte die Sache doch noch geregelt werden, als sein älterer Bruder – ebenfalls Jurist – sich bereit erklärte, Gandhi finanziell zu unterstützen. Nachdem der Familienguru Gandhi das Gelöbnis abnehmen konnte, „keinen Wein, keine Frauen und kein Fleisch anzurühren",[119] war auch seine Mutter bereit, ihn ziehen zu lassen. Doch da gab es noch ein letztes kleines Problem.

Als die Ältesten seiner Kaste in Bombay von Gandhis Absicht erfuhren, riefen sie ihn zu einer Zusammenkunft. Da sie fürchteten, dass Gandhi in England seinen religiösen Verpflichtungen nicht nachkommen könne, rieten sie ihm, seinen Plan aufzugeben. Gandhi weigerte sich. Von da an wurde er von den Ältesten geächtet und als Ausgestoßener betrachtet.

Gandhi kam 1888 als Neunzehnjähriger nach England und blieb zwei Jahre und acht Monate. Er studierte Jurisprudenz im „Inner Tempel“ – dem aristokratischsten der vier auf den Gerichtshof vorbereitenden Institutionen. Eine Zeitlang versuchte er, den englischen Gentleman „nachzuäffen“,[120] wie er sich später erinnerte. Er kleidete sich wie ein typischer Stadtmensch, versuchte tanzen zu lernen und besuchte Kurse in Rhetorik. Doch gab er dies alles wieder auf: Die kulturelle Barriere in Bezug auf die Form (nicht die des Inhaltes) war zu hoch, um sie zu überwinden. Später wurde seine Überzeugung, dass die Grundlage, die sich aus den Menschlichen Werten zusammensetzt, in allen Völkern die gleiche ist, immer wieder gestärkt – so auch als er das Amt des Sekretärs der vegetarischen Gesellschaft inne hatte.

Gandhi erkannte, dass es bei weitem wichtiger war, sich selbst zu meistern und zu transformieren, als es die äußerliche Erscheinung ist. Er blieb bei seinem der Mutter gegebenen Gelöbnis, Vegetarier zu bleiben. Er verzichtete auch auf alle Nahrung, welche Eier enthielt, denn seine Mutter betrachtete auch Eier als „Fleisch“. Zu seinem Wort zu stehen, erfüllte ihn mit großer innerer Freude und stärkte seine Willenskraft. Dies lehrte ihn, „dass der eigentliche Sitz des Geschmacks nicht die Zunge, sondern der Geist ist“.[121] Und Gandhi begann seinen lebenslangen Kampf um die Kontrolle des Geistes.

Das wohl Wichtigste aber, was Gandhi aus England mit nach Hause brachte, war die Bekanntschaft – zum erstenmal in seinem Leben – mit der Bhagavad Gītā, in der Übersetzung von Sir Edwin Arnold. Die Gītā enthält das Destillat des spirituellen Erbes Indiens, wie es in den Veden und den Upanishaden enthalten ist und mindestens 6000 Jahre zurückreicht. Die Gītā erklärt den Sinn des menschlichen Lebens und wie dieser erreicht werden kann. Selbstloses Handeln ist eine der wichtigsten Lehren der Gītā, die Gandhi sich sehr zu Herzen nahm. Viele Jahre später schrieb er über dieses Lehrbuch des Lebens, welches ihm gezeigt hatte, wie man gemäß den Menschlichen Werten leben kann, um das

Ziel des Lebens zu erreichen: „Wenn Zweifel mich quälen, wenn Enttäuschungen mir ins Gesicht starren und ich keinen Lichtstrahl am Horizont sehe, dann nehme ich die Bhagavad Gītā zur Hand und finde einen Vers, der mich tröstet. Und sogleich lächle ich inmitten der mich bedrückenden Sorgen."[122] Er las auch das Neue Testament und da vor allem die „Bergpredigt, welche mich sehr berührte".[123]

Dergestalt ausgerüstet mit den erhabendsten Idealen und Werten, die dem Menschen in seinem Lebenskampf beistehen, kehrte Gandhi als ausgebildeter Anwalt nach Indien zurück. Er eröffnete eine Praxis in Rajkot, welcher aber kein großer Erfolg beschieden war. Glücklicherweise wurde er bald danach von einem Händler aus Gujarat angeheuert, um für ihn in der britischen Kolonie Südafrika einen Gerichtsfall zu vertreten. Und es war dann in diesem Land, wo Gandhis eigentliche Transformation stattfand. Er war noch keine 24 Jahre alt, doch schon waren alle für eine Transformation notwendigen Tugenden bereits tief in ihm verwurzelt – Wahrheit, Willenskraft, Integrität und Glaube.

Für die von ihm vertretene Gerichtssache musste Gandhi einmal von Durban nach Pretoria reisen. Sein Auftraggeber kaufte ihm für die nächtliche Zugfahrt eine Fahrkarte der ersten Klasse. Unterwegs betrat ein Weißer das Abteil, in dem Gandhi saß. Als er Gandhi erblickte, verschwand er und kehrte mit einem Bahnschaffner zurück. Dieser forderte Gandhi auf, in das Abteil der dritten Klasse zu wechseln. Als Brauner hatte er selbst mit einem Erster-Klasse-Ticket kein Recht, im Abteil erster Klasse zu reisen. Gandhi weigerte sich. Bei der nächsten Station holten sie einen Polizisten, der Gandhi aus dem Abteil warf. Gandhi wollte nicht in der dritten Klasse weiterreisen und so verbrachte er die ganze Nacht vor Kälte zitternd im Wartesaal von Maritzburg. Sein Übermantel war im Gepäck, welches vom Polizeiposten verwahrt wurde – und Gandhi wollte nicht darum bitten. Am nächsten Morgen reiste er mit der Kutsche weiter nach Johannesburg, damit er den restlichen Weg nach Pretoria zu Ende führen konnte.

Es war in dieser Nacht im Wartesaal eines Bahnhofs, wo in Gandhi der Keim des sozialen Protestes gegen die Ungerechtigkeit gelegt wurde. Er achtete nicht auf den Ratschlag eines reichen indischen Händlers in Johannesburg, der ihm sagte: „Dieses Land ist nichts für Leute wie Sie. Um hier Geld machen zu können, stecken wir alle Beleidigungen ein. Und hier stehen wir."[124] Nachdem er die rechtliche Lage geklärt hatte beschloss Gandhi, in Zukunft nur noch erster Klasse zu fahren, denn Inder waren vom Gesetz nicht ausgeschlossen. Er spornte seine indischen Landsleute an, auf ihre Rechte als Bürger zu pochen. In dieser Nacht begann der Kampf – und er dauerte zwanzig Jahre. Aber es war ein Kampf ohne Hass. Gandhi entwickelte die Technik des passiven Widerstands und wandte sie konsequent an.

Ein Ereignis während dieses zwanzigjährigen Kampfes macht Gandhis weite, durch Handeln unterstützte Vision deutlich und soll hier in dieser äußerst kurzen Lebensbeschreibung der prägenden Jahre seiner ereignisreichen Jugend erwähnt werden. Der Burenkrieg wütete von 1889 bis 1902, als die holländisch sprechenden Buren sich gegen die britische Regierung erhoben. Die Sympathie der Inder in Südafrika, von denen die meisten als Arbeitskräfte für die weißen Farmer ins Land geholt worden waren, war auf der Seite der Buren. Sie hatten sich gut eingelebt und auch schon andere Berufe ergreifen können. Die Engländer mit den diskriminierenden Gesetzen gegen die Andersfarbigen wurden von den Indern nicht geliebt. Gandhi jedoch ermahnte sie, dass sie als Bürger einer britischen Kolonie die moralische Pflicht hätten, die Briten trotz der erlittenen Ungerechtigkeiten zu unterstützen. Er bildete das „Indian Ambulance Corps" und führte dieses auch an. Das Corps bestand aus 1100 in Afrika geborenen Hindus, Christen und Moslems. Oft waren sie im Zentrum der Kämpfe und pflegten die verwundeten Soldaten oder transportierten sie zum Lazarett. Der englische Herausgeber der „Pretoria Times" schrieb nach einem Frontbesuch: „In den frühen Morgenstunden (traf ich) Gandhi am Wegrand. Er aß einen Zwieback. Bullers Leute waren stumpf und niedergedrückt und fluchten auf alles (Buller war der britische General). Aber Gandhi war stoisch im Ertragen, heiter und voller Zuversicht in dem, was er sagte. Seine Augen waren voller Freundlichkeit ... Ich sah den Mann und seine kleine, undisziplinierte Abteilung auf manchem Schlachtfeld während des Nataler Feldzuges. Wo Hilfe notwendig war, waren sie gleich zur Stelle. Ihre bescheidene Furchtlosigkeit kostete manchen das Leben."[125]

Nach seinem ersten Aufenthalt in Südafrika kehrte Gandhi für eine kurze Zeit zurück nach Indien und eröffnete eine Anwaltspraxis in Bombay. Dieser Praxis wart ein sofortiger Erfolg beschieden. Dennoch verließ er auf das Drängen der südafrikanischen Gemeinschaft hin seine Praxis, welche ihm etwa 25.000 US Dollar pro Jahr einbrachte (nach heutigem Wert bemessen ca. eine Million Dollar).[126] Er reiste wieder nach Südafrika, um den Kampf seiner Landsleute anzuführen. Der Bericht über sein Leben ist voller Gerichtsverhandlungen, Gefängnisaufenthalten und Rückschlägen, der mit großer Achtsamkeit gelesen werden sollte. Schließlich kam es 1914 zum Sieg und dem von Smuts und Gandhi unterschriebenen Vertrag, welcher den Indern in weiten Teilen einen Status von einiger Würde und Ehre gab. Gandhi führte seinen gewaltlosen Kampf unter rigoroser Beachtung der Menschlichen Werte. Er selbst erklärt das so: „Es gehörte nicht zur Taktik der satyagraha, den Gegner zu vernichten, zu verletzen, zu demütigen oder zu verbittern, oder dadurch den Sieg zu gewinnen, dass man ihn schwächte. Sondern durch zivilen Ungehorsam, Hoffnung, Aufrichtigkeit, Ritterlichkeit und eigenes Leiden das Denken des Gegners zu überzeugen und sein Herz zu erobern."[127] Diese Haltung wird auch in einem Brief dokumentiert, den der damalige Premierminister Jan Smuts an Gandhi geschrieben hatte. „Sie haben uns in den Tagen der Not geholfen. Wie könnten wir uns jetzt an Ihnen vergreifen? ... Sie weigern sich, den Feind zu verletzen ... Sie wünschen sich einen Sieg durch Ihr eigenes Leiden, und Sie überschreiten niemals Ihre selbstauferlegten Grenzen der Höflichkeit und der Ritterlichkeit. Und dies ist es, was uns zu schierer Hilflosigkeit zwingt."[128] Smuts und Gandhi wurden zu lebenslangen Freunden.

Im Jahre 1915 kehrte Gandhi nach Indien zurück. Während der nächsten zweiunddreißig Jahre führte er den Kampf für Indiens Unabhängigkeit, bis dieser schließlich 1947 gewonnen wurde. Dieser Kampf wurde von Gandhi im festen Glauben daran, dass jeder Mensch seinem Wesen nach göttlich ist, angeführt: Demzufolge werden sich Wahrheit und Gerechtigkeit immer durchsetzen. Dies kann jedoch nur gelingen, wenn es möglich ist, den Gegner moralisch zu überzeugen, dass der Kampf nicht bedeutet, ihn zu verletzen oder zu demütigen. Sein Glaube an die innewohnende Kraft des Anstandes im britischen Charakter war so stark, dass er selbst die eingeschworensten Gegner der Inder, wie sie in einem Teil der „Upper-Class-Tories" zu finden waren, nicht als Feinde Indiens betrachtete. Im Gegenteil dachte er, dass diese Leute Gefangene ihrer eigenen Vorurteile des „wir" gegen die „anderen" innerhalb ihrer Klassengesellschaft waren, ebenso wie in ihrer bevormundenden Betrachtungsweise gegenüber den Kolonien. Gandhis Absicht war es, diese Leute zu einem vereinheitlichenden „wir" zu bekehren –

der Idee aus dem indischen Erbe, die Menschheit, ja das ganze Universum als EINES zu sehen.

Gleichzeitig war Gandhi auch überzeugt, dass die Engländer nur deshalb in Indien regieren konnten, weil die indische Gesellschaft selbst Schwächen entwickelt hatte. Noch in Südafrika schrieb er 1909 eine kleine Broschüre mit dem Titel „Indian Home Rule“ (Indische Selbstregierung). Mit diesem Buch unternahm er seinen Feldzug für die Beseitigung der Kaste der Unberührbaren, Einheit von Hindus und Moslems, Förderung der Heimarbeit-Spinnerei als Symbol des Aufschwungs in den Dörfern. Diese Themen waren ihm ebenso wichtig wie der politische Kampf für die Unabhängigkeit.

Er legte seine europäischen Kleider ab und kleidete sich wie ein indischer Dorfbewohner. Er führte ein spartanisches Leben. Er führte den Kampf für Indiens Unabhängigkeit ohne jegliche Dogmen. „Er war so bereit, sich überzeugen zu lassen, und er hatte einen derart großen moralischen Mut, dass er, wenn er einmal von der Fehlerhaftigkeit einer von ihm eingeführten Aktion überzeugt war, keinen Moment zögerte, sich zu korrigieren und seinen Fehler öffentlich einzugestehen.“[129] Er besaß diese seltene Kombination von Führungsfähigkeit und Beharrlichkeit, um ein Ziel zu erreichen, und einem flexiblen Geist, die Methoden zu ändern, wenn notwendig, um dorthin zu gelangen. Das detaillierte Studium dieses Unabhängigkeitskampfes verdeutlicht diese Fähigkeit zur Genüge. Allerdings mit einer äußerst wichtigen Eigenschaft:

> „Er erlaubte es sich nie, die falschen Mittel für ein gerechtes Ziel zu verwenden. Seine peinliche Genauigkeit in der Wahl der Mittel war so enorm, dass sogar das zu erreichende Ziel den gewählten Mitteln untergeordnet war. Er war der festen Überzeugung, dass auch ein gerechtes Ziel nicht mit falschen Mitteln errungen werden darf.“[130]

Gandhis Kampf um die Unabhängigkeit Indiens hatte seinen Höhepunkt während des Zweiten Weltkriegs. Zwei große Männer standen sich in dieser Endphase des Kampfes gegenüber: Gandhi und Churchill, dem ebenfalls eine kurze Lebensbeschreibung in diesem Kapitel gewidmet ist. „Churchill und Gandhi glichen einander darin, dass jeder sein Leben einer besonderen Sache widmete.“[131] Churchills einzige Leidenschaft im Leben war es, Britannien seine Stellung als erste Weltmacht zu erhalten. Doch was war das Britische Empire ohne dessen Kronjuwel Indien. Aus diesem Grunde war jegliches Geschwätz über Indiens Unabhängigkeit kein Thema für Churchill. Indien war sein blinder Fleck. Er war völlig davon überzeugt, dass eine durch die britische Aristokratie angeführte demokratische Welt in Frieden und Fülle leben könne und alle Völker vielfältige Chancen hätten. Gandhi auf der andern Seite widmete sich vollständig der indischen Unabhängigkeit. Doch seine Vision war erhabener. Er betrachtete die Menschheit als eine große Familie. Er war gegen jeglichen Faschismus und er wollte, dass ein freies Indien auf der Seite der Demokratien der Welt kämpfte. Er erklärte: „Ich will nicht, dass England geschlagen oder gedemütigt wird. ... Ich kann Indien und seine Freiheit nur dann intakt halten, wenn ich voll guten Willens gegen die ganze Menschheitsfamilie bin, und nicht nur für den Teil derselben, der das Fleckchen Erde bewohnt, das Indien heißt.“[132] Und genau hier sehen wir die Verbindung zwischen Gandhi, Churchill und Franklin, den drei in diesem Kapitel behandelten Biographien.

Etwa 150 Jahre vor Gandhi versuchte Benjamin Franklin mit einer ähnlich erhabenen Vision vergeblich die Britischen Minister zu überzeugen, den amerikanischen Kolonien die Selbstverwaltung zu gewähren. Dies führte zum amerikanischen Unabhängigkeitskrieg und zur Gründung der USA. Während des Zweiten Weltkriegs konnte Churchill die große Weisheit in Gandhis Ratschlag nicht erkennen. Leider verursacht Macht oft Kurzsichtigkeit, und Churchill widerstand hartnäckig den Ratschlägen des amerikanischen Präsidenten Franklin D. Roosevelt ebenso wie einiger seiner eigenen Ministerkollegen. Er beharrte auf der unbedingten Kapitulation Deutschlands und wollte Indien keine Unabhängigkeit gewähren. Churchill gewann zwar den Krieg, doch verlor er das Britische Empire. Aus den schrecklichen Erlebnissen des Krieges ging England als müdes und bankrottes Land hervor. Bei den ersten Wahlen nach dem Krieg wurden die Tories, Inbegriff der britischen Aristokratie und angeführt von Winston Churchill, entmachtet. Die an die Regierung gelangende Labour Partei gewährte Indien die Unabhängigkeit.

Aber dies war ein Sieg, der Gandhi keine Freude bereitete. Das Land wurde in zwei Teile geteilt, Pakistan und Indien. Gandhi war sich bewusst, dass eine kommunale Aufteilung des Landes alle verletzen würde, vor allem jedoch die Moslems. Doch leider blendete der Politpoker einiger englischer Tories die moslemische

Führung Indiens; hier galt das „divide et impera" – „teile und herrsche". Es scheint interessant festzustellen, dass die ersten Erörterungen über eine Teilung Indiens von einem unerschütterlichen Hinduführer Bhai Parmanand in dessen 1923 geschriebenen Buch vorgeschlagen wurden und von Lala Lajpat Rai in einer Serie von Zeitungsartikeln, welche 1924 für die Tribune geschrieben wurden.[133] Für Gandhi, der die Menschheit als eine Einheit ansah, wurde es zu einer schmerzlichen Erfahrung, mit ansehen zu müssen, wie sich das Konzept von Pakistan für den Moslemführer Jinnah, dem Gründer Pakistans, zu einer Obsession steigerte. Die nach der Teilung einsetzenden kommunalen Aufstände verletzten und schmerzten ihn unaufhörlich. So nahm er seine alte Aufgabe wieder auf: „Schmerzen lindern, Liebe verbreiten, alle Menschen zu Brüdern machen."[134]

Sein ganzes Leben lang widerstand Gandhi der Versuchung der Macht: Sein Ziel war zu SEIN und nicht zu HABEN. Gandhi bereicherte die Politik mit Ethik. Das Ziel der Menschheit stand ihm klar vor Augen: Einheit der Menschen. „Vielleicht bleibt ihm der Erfolg versagt", schrieb der indische Dichter und Nobelpreisträger Rabindranath Tagore von dem lebenden Gandhi. „Vielleicht gelingt es ihm ebensowenig wie Buddha und Christus, die Menschen von ihren Ungerechtigkeiten abzubringen, aber man wird immer an ihn denken als an einen Menschen, der für alle Zeiten aus seinem Leben eine Lehre machte."[135] Vor allem wird man sich an ihn erinnern, wenn die Menschheit das Ziel der Einheit erreicht hat, und wir sind nicht mehr weit davon entfernt.

Jeder junge Mensch, der einen wahren Sinn im Leben zu finden wünscht und der mit Freude, Frieden und einem Lächeln leben möchte, sollte Gandhis Lebensgeschichte studieren. Zunächst könnte man die Biographie von Louis Fischer „Das Leben des Mahatma Gandhi" lesen, danach Gandhis Autobiographie „Die Geschichte meiner Experimente mit der Wahrheit". Schließlich wären da noch die achtzehn Bände der gesammelten Werke Gandhis. Niemand, „der in den Lebensstrom Gandhis eintaucht, wie er sich in seinen Werken spiegelt, wird enttäuscht werden. Denn in diesem Strom liegt ein verdeckter Schatz vergraben, von dem jeder so viel mitnehmen kann, wie seine Fähigkeiten und sein Glaube ihn befähigen".[136]

SIR WINSTON CHURCHILL

Sir Winston Churchill gilt als eine der größten Führungsgestalten des 20. Jahrhunderts. Seine glänzendste Zeit erlebte er während des Zweiten Weltkrieges, als er als englischer Premierminister die Welt gegen die Tyrannei des Faschismus zusammenscharte und einen uneingeschränkten Sieg davontrug. Die wohl größte Errungenschaft neben der Vielzahl seiner Leistungen als Soldat, Schriftsteller und als Staatsmann war er selbst, Sir Winston! Wie das „schwierige Kind", das sich während der ganzen Schulzeit am unteren Ende der Leistungs-Skala befand, sich selbst transformierte, wird Jugendliche jeglichen Alters, ob Knabe oder Mädchen, gleichermaßen inspirieren.*

Sein Leben offenbart einen lauteren Charakter und die Wahrheit, dass „Großmut, eine Vorliebe für das Lesen und ein sprudelnder Sinn für Humor nicht im Gegensatz zu Entschlossenheit, Mut und einem hohen Ernst der Vision stehen".[137] Winston wurde am 30. November 1874 in eine führende aristokratische, politisch aktive Familie in England geboren. Zwei Eigenschaften seines Charakters ziehen sich als roter Faden durch sein ganzes Leben: überragendes Selbstvertrauen und hartnäckige Entschlossenheit.

Als Kind liebte er das Lernen überhaupt nicht. Als er im Alter von fünf Jahren „zum erstenmal mit Lernen bedroht (wurde)",[138] versteckte er sich bei der Ankunft seiner zukünftigen Hauslehrerin im Unterholz des Waldes, der zum weitläufigen Herrschaftssitz gehörte. Es dauerte viele Stunden, bis er entdeckt wurde. Er war unendlich betrübt, als er ein paar Monate später „in einen Sumpf absteigen musste, der Rechnen genannt wurde. ... Kaum hatte ich eine bestimmte Aufgabe lösen können, wurde ich mit einer noch schwierigeren konfrontiert."[139]

Im Alter von sieben Jahren wurde er in eine Internats-Schule geschickt. Er hasste sie. Zwar las er Bücher, die seinem Alter weit voraus waren, doch die regelmäßigen Studien, vor allem in Latein und Griechisch, langweilten ihn ganz schrecklich. Er wurde ernsthaft krank und musste langsam wieder gesund gepflegt werden.

* Die biographischen Angaben von Churchills Leben sind der deutschen Originalübersetzung der Osloer Nobelpreisausgabe seiner Autobiographie „Meine frühen Jahre" entnommen. (Anm. d. Übers.)

Danach konnte er eine andere Schule besuchen, die er etwas mehr schätzte.

Mit zwölf wurde er auf das renommierte Internat von Harrow geschickt. Spielend gelang es ihm während der ganzen Schulzeit, seine Position am untern Ende der Klasse zu halten! Eines Tages erkundigte sich sein Vater, ob er denn gerne in die Armee eintreten würde. In der Meinung, sein alter Herr hätte in ihm eine besondere Begabung für das Militär ausgemacht, sagte er spontan zu. Viele Jahre später erfuhr er, dass sein Vater lediglich zur Überzeugung gekommen war, dass sein Sohn „zum juristischen Studium nicht begabt genug“[140] sei.

In der Schule zeichnete er sich nur im Fechten, in Poesie und im Schreiben aus. Die übrigen Fächer langweilten ihn bis zur Gleichgültigkeit. Er freute sich aber riesig, wenn ein Gastredner über Vorkommnisse und wichtige Angelegenheiten des wirklichen Lebens Vorträge hielt. Einmal sprach ein solcher Gastredner über „Imperialistische Föderation“ und meinte damit die Entwicklung des „British Commonwealth“. Der Redner bezog sich auf die berühmte Aussage von Lord Nelson am Vorabend der Seeschlacht von Trafalgar. „England erwartet von jedem, dass er seine Pflicht tue – durch alle Ränge hindurch“. Der Redner fuhr fort, seine Vorstellungen darzulegen: „Wenn wir und unsere Kolonien zusammengehalten werden, wird der Tag kommen, da dieses Signal nicht nur von einer Reihe Kriegsschiffen, sondern von einer Reihe Nationen gehört wird.“[141]. Dies war für Churchill die Vision für Englands Rolle in der Welt, wie er sie wahrnahm. Diese Vision blieb ihm sein ganzes Leben lang.

Während er in Harrow war, fiel Churchill zweimal durch die Eintrittsprüfung für die Offiziersausbildung in der Militär-Akademie. Mit Hilfe eines privaten „Lerninstituts“ schaffte er es dann, eine dritte Prüfung knapp zu bestehen.

Im März 1895, kurz vor seinem 21. Geburtstag, wurde Churchill zum Offizier eines Kavallerie-Regiments ernannt. Während dieser Zeit starb sein Vater. Churchill hatte seine Mutter immer sehr gern, doch der Tod seines Vaters brachte die beiden noch näher zusammen. Sie nutzte alle ihre Kontakte zu hohen politischen Kreisen, um ihrem Sohn während dieser Zeit so viel zu helfen, wie es in ihrer Macht stand.

Ein Jahr später zog Churchill mit dem Vierten Husarenregiment nach Bangalore in Indien. Hier regte sich in ihm ein ungeheurer

Wunsch zu lernen. Fragen wie: „Was bedeutet Ethik, und wer war Aristoteles?“ „Wer war Sokrates, und warum wurde er von der Regierung zum Tode verurteilt?“ begannen in ihm wach zu werden. Vor etwa hundert Jahren hatte Bangalore weder die umfangreichen Bildungseinrichtungen noch die gut ausgestatteten Büchereien von heute. Deshalb schrieb er an seine Mutter, die ihm prompt und pflichtbewusst die Bücher schickte, um die er sie gebeten hatte. In den folgenden Jahren las er jeden Tag vier bis fünf Stunden lang. Er verschlang Klassiker wie die acht Bände von Gibbons „Niedergang und Sturz des römischen Reichs“, Platos „Staat“, die Staatslehre des Aristoteles in der Ausgabe von Welldon, Schopenhauers Lehre über Pessimismus, die Bevölkerungslehre von Malthus und Darwins „Entstehung der Arten“. Ohne Lehrer entwickelte er sich durch Lesen, Reflektieren, Hinterfragen und Analysieren dieser und anderer großer Literatur weiter. Aus Bartletts „Gebräuchliche Zitate“ begann er viele Sprüche auswendig zu lernen, denn sie „sind gute Leitsterne des Denkens. Überdies regen sie an, den betreffenden Autor zu lesen und mehr von ihm zu erfahren.“[142]

Dieses viele Lesen führte ihn zu Reflexionen über Religion und Glaube. Er lehnte die mit Logik und Verstand argumentierenden Ansichten von Wissenschaftlern als dumm ab, dass „nichts wahr sein kann, was wir nicht verstehen“.[143] Sein Glaube an einen Höchsten Schöpfer wankte niemals. Im Gegenteil, er wurde zusehends stärker, wie es bei allen Soldaten vorkommt, wenn sie in feindliches Feuer geraten und überleben! Er betete während seines ganzen Lebens zum Schöpfer und ausnahmslos „erhielt ich, um was ich bat“.[144] Im Verlauf der Jahre erkannte er, dass wahrer Glaube darin bestand, dass „man sein Möglichstes tat, um ein ordentliches Leben zu führen, seine Pflicht erfüllte, seinen Freunden Treue bewahrte und nicht unfreundlich war zu den Armen und Schwachen“.[145] Sein Glaube war die Quelle seines Selbstvertrauens.

Instinktiv erkannte er, dass er sein Lesen mit persönlicher Erfahrung bereichern sollte. In seinem Berufsfeld war die wirkliche Kampferfahrung der größte Lehrmeister – nicht nur zum Erlernen der Kriegskunst, sondern zum Verständnis der wahren Natur der Menschen und für das Erlernen des richtigen Umgangs mit ihnen. Mit Hilfe der guten Kontakte seiner Mutter konnte er früh schon an aktiven Operationen, u.a. in Kuba, in den Kämpfen gegen die Pathan-Stämme in Malakand (Indien) und in der letzten Schlacht um Khartoum im Sudan teilnehmen. Während dieser Beurlaubungen von seinem angestammten Regiment schrieb er für verschiedene Zeitungen und wurde als kompetenter Kriegsberichterstatter gerühmt.

Diese Erfolge seiner journalistischen Tätigkeit brachten ihn dazu, seine Kriegserfahrungen in zwei Büchern festzuhalten: „Die Malakand-Expedition“ und „Der Flusskrieg“ über den Sudankrieg. Er verbrachte viele Stunden mit Schreiben und neu Schreiben der Kapitel seiner Bücher. „Die drei oder vier Mittagsstunden des Tages, sonst meist dem Schlaf oder Kartenspiel gewidmet, sahen mich fleißig an der Arbeit.“[146]

Sein erstes Buch wurde ein unmittelbarer Erfolg. Churchill wurde für den Inhalt des Buches wie auch für seinen Schreibstil gelobt. Kommentare wie „Weisheit und Verständnis weit über sein Alter“ erfüllten ihn mit großer Freude – im Gegensatz zu den Kommentaren, die er aus seiner Schulzeit kannte, wie „gleichgültig“, „unordentlich“, „nachlässig“, „schlecht“ oder „sehr schlecht“. Selbst der Premierminister nahm Kenntnis von diesem Buch und lud Churchill zu einem Gespräch ein, um sich aus erster Hand über die Lage im Nordwesten Indiens ein Bild machen zu können.

Churchill spielte viel und gern Polo. Dieses Spiel trug in vieler Hinsicht dazu bei, sein Führungspotential zu fördern. „Polo ist die Königin der Spiele, denn es vereint den ganzen Reiz des Ballschlagens – die Grundlage so vieler Sportspiele – mit allen Freuden einer hohen Reitkunst; und zu beiden kommt noch jene aufs feinste ineinandergreifende und jeden Sonderehrgeiz aufhebende Mannschaftsarbeit, die das Wesen von Fußball und Baseball ist und die ein richtiges Zusammenspiel der Einzelleistung des Individuums so unendlich weit überlegen macht.“[147]

Nach etwa vierjährigem Dienst nahm er seinen Abschied von der Armee. Die Entlohnung war nicht ausreichend, den Lebensstil eines Kavallerie-Offiziers zu ermöglichen, und Churchill wollte unter keinen Umständen seiner verwitweten Mutter zur Last fallen. Er erkannte, dass er mit dem Schreiben von Zeitungsartikeln und Büchern viel mehr verdienen konnte.

Nach England zurückgekehrt, wurde er gleich von der Konservativen Partei für eine Nachwahl ins Parlament nominiert – doch er verlor. Etwa zu dieser Zeit begannen sich Kriegswolken über Südafrika zusammenzuballen. Von der „Morning Post“ erhielt er einen gutbezahlten Auftrag, als Kriegsberichterstatter nach Südafrika zu gehen. Er nahm dieses Angebot bereitwillig an und machte sich unverzüglich mit einem Nachschubschiff nach Südafrika auf den Weg.

Beim Versuch in vorderster Linie dabei zu sein, wurde er von den Buren gefangen genommen. Innerhalb eines Monats aber gelang ihm die Flucht und er irrte zwei Tage lang in feindlichem Gebiet umher, bis er hungrig, erschöpft und entmutigt mit innigstem Gebet seinen Schöpfer um Hilfe und Führung bat. Wieder begann er zu laufen. Fast betäubt näherte er sich einem schwach erleuchteten Haus inmitten einer weiten Ebene – er brauchte dringend etwas zu essen und Ruhe. Doch was würde geschehen, wenn das große Haus einem Buren gehören würde? Er wäre ohne Verzug wieder ins Gefangenenlager zurückgeschickt worden. Instinktiv wischte er diese Gedanken weg und klopfte an die Tür. Zu seiner großen Erleichterung entdeckte er, dass der Besitzer des Hauses ein Engländer war, ein britischer Siedler in Südafrika, Direktor eines Kohlenbergwerks. Die Vorsehung war Churchill eine gute Führung! Er musste sich zwei Tage in einem Stollen verstecken (denn er wurde landesweit ausgeschrieben und gesucht), bevor er von seinem Landsmann unter einer Wollenlieferung in einem Zug versteckt in dreitägiger Fahrt ins portugiesisch besetzte „freie" Ausland herausgeschmuggelt wurde. Die Geschichte seiner Flucht machte ihn zu einer Art Helden, und er wurde entsprechend gefeiert.

Nachdem sich die Lage in Südafrika wieder etwas stabilisiert hatte und sich die Engländer von den anfänglichen schweren Niederlagen gegen die Buren erholt hatten, kehrte Churchill zurück nach England. In den bald darauf stattfindenden Neuwahlen wurde er ins Parlament gewählt. Damit begann seine lange und glänzende Karriere in der Politik. Während des Ersten Weltkriegs hielt er wichtige Ministerposten inne und wurde während des Zweiten Weltkriegs zum Premierminister ernannt.

Die Vision von Großbritannien als Dreh- und Angelpunkt einer geeinten Welt – eine Vision, die Churchill schon als Schuljunge entwickelte – blieb ihm sein ganzes politisches Leben lang erhalten. Für ihn war politische Macht wie ein Gedicht. Eben diese Vision machte ihn auch zum entschiedenen Gegner jeglicher Unabhängigkeitsgelüste der Kolonien – vor allem jenen der größten Kolonie: Indien, dem Kronjuwel des Britischen Empire. Es war diese Vision, die ihn gegen Mahatma Gandhi aufbrachte, den Vater der indischen Unabhängigkeitsbewegung. Noch im November 1942, während er als Premierminister mit dem Zweiten Weltkrieg beschäftigt war, lehnte er jegliche Vorschläge ab, wenigstens nach dem Krieg eine Unabhängigkeit für Indien in Aussicht zu stellen. Seine Einstellung fasste er mit dem berühmten Ausspruch zusammen: „Ich bin nicht der Erste Minister Seiner Majestät geworden, um bei der Liquidierung des Britischen Empire den Vorsitz zu führen.“[148] Er ähnelte darin seinen Vorgängern, die 150 Jahre früher den amerikanischen Kolonien auch keine Selbständigkeit gewähren wollten und damit die Chance vertan hatten, Amerika dauerhaft mit England zu verbinden. Seine Politik verhinderte eine ebensolche Verbindung mit Indien. Als Produkt des konservativen Viktorianischen Zeitalters konnte Churchill sich nicht über die Vision einer unter britisch-aristokratischer Oberherrschaft zusammengewachsenen Welt englisch sprechender Völker hinaus erheben.

Frieden, Gleichberechtigung und Fülle für alle – das war Churchills Vision einer Welt, angeführt jedoch von der britischen Aristokratie. Diese Haltung wurde selbst vom eigenen Volk nicht unterstützt, und seine Partei wurde kurz nach dem Zweiten Weltkrieg abgewählt. Als leidenschaftlicher Verfechter der englischen Sprache hoffte er, dass sie eines Tages eine kleine Rolle spielen würde bei der „Einheit der ganzen Welt“.[149] Dieses ist heute tatsächlich der Fall. Er legte das Fundament für seine herausragenden Führungseigenschaften, indem er durch seine beharrliche Willenskraft viele Stunden lang arbeitete, während seine Kollegen schliefen oder ihre Zeit anderweitig vergeudeten. Sein Rat an die Jugend ist laut und deutlich:

> „Nicht eine Stunde habt ihr zu verlieren! Ihr müßt euren Platz in der Kampffront des Daseins einnehmen. Zwanzig bis Fünfundzwanzig – das sind die rechten Jahre! Begnügt euch nicht damit, die Dinge hinzunehmen, wie sie sind. ‚Euer ist die Erde mit all ihrer Fülle’. Tretet die Erbschaft an, nehmt die Verantwortung auf euch! ... Akzeptiert niemals ein Nein als Antwort. Unterwerft euch nie dem Misslingen. Laßt euch nicht abspeisen mit Erfolg oder Anerkennung für eure Person allein. Ihr werdet Irrtümer aller Art begehen; aber solange ihr großmütig und wahrhaftig bleibt, werdet ihr die Welt nicht schädigen noch sie je ernstlich gefährden. Sie wurde geschaffen, auf dass die Jugend sie begehre und sie gewinne.“[150]

Die Lebensgeschichte Sir Winston Churchills wird jeden, der einem höheren Ideal nacheifert, zu großen Anstrengungen begeistern. Zunächst sollte man sein Buch „Meine frühen Jahre" lesen. Danach empfehlen sich ganz besonders die beiden Bücher „Die Geschichte der englisch sprechenden Völker" und „Die Geschichte des Zweiten Weltkriegs". Wenn man diese Bücher noch vor dem zwanzigsten Lebensjahr lesen kann, öffnen sich einem ungeahnte, weite Horizonte.

Bemerkungen für Lehrer

Eine der herausfordernsten Aufgaben eines Lehrer ist es, junge Menschen dazu anzuhalten, beharrlich zu bleiben bei ihren Bemühungen zur Transformation ihres Charakters. Nichts ist so erfolgreich wie der Erfolg. Deshalb liegt das Geheimnis des Erfolges bei dieser schwierigen Aufgabe darin, am Anfang mit größter Sorgfalt die richtigen Ziele auszuwählen. Wie wir im siebten Kapitel gezeigt haben, sollte der Aspirant dahingehend geführt werden, dass er das erste Ziel zur Transformation seines Charakters wohlbedacht und besonnen wählt. Es sollte für den Anfang nicht zu schwierig sein, das Ziel zu erreichen. Ein errungener Sieg löst normalerweise einen Impuls aus, in dem stetig mehr Kraft gesammelt wird.

Das Lesen der Biographien von Benjamin Franklin, Mahatma Gandhi und Winston Churchill vollbringt bei den meisten jungen Menschen wahre Wunder. Das zwanglose Diskutieren dieser und anderer Lebensgeschichten bedeutender Menschen in kleinen Gruppen beim Lehrer zu Hause kann sehr förderlich sein. Diese Methode sollte wenn möglich angewandt werden.

9
Die Rolle der Eltern und Lehrer bei der Aufgabe, Führungspersönlichkeiten vorzubereiten

Eltern und Lehrer in allen Teilen der Welt haben schon immer eine entscheidende Rolle gespielt, wenn es darum ging, die Qualitäten der Menschen zu steigern. Zivilisationen erreichen den Höhepunkt ihres Goldenen Zeitalters, wenn Eltern ihrer fundamentalen Pflicht nachkommen und ihre Kinder zu idealen Männern und Frauen vorbereiten, und wenn die Lehrer der edlen Aufgabe ihres Berufes würdig sind. Dies geschieht, wenn sich sowohl Eltern als auch Lehrer bewusst sind, dass „das Ideal aller Erziehung, allen Trainings dieses ‚den Menschen-Machen'"[151] ist. Während einer langen Zeit jedoch – und vor allem während dieses Jahrhunderts der industriellen Wirtschaftslehren – lassen wir uns von äußerem Flitterwerk blenden und verführen. Doch welchen Nutzen hat das täuschende äußere Flitterwerk, wenn es im Innern nichts Dauerhaftes gibt? Das letzte Ziel aller Schulung ist es, den Menschen wachsen zu lassen. „Der Mensch, der beeinflusst, der seine Magie gleichsam auf seine Mitmenschen überträgt, ist eine kraftvolle Macht."[152] Wenn die Völker Führungspersönlichkeiten mit solchen Anlagen und einem starken, ausgeglichenen SEIN haben, dann erleben die Familien, Institutionen, Gemeinschaften und Völker eine Ahnung von dauerhafter Vorzüglichkeit. Um solche Männer und Frauen heranzubilden, müssen die Eltern und die Lehrer sicherstellen, dass

> „die Kinder in einer Atmosphäre von Achtung, Hingabe, gegenseitigem Dienst und Zusammenarbeit aufwachsen. Heute lernen sie nur Maximen aus kopierten Büchern, ohne aufrichtigen Wunsch, das Gelernte in die Praxis umzusetzen. Eltern trinken, spielen, erregen Anstoß bei andern und verbreiten offensichtliche Lügen in Gegenwart der zarten Blumen. Sät keinen Hass und keine Verachtung gegenüber irgendeiner

Kaste oder Rasse, einem Glauben oder einem Kult in den jungfräulichen Geist dieser frischen Blüten. Zuerst die Eltern, dann die Lehrer, später die Spielkameraden und Kollegen, dann die Älteren, die Verantwortung in der Kommune oder der Region haben, sie alle müssen wachsam sein und sich jederzeit einer Selbstprüfung unterziehen, ob sie geeignete Vorbilder für die Kinder dieses Landes sind."[153]

Es ist wichtig, sich an das letzte Ziel der fortschreitenden Entwicklung des Menschen zu erinnern. Maslow (1908-1972, Vater der humanistischen Psychologie, welche im Gegensatz zur Psychoanalyse mehr die gut angepassten statt die schlecht angepassten Menschen für das Verständnis der menschlichen Natur heranzieht) erklärt das Wachstum des Menschen mit seiner „Hierarchie der Bedürfnisse" – wie im sechsten Kapitel erläutert. Erst in seinen letzten Lebensjahren jedoch kam er zur Überzeugung, dass des Menschen höchste Bedürfnisse spiritueller Natur sind. Diese Bedürfnisse sind es, welche – wenn sie erfüllt werden – dem Menschen anhaltendes Glück geben. Eltern und Lehrer müssen ihre Schützlinge auf den spirituellen Pfad führen. Das Erfolgsgeheimnis zur Erfüllung dieser Bedürfnisse ist: „Beginne frühzeitig, fahre langsam und erreiche das Ziel sicher."[154] Die spirituelle Grundlage, welche auf den universellen Menschlichen Werten von Wahrheit, Rechtschaffenheit, Liebe, Ausgeglichenheit und Gewaltlosigkeit beruht, sollte den Kindern so früh wie möglich vermittelt werden.

Zuallererst müssen die Kinder zu Charaktermenschen erzogen werden. Es gibt keinen anderen Weg Kinder zu formen, als durch das Vorbild der Eltern und Lehrer. Deshalb haben diese beiden zunächst die wichtigste Verpflichtung bei dieser Herausforderung, sich selber zu prüfen, ob sie der Nachahmung würdig sind. Sollte dies nicht der Fall sein, kann ihr einzig echter Beitrag zur Erziehung der Kinder nur darin bestehen, sich selbst zuerst zu transformieren. Der Einfachheit halber wollen wir nochmals die früher bereits gegebene Beschreibung eines Charaktermenschen wiedergeben. Ein solcher Mensch ist:

„Ein ehrlicher Mensch;
ein Mensch mit einem Bewusstsein für die Pflicht und die Verantwortung seiner Position;
ein Mensch, der die Wahrheit sagt;

ein Mensch, der anderen das ihnen Zustehende gibt;
ein Mensch voller Rücksicht den Schwachen gegenüber;
ein Mensch mit Grundsätzen, zu denen er steht;
ein Mensch, den Glück nicht zu überschwenglich macht und
den Schicksalsschläge nicht zu sehr bedrücken;
ein Mensch, der treu ist;
ein Mensch, dem man vertrauen kann.“[155]

Es darf im Denken der Eltern und Lehrer keine Vorbehalte geben bezüglich ihrer Fähigkeiten, ihren eigenen Charakter transformieren zu können. Es ist das Recht jedes menschlichen Wesens. Alles, was man zum Erreichen dieses Zieles braucht, ist eine aufrichtige und beharrliche Anstrengung. Die Belohnung ist groß – mit einem dauerhaften, persönlichen Glücksgefühl als dem wohl bedeutendsten Gewinn, wie wir im 7. Kapitel erläutert haben.

Die Rolle der Eltern

„Die Erde ist ein Stück gewöhnlichen Bodens, auf welchem wir verschiedene Arten von Bäumen pflanzen. Säen wir den Samen eines Paternosterbaumes (ein Baum mit bitteren Blättern und Samen), so wird natürlicherweise ein Paternosterbaum daraus entstehen. Säen wir aber einen Mangosamen, wird ein Mangobaum daraus erwachsen. Eine Mutter ist wie die Erde. Wenn wir Kinder zeugen, so wirkt das Verhalten der Eltern wie die Samen, welche wir säen.“[156] – Diese Äußerung fasst die Rolle der Eltern beim Aufziehen von Kindern zusammen.

Die Mutter ist die wichtigste Person für die Bildung des Charakters ihrer Kinder. Deshalb wird die Mutter auf der ganzen Welt verehrt. In Indien wird eine Mutter mit Gott in Verbindung gebracht. „Da Gott nicht überall sein konnte, hat er die Mütter geschaffen.“[157] Es ist eine geschichtliche Tatsache, dass der Charakter jeder herausragenden Führungspersönlichkeit von deren Mutter geformt wurde.

Im achten Kapitel konnten wir sehen, welch enormen Einfluss die Mütter auf den Charakter und die Entwicklung eines Mahatma Gandhi oder eines Winston Churchill in deren frühen und prägenden Jahren hatten.

Nicht nur im Aufziehen der Kinder liegt die Aufgabe einer

Mutter. Ihr Beitrag zum Aufbau einer ganzen Nation wird einleuchtend in den folgenden Worten beschrieben:

> „Mutterschaft ist das wertvollste Geschenk Gottes. Die Mütter sind die Erbauer des Glücks oder des Unglücks einer Nation. Sie sind verantwortlich für die Formung und den Lebensnerv der Seele. Dieser Lebensnerv der Seele wird gestärkt durch die Lektionen ‚Furcht vor der Sünde' und ‚Liebe für die Tugenden'. Beide haben ihre Grundlage im Glauben an Gott als inneren Motivator für alles. Wenn ihr den Entwicklungsstand einer Nation kennen lernen wollt, dann studiert die Mütter. Sind sie frei von Angst und Furcht; sind sie voller Liebe für alles? Sind sie in der Seelenstärke und in der Tugend gut ausgebildet? Wenn ihr euch die Herrlichkeit einer Kultur geistig einverleiben wollt, dann beobachtet die Mütter, wie sie ihre Säuglinge wiegen, stillen, pflegen, lehren und liebkosen. Wie die Mutter, so der Fortschritt einer Nation; wie die Mutter, so die Reinheit der Kultur."[158]

Im zyklischen Aufstieg und Fall der über 6000-jährigen Geschichte der indischen Kultur gibt es eine wichtige Lektion über die Rolle der Mütter. In der wahren indischen Kultur hatte eine Mutter ihren Platz noch über der Gottheit. Im letzten Jahrtausend jedoch geht der Fall unserer indischen Kultur Hand in Hand mit dem Verlust des Status unserer Frauen und Mütter.

Im Verlaufe einiger Jahrhunderte wurde die indische Frau langsam vom erhabenen Sockel der Mutterschaft und der Verehrung verdrängt. Dies geschieht in den meisten prosperierenden Kulturen, wenn die Menschen von materiellem Reichtum und den sinnlichen Vergnügungen besessen sind und anfangen, im Luxus zu schwelgen. Eine Frau wird dann zum Objekt der Begierde anstelle der Verehrung.

Glücklicherweise überlebte die Tradition der Verehrung der Mütter im ländlichen Indien – und dies wird diese alte Kultur wieder zu einer Ära der Herrlichkeit und des Wohlstands führen. Wir werden dies am Beispiel einer ländlichen Mutter sehen, die ihren Sohn zu einem Star der indischen „Renaissance" erzogen hat. Doch zuerst wollen wir noch über die Worte von der Bedeutung der Mutterschaft in der Geschichte der Menschheit von Toynbee – dem berühmten Historiker und Philosophen – nachdenken. „Die

Mutter (ist) in der häuslichen Umgebung als Erzieherin ihrer Kinder in den ersten Lebensjahren, in denen Charakter und Temperament geformt werden, nicht zu ersetzen. Ein Teil der Persönlichkeit des Kindes wird vermutlich von den Genen bestimmt. ... Doch der Charakter bildet sich durch die Wechselwirkung zwischen dem Erbteil eines Menschen und seiner Reaktion auf seine Umwelt, und man scheint sich darin einig zu sein, dass der Charakter zwar auf allen Lebensstufen modifiziert werden kann, die entscheidende Entwicklung jedoch in den ersten fünf Lebensjahren erfolgt, und dass in diesem formativen Stadium die wichtigste Umweltwirkung der erzieherische Einfluss der Mutter ist... ."[159] Die Menschen, welche auf diese Mutterliebe verzichten mussten, behalten tiefe Narben in ihrem Charakter, ihr ganzes Leben lang. Doch jetzt wollen wir uns das Beispiel dieser indischen Mutter vom Lande anhören.

Im Dorf Birsingha, nahe bei Kalkutta, lebte eine große Brahmanenfamilie in größter Armut. Der älteste Sohn musste bereits mit fünfzehn Jahren und nur wenig Schulbildung nach Kalkutta ziehen, um Geld zu verdienen, das er seiner Familie nach Hause schicken musste. Mit achtzehn Jahren wurde er verheiratet und bekam einen Sohn. Dieser junge Bursche wurde während seiner ersten acht Jahre von der Mutter auf dem Dorf erzogen.

Diese junge Mutter, ausgestattet mit Weisheit und Tugend, begann ihren Sohn mit Liebe, zarter Sorgfalt und Disziplin zu erziehen. Im Alter von fünf Jahren durfte er die notdürftig eingerichtete Privatschule des Dorfes besuchen. Seine Mutter interessierte sich sehr für den Fortgang der Lektionen. Sie legte aber großen Wert darauf, dass der Junge nicht nur für weltliches Wissen lernen, sondern dass er sich auch spirituelle Einsichten des Lebens aneignen solle. Das Praktizieren der Menschlichen Werte war ihr bei weitem wichtiger als das Befolgen irgendwelcher Dogmen oder Riten. Das weltliche Wissen war wichtig, um sich einen Lebensunterhalt zu verdienen, und der Junge sollte nie zu einem Parasiten der Gesellschaft werden. Vor allem überzeugte sie ihn, dass die sinnlichen Vergnügungen der Welt nicht wichtig seien und dass nur Narren sich auf diesen Weg begäben.

In selbstloser Liebe sorgte die Mutter dafür, dass der Sohn im Alter von acht Jahren zu seinem Vater nach Kalkutta geschickt wurde, um dort weiterführende Schulen besuchen zu können. Sie war zufrieden, wenn sie den Sohn während der Ferienzeit sehen konnte, wenn er mit seinem Vater zusammen zu Fuß in ihr Dorf kam. Der Junge tat sich in seinen Studien hervor, wurde erwachsen, bekam eine Arbeit und begann mit Hingabe und Aufrichtigkeit zu arbeiten.

Eines Tages, als der Sohn wieder einmal zu Hause im Dorfe war, sah er, wie seine Mutter sich auf das Jahrmarktsfest vorbereitete. Es war damals Brauch, dass sich die Frauen zu diesem Fest mit ihren schönsten Saris bekleideten und dazu Schmuck trugen. Seine Mutter jedoch besaß keinen Schmuck. Da wollte der Sohn ihr einige Schmucksachen kaufen. Die Mutter aber lehnte liebevoll ab. Sie sagte: „Ich hätte gerne drei Schmuckstücke, doch werde ich mir diese später von dir wünschen."

Wieder vergingen ein paar Jahre. Dank seines guten Charakters, seines Fleißes und seiner Tüchtigkeit wurde der junge Mann befördert. Er fühlte, dass dies die richtige Gelegenheit sei, die drei Schmuckstücke, von denen seine Mutter gesprochen hatte, zu kaufen. Doch versuchte er vergeblich, seine Mutter dazu zu bewegen, ihm die Namen der drei Schmuckstücke zu nennen. Sie lehnte wieder ab. „Noch nicht", sagte sie, „später werde ich mir diese drei Schmuckstücke von dir wünschen."

Die Zeit verging. Der Junge wurde zum Chef des Unternehmens, in welchem er arbeitete. Ebenso florierte eine von ihm aufgebaute Druckerei und ein Verlagshaus. Wieder brachte er das Gespräch auf die drei Schmuckstücke. Diesmal ließ sich die Mutter erweichen. Sie sagte, dass sie nicht mehr in dem Alter sei, in welchem man Schmuck trage. Die Juwelen, die sie sich wünsche, seien von anderer Art. Langsam benannte sie die drei Schmuckstücke, welche sie sich von ihrem Sohn wünschte:

- „Unser Dorf hat keine eigene Grundschule für kleine Kinder. Diese müssen über drei Kilometer zu Fuß gehen, um die nächstgelegene Schule zu erreichen. Sorge dafür, dass in unserem Dorf eine kleine Schule eingerichtet wird.
- Es gibt in unserem Dorf keine medizinischen Einrichtungen. Wenn unsere Frauen und Kinder krank werden, haben sie eine schwierige Zeit. Baue in unserem Dorf eine kleine Apotheke.
- Das dritte Schmuckstück, das ich von dir wünsche, ist dein Betragen. Dieses sollte immer meines Namens würdig sein. Lasse dich nie vom Geld verlocken."

Welch eine erhabene Frau sie gewesen sein muss! Kein Wunder, dass ihr Sohn Ishvara Chandra Vidyasagara wurde – der Größte der indischen Renaissance im 19. Jahrhundert.

Der Name Vidyāsagara – „Ozean der Weisheit" – wurde ihm als Titel für seine hervorragenden akademischen Leistungen von seinem College verliehen. Von den großen Führungsgestalten und Reformern des 19. Jahrhunderts, die Indiens Renaissance maßgeblich gefördert haben, galt Ishvara Chandra zu Recht als der „Erste unter uns".[160] Er wurde gelobt als einer, der „den Genius und die Erkenntnis eines Weisen aus dem Altertum, die Energie eines ‚Englishman' und das Herz einer bengalischen Mutter"[161] besitzt. Er focht den Kampf für ein modernes Erziehungswesen, für die Wiederverheiratung von Witwen und gegen die Polygamie. Vor allem aber praktizierte er die Menschlichen Werte. Diese wurden zu seiner stillen Überzeugungskunst, um die Leute von der Religion zur Spiritualität zu führen. Sein Charakter war beredter als alle Worte von Predigern.

Heutige Untersuchungen über die Bedeutung der Mutter für die Charakterbildung eines jungen Menschen kommen zu interessanten Ergebnissen. Der Bildungsprozess beginnt bereits im Mutterleib. Was immer die Mutter tut, wie sie sich fühlt, was sie isst – alles hat einen tiefgreifenden Einfluss auf das Kind. Die ausgeglichensten, gut angepassten und warmherzigsten Menschen sind oft solche, die während der ersten zwei Jahre praktisch unzertrennlich mit ihrer Mutter zusammen waren. Kinder aus Länder und Regionen, wo die Kleinkinder während der ersten sechs Monate ununterbrochen auf dem Rücken der Mutter getragen werden – selbst während der Verrichtung der täglichen Hausarbeiten –, wachsen zu glücklichen Erwachsene heran, auch wenn sie Unglück oder Elend erleben.

Ein weiterer Aspekt der Bedeutung der Mutter für die Charakterbildung des Kindes hat eine vergleichende Studie im Verhalten der Mütter in zwei unterschiedlichen Ländern – nämlich Indien und Israel – aufzeigen können. Diese Untersuchung betont mehrere charakteristische Unterschiede in der Art der Wahrnehmung. Einen davon wollen wir näher betrachten. Er bezieht sich auf die unterschiedliche Art, wie sich die Mütter dieser beiden Länder verhalten, wenn ihre Kinder das Gehen lernen. Eine israelische Mutter steht am andern Ende des Zimmers und ermuntert ihren Zögling, zu ihr zu kommen. Sollte das Kind unterwegs hinfallen, dann rennt die Mutter nicht zu ihm hin, selbst wenn es zu weinen anfängt. Statt dessen ermuntert es die Mutter, wieder aufzustehen und den

Gehversuch fortzuführen. Wenn das Kind die Mutter dann endlich erreicht hat, gibt sie ihm all ihre Liebe und Zuwendung. Dem gegenüber handeln die meisten indischen Mütter in der gleichen Situation anders. Auch sie ermutigen das Kind zu gehen. Doch anders als ihre israelischen Vergleichspartnerinnen stürzen sich die indischen Mütter auf ihre gefallenen und weinenden Kinder, richten sie wieder auf und trösten sie. Doch dies ist noch nicht alles. Die Mütter fangen an, den Boden zu schlagen und sagen: „Böser Boden, du hast meinem Kind weh getan.“ Dabei hört das Kind mit Weinen auf. Gleichzeitig aber festigt sich im Denken des Kindes die Überzeugung, dass „immer dann, wenn mir ein Unglück passiert – oder im Falle eines Fehlschlages – kann ich die Schuld auf einen anderen abwälzen“.[162]

Junge Menschen, die eine solche Haltung seit ihrer frühen Kindheit fest in ihrem Charakter eingeprägt haben, sind ungeeignet zur Führung anderer Menschen. Glücklicherweise gibt es in Indien aber auch viele Mütter, die ihren Kindern Selbstvertrauen und andere gute Eigenschaften und Charakterzüge einschärfen. Es ist jedoch sehr notwendig, diese wichtige Erkenntnis bei Müttern auf der ganzen Welt bekannt zu machen.

Nachdem die Mutter in der Regel die erste Führungsrolle einem Kind gegenüber einnimmt, folgt als zweite Führungspersönlichkeit der Vater – noch bevor ein Lehrer ins Leben des Kindes eintritt. Ein Vater muss der Familie Zeit widmen, wenn eine harmonische und glückliche Umgebung vorherrschen soll, damit die Kinder zu gut angepassten Erwachsenen aufwachsen. Sein wichtigster Beitrag ist natürlich auch wieder sein persönliches Vorbild. Er hat die Pflicht, dafür zu sorgen, dass sich die zehn wichtigsten Regeln[163] für die Erziehung der Kinder in seiner Familie durchsetzen:

- Behandelt alle eure Kinder mit gleicher Zuneigung.
- Heißt ihre Freunde in eurem Hause willkommen.
- Streitet euch nicht in Gegenwart der Kinder.
- Seid aufrichtig zueinander.
- Lügt die Kinder nie an.
- Beantwortet alle ihre Fragen.
- Straft sie nicht in Gegenwart von anderen.
- Seid ausgeglichen in euren Stimmungen und Gefühlen.
- Seid den Kindern nahe.
- Konzentriert euch auf die guten Seiten der Kinder, nicht auf ihre Fehltritte.

In den Industriegesellschaften hat sich die Mode durchgesetzt, dass ein Großteil der verheirateten Paare ihr Leben so einrichten, dass beide Partner einer Arbeit nachgehen können. Welche äußeren Zwänge auch immer für ein solches Arrangement sprechen – während der letzten sechs Jahrzehnte wurden damit viele Erfahrungen gemacht. Es ist nicht leicht zu verallgemeinern, doch können wir feststellen, dass im großen und ganzen der Einfluss auf die Kinder solcher Ehepaare, die von Kindermädchen, von Verwandten oder in Kinderkrippen erzogen werden, eher nachteilig war. Bei Ehepaaren, die eine solche Entwicklung hinter sich haben und mit größerer Distanz die Erfahrung überblicken können, setzt sich immer mehr die Einsicht durch, dass die Frau, wenn überhaupt nötig, erst wieder mit einer Arbeit anfangen sollte, wenn das jüngste Kind fünf Jahre alt ist.

Der Zweck der Erziehung

Bevor wir die Rolle des Lehrers näher betrachten, wollen wir uns mit dem Zweck der Erziehung beschäftigen. Wir wollen das Erziehungssystem ansehen, welches sich wieder und wieder für das Heranbilden zukünftiger Führungskräfte als wirksam erwiesen hat. Den dauerhaften Zweck der Erziehung finden wir bereits in den alten Schriften Indiens enthalten. In der Taittirīya Upanishad finden wir den folgenden, bereits zitierten Sanskrit-Vers:

„satyam vada Dharmam cara"

Es ist nicht leicht, das Wort Dharma zu übersetzen, da es viele Bedeutungen hat. Es stellt ein ganzes Konzept dar und ist nicht lediglich ein Wort. Der folgende Versuch einer Übersetzung des Verses kommt der Bedeutung wohl sehr nahe:

> „Sprich die Wahrheit und handle als idealer Mensch, der einen Sinn für seine Pflichten und Verbindlichkeiten hat, in welcher Position das auch sein mag."

Demzufolge konzentriert sich der Zweck der Erziehung auf Wahrheit, Pflicht und Verbindlichkeit einer Person gegenüber seiner Familie, der Gesellschaft und der Menschheit als Ganzes.

Die Sai Universität übernahm diesen Ausspruch aus den Upanishaden als ihr Motto. Die Universität ist eine moderne, größere Version einer „Gurukula" oder einer „Rishikula". Wörtlich bedeuten diese Ausdrücke „das Haus oder die Gemeinschaft des Lehrers (Guru)" oder „eines Heiligen (Rishi)", was sich auf diejenigen Personen bezieht, die es übernommen haben, die Jungen mit folgendem zu bereichern:

- dem Reichtum der Weisheit,
- der Goldmine des Charakters,
- dem Schatz der Kultur.*

Es wird interessant sein zu sehen, wie dieses System in einer westlichen Industrienation funktioniert, um die wahre Bedeutung für die Gesellschaft schätzen zu lernen.

England ist eine relativ kleine Insel. Trotzdem war es den Engländern möglich, sich im 18. und 19. Jahrhundert das größte je errichtete Imperium aufzubauen. Man pflegte damals zu sagen: „Im Britischen Empire geht die Sonne nie unter." Wie haben sie das erreicht? Eine eingehende Analyse zeigt, dass es vor allem der erzieherische Faktor war, der den wichtigsten Beitrag leistete. Dieses Erziehungssystem war das Resultat einer bewussten Entscheidung, als klar wurde, wie sehr die Gesellschaft degeneriert war. Mit dem Erziehungssystem wurden die moralischen Werte in die Gesellschaft eingeimpft.

Der wichtigste Teil des Systems waren die „Public Schools" (was in Wirklichkeit private Internats-Schulen bedeutet). Leider sind diese Schulen heute den Nachkommen der reichen Leute vorbehalten, so wie dies auch in Indien der Fall ist, wo das englische Schulsystem am Beginn dieses Jahrhunderts übernommen wurde. Ursprünglich wurde das System für vielversprechende Knaben aus allen Schichten der Gesellschaft konzipiert, entwickelt und konsolidiert. Im Kern war das System die westliche Version des Gurukula-Systems. Es war um den „Haus-Meister" zentriert – ein Lehrer, in dessen Haus die Jungen lebten, so wie im Haus des Gurus in Indien. „Haus-Meister" und ihre Frauen wurden die Pflegeeltern der Kinder und sie stellten ein liebevolles Zuhause zur Verfügung, damit die Kinder gute Manieren und die Disziplin für ein harmonisches Zusammenleben lernen konnten. Die Söhne der Adligen und der Bürgerlichen wurden der elterlichen Fürsorge

* Sathya Sai Baba in einer Rede an die Universitäts-Professoren 1991.

entzogen und in das Haus des „Meisters“ gebracht, wo sie nach den folgenden zwei wichtigen Prinzipien erzogen wurden:

Erstens: Die Kinder wuchsen in einer Atmosphäre vollständiger gesellschaftlicher Gleichheit auf. Im Haus des „Meisters“ mussten alle Kinder ihre von zu Hause mitgebrachten Kleider abgeben und die einheitliche Schuluniform tragen. Sie schliefen alle in Betten derselben Art; sie lebten zusammengewürfelt ohne Rücksicht auf ihre Herkunft; sie aßen alle das gleiche Essen; sie durften alle die gleichen Räumlichkeiten des Hauses benutzen. Vor allem verfügten alle über gleichviel, sparsam und genau kontrolliertes Taschengeld. In einer solchen gemeinsamen Umgebung konnten die Kinder ihre individuellen Möglichkeiten ausschöpfen ohne Rücksicht auf irgendwelche Vor- oder Nachteile ihrer sozialen Herkunft. Der „Haus-Meister“ wurde wie der Guru zur eigentlichen Schlüsselfigur für das Formen des Charakters der Kinder. Die Position eines „Haus-Meisters“ wurde hoch verehrt und äußerst gut bezahlt. Nur Lehrer mit ausgewiesenen Fähigkeiten und gutem Charakter konnten zu „Haus-Meistern“ befördert werden.

Zweitens: Die wichtigste Funktion der Schule war die Heranbildung des Charakters der Knaben. In allen Bereichen der Schule – sei es im täglichen Leben, beim Lernen, beim Spielen oder bei sonstigen außerschulischen Aktivitäten – wurde das Hauptaugenmerk auf den Teamgeist gelegt und nicht auf die individuellen Leistung. Universelle Menschliche Werte wie Wahrheit, Ehrlichkeit, Integrität, Treue, Mut und Entschlossenheit wurden in allen Aktivitäten vermittelt. Kameradschaft und das Miteinander-Teilen-Können wurden fortwährend gepflegt, um den Kindern Selbstlosigkeit einzuprägen. Die Sonntage wurden ausschließlich der spirituellen Grundlage des Lebens gewidmet, um den Erhabenen Schöpfer „verstehen“ zu lernen. Kurz gesagt: Die jungen Menschen wurden dazu erzogen, die zukünftigen Führungspersönlichkeiten der Gesellschaft und der ganzen Nation zu werden.

Der intrinsische Wert dieses Erziehungs-Systems war, dass es „einen Knaben unabhängig machte. Er musste früh sein Zuhause verlassen und selber für sich sorgen. Er lernte, dass es sich lohnt, Mühen und Ungemach ohne Klagen zu erdulden. Ihm wurde beigebracht, mit Fehlern umzugehen und gerechte Strafen ohne Groll hinzunehmen. ... Er lernte, dass er, um befehlen zu können, gerecht und unparteiisch sein musste, und dass er das Wohlbefinden und die Sicherheit der ihm Unterstellten vor seine eigenen Interessen stellen musste."[164] Das wurde und wird heute noch unter anderem auch dadurch ermöglicht, dass in den „Public Schools" das Internats- und Schulleben von den jeweils älteren Kameraden angeführt wird. Dadurch erhalten diese die Gelegenheit, Autorität und Verantwortung zu üben. Als „Head-Boy" der Schule wird man sehr geachtet. Doch die Verantwortung eines „House Captain" oder des „School-Head-Boy" wird nur ausgewählten älteren Schülern gegeben, gewissermaßen – wie Toynbee beobachtete – als „Prüfstein des Charakters".[165]

Der bereits erwähnte Einfluss dieses Schulsystems war enorm. Innerhalb von fünfzig Jahren brachte es Führungskräfte mit erhabenen Zielen hervor. Diese wirkten im Parlament, in der Wirtschaft und im Handel, in der Armee und im Erziehungswesen und bildeten letztendlich die Grundlage des immensen Britischen Empires.

Wenn Eltern und Lehrer die wahre Bedeutung der Erziehung verstehen, dann könnten viele unserer Schulen zu solchen Idealschulen transformiert werden. Dies ist jedoch nur möglich, wenn die ausgewählten Schulen von den Fesseln der staatlichen Bürokratie befreit werden. Über allem aber steht als entscheidendste Aufgabe die Qualität der Lehrer.

Die Aufgabe der Lehrer

Ein Lehrer muss über soviel Weisheit und Humor verfügen, um über den bekannten, witzigen Einfall Georg Bernhard Shaws lachen zu können: „Wer etwas kann, tut es. Wer nichts kann, lehrt!"

Man darf noch lauter lachen, wenn wir uns eine Fortsetzung ausdenken: „Wer weder etwas tun noch lehren kann, wird Berater!!" Und am lautesten lachen wir über die letzte Version: „Wer keines dieser drei zustande bringt, wird Rektor der Universität!!!"

Ein Lehrer hat allen Grund über diesen Witz zu lachen, denn er bezieht sich auf die Vermittlung von Wissen. Wie wir bereits früher besprochen haben, hat das Wissen – wie wichtig dieses auch immer sein mag – lediglich zehn Prozent Anteil an den Fähigkeiten einer effektiven Führungskraft. Neunzig Prozent davon werden vom Charakter bestimmt. Demzufolge besteht die wahre Aufgabe eines Lehrers darin, die eigentliche und herausforderndste Arbeit innerhalb einer Gesellschaft zu „machen" – nämlich Menschen zu machen und Führungskräfte heranzubilden. Kurz zusammengefaßt lässt sich sagen: Ein Lehrer muss – wie ein Künstler – den Charakter, die Weisheit und die Kultur jedes einzelnen Schülers formen, schleifen und bereichern.

Um diese oft entmutigende Arbeit TUN zu können, muss sich ein Lehrer der Wahrheit bewusst sein, dass es keinen Weg gibt – absolut keinen Weg – erfolgreich zu sein, wenn er nicht selber über Charakter, Weisheit und Kultur verfügt. „Charakter ist das Kennzeichen eines Lehrers. ... Ein Leben ohne Charakter ist wie ein Altar ohne Licht, wie eine gefälschte Münze, wie ein Papierdrache mit gerissener Schnur.“[166]

Die erste Aufgabe eines Lehrers ist es, seine Schüler gut zu kennen. Wir erinnern uns:

> „Ein guter Lehrer kennt seine Schüler besser als deren eigene Mütter und kümmert sich sogar noch mehr um sie.“*

Die Schüler so gut zu kennen ist keine leichte Aufgabe. Noch herausfordernder aber ist es, sich um die Kinder noch mehr als ihre eigenen Mütter zu sorgen. Ein Lehrer muss ein Ozean der Liebe sein, um diese Aufgabe bewältigen zu können. Die Übung zum Kennenlernen der Menschen, wie wir sie im sechsten Kapitel erläutert haben, ist ein guter Ausgangspunkt, wie ein Lehrer seine Schüler kennenlernen kann. Dies verlangt zwar viel Zeit und Aufwand – doch ohne diese Kenntnisse können wir erst gar nicht anfangen, die Kinder zu bilden und zu formen. Genau hier sollte der Lehrer ein Beispiel geben für das Geheimnis des Erfolgs im Leben durch „unaufhörliches Arbeiten, Selbstvertrauen, Furchtlosigkeit, Heiterkeit, Selbstaufopferung, universelle Liebe und Konzentration des Geistes. ... Alle wahre Arbeit ist Erholung. ... Wenn Fleiß und Tugend sich treffen, entsteht Glückseligkeit.“[167]

Was das Wissen betrifft, besteht die eigentliche Aufgabe des Lehrers – vor allem bei jungen Erwachsenen – darin, „sie zu lehren, sich selbst zu bilden“.[168] Anstatt seine Schüler mit Informationen vollzustopfen, sollte er sie ermutigen, intensiv die Bibliotheken zu benützen und zu lernen, „durch fleißiges Arbeiten, größte Konzentration und innere Kraft sich gegen den Sturm ungünstiger Umstände zu wehren“.[169]

* siehe im sechsten Kapitel den Abschnitt vom Umgang mit den Menschen.

Konzentration ist eine wichtige Tugend, welche ein Lehrer lehren muss. Normalerweise verschwendet ein Mensch neunzig Prozent seiner Gedankenkraft; dadurch macht er Fehler. Jahrhundertealte Erfahrungen sind in den folgenden Worten enthalten, um sich diese entscheidende Fähigkeit anzueignen:

> „Widme dich einer Idee. Mache diese Idee zu deinem Leben; denke an sie, träume von ihr, lebe diese Idee; lass' das Gehirn, die Muskeln, die Nerven, jeden Teil deines Körpers erfüllt sein von dieser Idee; und ignoriere jede andere Idee. Das ist der Weg zum Erfolg."[170]

Mit solch konzentrierten Schritten wird es den Lehrern möglich, den Charakter ihrer Schüler zu formen. Wenn wir einmal gelernt haben, uns auf die augenblickliche Arbeit zu konzentrieren, dann können wir wahrhaftig erfahren: „Irren ist nicht menschlich."[171]

Die Meisterschaft über das Wissen seines Faches und die Fähigkeit der Kommunikation ermöglichen es einem Lehrer, seinen Schülern das Wissen zu vermitteln. Doch verlangt es sehr viel mehr von einem Lehrer, seiner wichtigsten Aufgabe gerecht zu werden, nämlich den Charakter seiner Schüler zu formen, ihnen Weisheit einzupflanzen und sie von der Kultur durchdringen zu lassen. Die meisten dieser Ziele können im Wesentlichen durch Gruppenaktivitäten erreicht werden.

Der wohlbekannte Ausspruch: „Die Schlacht von Waterloo wurde auf den Spielfeldern von Harrow und Eton gewonnen" hat seine tiefe Bedeutung. Der Satz bedeutet nicht, dass es die sportlichen Fähigkeiten der militärischen Führer waren, welche die Schlacht gewonnen haben. Er bezieht sich auf den Einfluss, welche die in den berühmten „Public Schools" von Harrow und Eton oder anderen ähnlichen Schulen gepflegten Gruppenspiele auf den Charakter der an der Schlacht teilnehmenden militärischen Führungskräfte hatten. Gruppenspiele prägen „jene aufs feinste ineinandergreifende und jeden Sonderehrgeiz aufhebende Mannschaftsarbeit, die das Wesen von Fußball und Baseball ist und die ein richtiges Zusammenspiel der Einzelleistung des Individuums so unendlich weit überlegen macht".[172] Gruppenspiel-Teilnehmer solcher gut zusammenpassender Teams lernen:

- dass das Team wichtiger ist als der Einzelne;

- den Egoismus zu bändigen und mit dem Team zusammenzuarbeiten, um zu gewinnen;
- dass kein Opfer zu groß ist, um dem Team zum Sieg zu verhelfen;
- die persönlichen Neigungen und Abneigungen für die größere Sache, nämlich das Team, in Schach zu halten;
- dass, um selber ein guter Anführer werden zu können, es wichtig ist, sein Bestes zu geben, wenn man von einem Teamcaptain angeführt wird.

Studiengruppen sind eine sehr nützliche Einrichtung, um aus dem Lesen über das Leben von bedeutenden Menschen oder von Klassikern den größtmöglichen Gewinn zu ziehen. Studenten sollten in Gruppen von nicht mehr als neun Teilnehmern aufgeteilt werden. (Ungerade Zahlen fördern die Diskussion und wenn nötig, kann eine Person die Führungsrolle übernehmen.) Sie lesen das vorgeschriebene Buch selbständig, um dann von Zeit zu Zeit zu einer ungezwungenen Diskussion im Haus des Lehrers zusammenzutreffen. Es sind die intellektuellen Anreize, die von solchen Diskussionen ausgehen können, welche einen bleibenden Eindruck in den Köpfen der Studenten hinterlassen. Gleichzeitig ermöglichen solche Diskussionsrunden den Studenten, sich gegenseitig besser kennen zu lernen, andere Meinungen zu respektieren und ganz allgemein neue Einsichten über das gelesene Buch zu erhalten. Vor allem aber gibt es auch dem Lehrer die Gelegenheit, seine Studenten näher kennen zu lernen und sie nachhaltiger in Richtung eines idealen Charaktermenschen hin zu beeinflussen.

Außerschulische Gruppen-Aktivitäten wie Musik, Chorsingen, Theater, Sozialarbeit, Gartenarbeit oder dergleichen ergeben weitere Gelegenheiten für das Heranbilden des Charakters und sollten unterstützt werden.

Viele Institutionen, die sich ihrer charakterbildenden Bedeutung bewusst sind, wenden einen sogenannten Ehrenkodex an. Es ist dies eine – notwendige – Technik, die im Wesentlichen die drei Kardinaltugenden einprägt, die im Begriff „Ehrlichkeit“ enthalten sind. Diese sind: „Ich werde NICHT stehlen, nicht lügen oder nicht betrügen.“ Der Druck Gleichaltriger hilft am besten, sich diese Tugenden anzueignen und wird möglichst durch die Studentengruppen selber ausgeübt. Natürlich gibt es strenge Bestrafungen bei Übertretungen. Dies führt uns zu der Rolle des Lehrers bei der Disziplinierung von Schülern.

Disziplin kann definiert werden als „Schulung, welche die geistigen Fähigkeiten, die Moral und den Charakter sowie das aus solcher Schulung entstehende Verhalten korrigiert, formt und vervollkommnet“. Aufgezwungene Ordnung und Verhalten bei Überwachung sind keine wirkliche Disziplin. Wirkliche Disziplin fließt aus dem Herzen und ist zu jeder Zeit im Verhalten eines Individuums sichtbar. Demzufolge ist Disziplin ein Indikator für die Stärke des Charakters und der Gewohnheiten. Die Schüler sollten angeleitet werden, ihre eigenen Stärken durch Selbsterforschung zu beurteilen, wie zum Beispiel:

- Achte ich selbständig auf Pünktlichkeit, Sauberkeit und Ordnung?
- Widerstehe ich der Versuchung, mich in einer Warteschlange vorzudrängen?
- Halte ich mein Wort, wenn ich etwas zu tun verspreche?
- Bin ich allen gegenüber bescheiden und höflich?
- Arbeite ich sorgfältig, selbst wenn ich nicht beobachtet werde?

Sollte ein Lehrer bestrafen oder nicht? Die beste Antwort auf diese Frage finden wir in den Worten eines großen Erziehers, der während der modernen indischen Renaissance eine große Zahl anglo-vedischer Schulen errichtet hat. „Die Beziehung zwischen einem Lehrer und seinen Schülern sollte wie die Beziehung zwischen den Eltern und dem Kind sein. Ein Lehrer jedoch sollte nicht zu lange mit dem Erteilen eines Verweises warten, wenn es der Schüler verdient hat. Er sollte ein strenger Zuchtmeister sein. Er sollte die Schüler mit Liebe und Zuneigung regieren.“[173] Eine gute Mutter verzichtet nicht auf den Stock, wenn es die Situation verlangt. Das Gleiche gilt für einen guten Lehrer. Und es gibt einen guten Grund dafür. Wenn Fehlverhalten wegen falsch verstandener Liebe „übersehen“ wird, dann vervielfachen sich diese Fehler und werden zur Gewohnheit. Es ist die unbedingte Verpflichtung eines Lehrers (wie auch der Eltern), Fehler umgehend zu erkennen und den Schüler zu bestrafen. Um einen dauerhaften Einfluss zu erreichen, sollte die Bestrafung selbstverständlich nur unter vier Augen angewendet werden. Denn öffentliche Demütigungen machen den jungen Menschen rebellisch, und er wird sich weigern, sich zu bessern. Wenn die jungen Menschen jedoch einsehen können, dass die Bestrafung nur zu ihrem Besten geschieht, dann können sie diese guten Mutes hinnehmen. Eine solche Reaktion hängt nur ab von dem Respekt, den ein Lehrer genießt, aufgrund seiner Charaktereigenschaften, besonders von seiner selbstlosen Liebe.

Die besten Möglichkeiten zur Entwicklung und Konsolidierung des Charakters sind jene Gruppenaktivitäten, welche unter gefährlichen, ermüdenden und gestressten Bedingungen unternommen werden müssen. Solche Unternehmungen sind auch ein guter Test für das Erreichte. Ein Beispiel soll dies näher erläutern.

In einer bestimmten Schule gab es ein System, welches von den verschiedenen Studiengruppen am Ende eines Semesters eine mehrtägige Wanderung verlangte – je nach Alterstufe mit Entfernungen zwischen 80 und 150 Kilometern. Die Zeugnisnoten eines Schülers waren stark von der Gruppenleistung dieser Wanderung abhängig. Beurteilungskriterien waren unter anderem die folgenden:

- Die Zeit, die die Gruppe für die Distanz benötigte.
- Wurde die Wanderung gemeinsam beendet oder löste man sich in kleinere Gruppen auf. Sollte ein Schüler den Marsch abbrechen, musste er das Semester wiederholen, und die Gruppe erhielt als Ganzes Minuspunkte. Es gab keine Ausnahmen, außer bei Unfällen mit Knochenbrüchen. Von der Gruppe wurde erwartet, dass sie im Falle von Ermüdungen, Krankheiten oder Verletzungen Hilfe leistete.
- Zustand des Gruppen-Zusammenhaltes und des Teamgeistes während der Wanderung, wie dies von Lehrern von Zeit zu Zeit beobachtet wurde.
- Zustand ihrer Wachsamkeit und Sauberkeit am Schluss der Wanderung; sie wurden auch einem objektiven, altersbezogenen Test unterworfen.

Normalerweise brauchten die Gruppen zwischen drei und fünf Tagen für diese Wanderung. Alle zehn Kilometer oder so gab es einen Orientierungspunkt. Die Route führte meistens durch Wälder und hügelige Landschaften. Den Gruppen wurde erlaubt, ihre Anführer selbst zu wählen sowie Gewicht und Art der Ausrüstung festzulegen, die sie tragen mussten und die für das Überleben während der Wanderung notwendig war. Dies gab den Gruppen die Gelegenheit, Erfahrungen mit dem Führungsprozess und den Führungsaufgaben zu machen, wie wir sie im zweiten Kapitel erläutert haben.

Die Menschen, die durch diese Schule gegangen sind, sehen die Wanderungen im Rückblick als die wichtigsten Stationen ihres Lebensweges.

In jeder Gruppe gab es einen oder zwei Jungen, die etwas schwach und hilfsbedürftig waren. Ihnen zu helfen verlangte eine gewissenhafte Vorbereitung. Die stärkeren Studenten trugen deren Verpflegung und Wasservorräte oder andere notwendige Utensilien, damit sie ohne große Last wandern konnten. Mit großer Erfindungsgabe wurden die Lasten geschickt verpackt und aufgeteilt. Die Gruppen fingen lange vor der eigentlichen Wanderung mit vorbereitenden Übungen an, um Blasen an den Füssen zu vermeiden – doch die Blasen entstanden trotzdem! Sie hatten ausreichend Pflaster eingepackt, um die Blasen zu bandagieren. Viele Studenten kamen hinkend von der Wanderung zurück und manche buchstäblich von den Kameraden getragen. Wenn die Pflaster entfernt wurden, sahen viele der Fußsohlen aus wie Stücke rohen Fleisches. Viele wanderten trotz Fieber und Erkältungen. Kameraden, welche den Mut verloren, wurden wieder aufgemuntert und von den anderen motiviert, der Gruppe doch nicht zu schaden. Sie lernten viel!

Während des Schlafens übernahmen sie der Reihe nach die Wache, um mit starken Taschenlampen nach wilden Tieren Ausschau zu halten und sie zu verscheuchen. Sie lernten sich in der Wildnis zurecht zu finden – Feuer zu entfachen für den Tee oder fürs Kochen; sicherzustellen, dass die Wasserversorgung an Quellen gewährleistet war; essbare Wurzeln und Früchte zu sammeln; sich umeinander zu kümmern und miteinander zu teilen; im Freien auf Mutter Erde zu schlafen. Da es ihnen nicht erlaubt war, Geld mitzunehmen, lernten sie, sich streng zu organisieren und die Verpflegung, die sie bei sich trugen, bestmöglich zu rationieren. Jedenfalls durften sie auch die wenigen Dörfer, welche sich entlang des Weges befanden, nicht betreten. Sie lernten mit unerwarteten Ereignissen und Notfällen umzugehen, und sollte ein Teilnehmer stolpern und den Berg hinunterfallen, von einem Skorpion gebissen werden, einen Brechanfall oder ähnliches haben, leisteten sie Erste-Hilfe. Sie konnten die Erfahrung machen, dass man langsam und mit Beharrlichkeit zum Ziel kommt. Schließlich blicken alle Teilnehmer auf diese Wanderungen zurück als eine Quelle der Stärkung ihrer WILLENSKRAFT, welche ihnen enormes Selbstvertrauen für ihr Leben gegeben hat.

Lehrer können solche Wanderungen oder ähnliche Veranstaltungen überall in der Welt einführen und organisieren.

Die Pflichten und Obliegenheiten (Dharma) von Eltern und Lehrern, Kinder zu idealen Menschen zu erziehen, wurden von egoistischem Individualismus und der Eitelkeit selbstsüchtigen Lebens unterminiert. Dies können wir überall in der Welt feststellen. Dieser Trend kann schnell überwunden werden, wenn die Völker die Ehre und Würde der Erzieher wieder herstellen, wie wir dies bei Völkern sehen können, die ihr „Goldenes Zeitalter“ erreicht haben. Lehren war der am meisten verehrte Beruf. Anstatt die Hände zu ringen und auf Reformen zu warten, sollten wir Toynbees Ratschlag achten: „Der Mensch (sollte) der Liebe folgen; auch wenn sie ihn zur Selbstaufopferung führt. Die Liebe ist der geistige Impuls, ... das Selbst in die Harmonie mit dem übrigen Universum zurückzuversetzen, von dem es sich durch seine angeborene aber überwindbare Ichbezogenheit entfremdet hat.“[174] Dies ist eine individuelle Herausforderung für Eltern und Lehrer.

Gute und wirkungsvolle Führung – vor allem ihr in der Selbstlosigkeit reflektierter ethischer und moralischer Kern – kann leicht aufgebaut werden, wenn Eltern und Lehrer das richtige Beispiel vorleben. In der Jugend angenommene Gewohnheiten des Benehmens und des Verhaltens können noch verändert werden. Doch ist dies keine leichte Aufgabe. Deshalb sollten wir Eltern und Lehrer uns aufrichten, wenn wir an die Zukunft unserer Kinder und deren Kinder in der Welt des nächsten Jahrhunderts denken. Über die uns umgebende und umlauernde Dunkelheit zu fluchen ist nutzlos. Jeder von uns trägt eine große Verantwortung, diese Dunkelheit zu vertreiben.

Wir müssen uns ständig darauf konzentrieren, in unseren Kindern einen lauteren Charakter aufzubauen. Und dies können wir nur dann mit Erfolg tun, wenn wir uns selber transformieren durch das Praktizieren der Menschlichen Werte. Oder wie das folgende Sprichwort treffend ausdrückt: „Ein Gramm praktische Tätigkeit ist besser als Tonnen Ratschläge.“

Epilog

Während der letzen 150 Jahren machte die Menschheit erstaunliche Fortschritte in der Meisterung von Wissenschaft und Technik. Jedoch ist sie – wie ihre primitiven Vorfahren – nicht Meister der Situation, in welcher sie sich befindet. Der Grund ist einfach. Der Mensch versagte in der Meisterung seiner selbst. Die anschwellende Welle von Gewalt auf der ganzen Welt wird verursacht durch die vollständige Aushöhlung der Menschlichen Werte in unserem Verhalten. Die Gier nach Geld und sinnlichen Vergnügungen wurden zum eigentlichen Lebensziel.

Ein Großteil unserer Schulkinder haben bereits Kontakt mit Rauchen, Sex, Drogen, Stehlen, Lügen oder Betrügen. Untersuchungen haben ergeben, dass Kinder noch vor dem Erreichen des sechszehnten Lebensjahres im Fernsehen Tausende von Gewaltakte gesehen haben; und mit achtzehn Jahren haben sie bereits eine ähnlich große Zahl die Sinnlichkeit erregende Szenen gesehen.

Selbstlose Liebe, welche die Grundlage eines glücklichen und harmonischen Lebens in der Familie, in der Gemeinschaft und im ganzen Volk ist, verschwindet schnell aus dem menschlichen Verhalten. Eigenzentrierter Individualismus mit einem „Ich zuerst"-Syndrom dominiert unser Leben und richtet in der menschlichen Natur große Verheerungen an. Scheidungsraten um die fünfzig Prozent in fast allen „entwickelten" Ländern sind ein typisches Zeichen dieses Missstandes. Das Resultat ist das „Austrocknen" einer angemessenen und liebevollen Elternschaft, welche die Hauptquelle für die Charakterbildung der zukünftigen Generation darstellt. Wie wir in diesem Buch diskutiert haben: Ohne Charakter kann es keine wirkungsvolle Führung geben.

Auf den ersten Blick scheinen die Zukunftsaussichten der Menschheit trüb zu sein. Nichtsdestoweniger wurde dieses Buch geschrieben, um Führungskräfte heranbilden zu helfen, welche die Menschheit in das neue Zeitalter geleiten sollen; das Zeitalter der

EINHEIT DER MENSCHHEIT, GLOBALISIERUNG DER WIRTSCHAFT UND WELTBÜRGERSCHAFT.

Haben wir Grund für eine solch hehre Hoffnung?

Die Hoffnung liegt im Wesentlichen in der Jugend. Wenn es so scheint, dass sie selbstzerstörerische Richtungen einschlägt, so liegt der Fehler eindeutig im Elternhaus, in den zerbrochenen Familien, in gestörten Beziehungen und in der gleichgültigen Erziehung. So, wie das Atom der Grundbaustein des Universums ist, so ist die Familie der Grundbaustein der Menschheit. In einem Atom werden die Protonen, Neutronen und Elektronen durch die starke atomare Kraft zusammengehalten. Eine Familie wird durch ihre stärkste Kraft zusammengehalten: selbstlose Liebe. Verschwindet diese Kraft, dann ist die Menschheit dem Untergang geweiht. Sogar unter den schlimmsten Opfern der vorherrschenden und schnell sich verschlimmernden Mängel der moralischen Werte gibt es viele junge Menschen, die einen offensichtlichen Hunger nach einem „besseren Sinn" des Lebens zeigen. Millionen von jungen Menschen in der ganzen Welt mit einem Potential für Führung haben eine Vision von einer besseren Welt, von einer Welt des Sich-gegenseitig-Kümmerns und Teilens, in der Tat von einer mitleidvolleren Welt. Sie sind auf der Suche nach einem holistischen und praktizierbaren Modell, um ihr Leben danach gestalten zu können. Dieses Buch ist der Versuch, der Jugend ein solches Modell zu geben, einer Jugend, die es wagt, sich über die egoistische Gier nach Geld oder sinnlichen Vergnügungen zu erheben, einer Jugend, die den Mut, die Willenskraft und die Eigeninitiative hat, die Führungskräfte von Morgen zu werden. Es sind junge Leute, die hungrig sind nach Worten wie den folgenden:

Du kannst ein Bett kaufen, aber keinen Schlaf;
Du kannst ein Buch kaufen, aber kein Gehirn;
Du kannst Nahrung kaufen, aber keinen Appetit;
Du kannst Kleider kaufen, aber keine Schönheit;
Du kannst Arznei kaufen, aber keine Gesundheit;
Du kannst ein Haus kaufen, aber kein Zuhause;
Du kannst Luxus kaufen, aber kein Glück;
Du kannst ein Kruzifix kaufen, aber keinen Himmel;
Du kannst einen Tempel kaufen, aber nicht Gott.

Wie können wir bekommen, was wir mit Geld nicht kaufen können? Wir erreichen das mit unserem Charakter und unserer Opferbereitschaft. Das Problem liegt darin herauszufinden, wie wir dies der Jugend mitteilen können. Wie können wir sie dazu inspirieren, den Weg des zukünftigen Glücks zu wählen, anstelle des momentanen „Glücks“. Dieses Buch enthält einige bewährte Wahrheiten, wie wir dieses Ziel erreichen können. Ein Faktor, welcher ausnahmslos auch in schwierigsten Situationen die Herzen und Köpfe der Menschen gewonnen hat, ist die selbstlose Liebe.

Der namhafte Philosoph Arnold Toynbee hat sich eingehend über die Entwicklung des Menschen Gedanken gemacht. Während seines langen Lebens (er wurde 86 Jahre alt) hatte er wie kaum ein anderer die Geschichte der Menschheit studiert. Mit klinischer Objektivität betrachtete er die großen Trends in der Entwicklung des Menschen. Er erkannte, wie jegliche Versuche gescheitert sind, der Menschheit Einheit durch Eroberung oder organisierte Religion aufzuzwingen. Als er über die Bedeutung, die Absicht und das Schicksal des menschlichen Lebens nachdachte, überkam ihn bei der gegenwärtigen Situation große Sorge. Er fürchtete, dass sich die Menschheit durch die drei wichtigsten Entwicklungen unseres Zeitalters selbst zerstören könnte. Mit dem heutigen Atomarsenal könnte die Menschheit gleich mehrfach sich und alles Leben auf unserem Planeten zerstören. Die durch die hemmungslose Industrialisierung entstandene globale Umweltverschmutzung könnte unseren Planeten unbewohnbar machen. Zuallererst aber hat die Menschheit jegliche moralische Verankerung verloren. Als einzige Überlebenschance für die Menschen sah er die „politische Einigung der Menschheit“.[175] Weiter folgerte er, dass eine solche Vereinigung der Menschheit nur durch eine Spiritualisierung der Menschen entstehen kann, durch eine „die ganze Welt umfassende gemeinsame Religion“.[176] Kann denn ein solches Wunder überhaupt geschehen?

Während der letzten 54 Jahre (dieses Buch wurde 1993 geschrieben, Anm. des Übers.) hat ein Mensch in Indien mit aufrichtiger Beharrlichkeit daran gearbeitet, dieses Wunder zu verwirklichen. Ohne Aufsehen arbeitet er in einem kleinen Dorf in Indien auf verschiedenen Ebenen und Stufen daran, die Menschheit näher an diesen Entwurf einer globalen Einheit für das Neue Zeitalter hin zu führen. Millionen von Menschen auf der ganzen Welt sind durch dieses Wirken inspiriert worden, sich selber zu ändern und an die zentrale Aussage von Sai Baba zu glauben, nämlich:

„Es gibt nur eine Nation, die Nation der Menschheit;
es gibt nur eine Religion, die Religion der Liebe;
es gibt nur eine Sprache, die Sprache des Herzens;

es gibt nur einen Gott, er ist allgegenwärtig.“[177]

Die allen gemeinsame Religion, von der Toynbee gesprochen hatte, wird Liebe sein. Liebe ist in der Tat die Grundlage für alle Religionen der Welt. Leider wurde diese Tatsache unter dem Ego, der Gier und dem Machthunger des Menschen vergraben. Doch muss sie bloß wieder entdeckt werden. Wir brauchen überhaupt keine neue Religion. Alle Religionen führen uns zu dem selben Licht, wie es in Sai Babas Emblem dargestellt ist:

Der Mensch, der als „Verkörperung der Liebe“* geschildert wurde, hat die Macht der Liebe mit kategorischem Imperativ beschrieben. Die Liebe, die den Menschen zu seiner Wirklichkeit erheben kann, ist eine „Liebe, die keine Belohnung braucht; eine Liebe, die kein Feilschen braucht; eine Liebe, die man als Tribut an alles Lebendige gerne bezahlt; eine Liebe, die nicht wankend ist; nur die Liebe allein kann alle Hindernisse überwinden, wie groß diese auch immer sein mögen.“[178]

Der Schlüssel für effektive Führung liegt in der Liebe. Die praktische Manifestation dieser Liebe beseitigt die Sorgen der anderen und bringt ihnen Glück. Aus diesem Grunde haben wir die große Formel von der effektiven Führung, die eine Führungskraft befähigt, das Unmögliche für ein Ziel zu fordern und zu erreichen, kennen gelernt, welche den Vergleich mit der selbstlosen Liebe einer Mutter zu ihren Kindern zieht. Tatsächlich muss eine solche Führungskraft sogar die Liebe einer Mutter übertreffen:

* Titel eines Buches über Sai Baba von Peggy Mason und Ron Laing.

„Eine gute Führungskraft kennt ihre Leute besser als deren eigene Mütter sie je gekannt haben und kümmert sich mehr um sie als diese.“

Dieses „Rezept“ führt zu einem unfehlbaren Erfolg auf allen Stufen von Führung – in der Familie, in Institutionen, in Gemeinden, in Nationen und in der ganzen Menschheit. Zu führen – und gut zu führen – ist die herausforderndste, aufregendste und erfreulichste „Rolle“, die ein Mensch „spielen“ kann. Und sie liegt wahrlich innerhalb der Möglichkeit eines jeden, der es wagt, höher als seine Selbstsucht zu steigen.

Bhagavan Sri Sathya Sai Baba

Nachwort

Liebe und Führung

Die Ehre einer Gemeinschaft basiert auf ihrer Moral;
Ohne Moral zerfällt eine Gemeinschaft;
Nur eine moralische Gemeinschaft verdient ihren Namen;
Merke dir das: oh heldenhafter Sohn Bharats.

Die Persönlichkeit eines Menschen blüht auf, wenn er sich der Moral verpflichtet hat. Nur derjenige kann ein wirklicher Mensch genannt werden, welcher in sich die Göttlichkeit offenbart. Ein Mensch wird nicht schon dadurch zum Menschen, dass er eine menschliche Form besitzt. Die Form ist nicht wichtig. Nur die Lebensführung zählt. Die Lebensführung ist von höchster Wichtigkeit.

Es ist nicht leicht für alle und jeden, seine inhärente Göttlichkeit zu offenbaren. Denn nur diejenigen, die sich in Selbstdisziplin geübt haben und ein gutes Leben führen, haben die Fähigkeit, ihre wahre Persönlichkeit zu manifestieren. Menschen, die sich einer strengen Disziplin unterworfen und die Kraft des Unterscheidungsvermögens entwickelt haben – zu beurteilen was gut und was schlecht ist –, können durch ein beispielhaftes Leben ideale Führungskräfte werden. Sie müssen individuellen Charakter und soziale Tugendhaftigkeit besitzen. Um das zu erreichen, müssen sie nach Reinheit in Gedanken, Worten und Taten streben.

Liebe (prema) ist ein anderes Wort für Rechtes Handeln (Dharma). Sie wird auch priyam genannt, das, was erfreut. Der Wert der Liebe liegt jenseits des beschreibbaren Lobes. Liebe ist völlig frei von Selbstsucht. Sie kennt keinen Unterschied von „mein“ und „anderen“. Nur jemand, der von einer solchen Liebe erfüllt ist, kann die Gesellschaft, die Nation und die Welt lieben. Seine Liebe erstreckt sich auf die ganze Gesellschaft, über sich und seine Familie hinaus. Er muss das Wohlergehen der Gesellschaft, des Volkes und der ganzen Welt im Auge behalten. Dieses sind die Kennzeichen einer wahren Führungspersönlichkeit.

Diejenigen, welche Industrien aufbauen und Reichtum ansammeln, sollten sich nicht damit zufrieden geben. Sie müssen den Geist der Opferbereitschaft haben. Menschen, die andern Ratschläge geben, welche sie selber nicht leben, sind Heuchler. Es ist ein Hohn der Sprache, wenn solche Leute „Führungskräfte“ genannt werden. Gebt die Selbstsucht auf. Habt immer das Wohl der Nation vor Augen. Entwickelt Charakter und Tugendhaftigkeit. Wenn jemand beispielhaft an Tugenden festhält, Gott liebt und die Sünde fürchtet, ist er fähig, die Moral der ganzen Gesellschaft anzuheben.

Dezember 1993

With Love
Baba

108 inspirierende Persönlichkeiten

1.	Rāmavor	4000 v. Chr.	Indien
2.	Bharat	vor 4000 v. Chr.	Indien
3.	Vālmīki	vor 4000 v. Chr.	Indien
4.	Krishna	vor 3000 v. Chr.	Indien
5.	Vyāsa	vor 3000 v. Chr.	Indien
6.	Abraham	vor 2000 v. Chr.	Israel
7.	Moses	ca. 13. Jh. v. Chr.	Israel
8.	König David	1070-962 v. Chr.	Israel
9.	Patanjali	ca. 11. Jh. v. Chr.	Indien
10.	Homer	ca. 8. Jh. v. Chr.	Griechenland
11.	Zarathustra	628-551 v. Chr.	Persien
12.	Kyros der Große	590-529 v. Chr.	Persien
13.	Mahāvīra	599-527 v. Chr.	Indien
14.	Buddha	563-483 v. Chr.	Indien
15.	Konfuzius	551-479 v. Chr.	China
16.	Sokrates	469-399 v. Chr.	Griechenland
17.	Platon	427-347 v. Chr.	Griechenland
18.	Alexander der Große	356-323 v. Chr.	Griechenland
19.	Aristoteles	384-322 v. Chr.	Griechenland
20.	Lao-Tse	ca. 4. Jh. v. Chr.	China
21.	Euklid	ca. 4. Jh. v. Chr.	Griechenland
22.	Ashoka der Große	ca. 4. Jh. v. Chr.	Indien
23.	Schi-huang-ti	259-210 v. Chr.	China
24.	Hannibal	247-183 v. Chr.	Karthago
25.	Julius Cäsar	100-44 v. Chr.	Röm. Reich
26.	Augustus	63 v. Chr. – 44 n. Chr.	Röm. Reich
27.	Jesus Christus	6 v. Chr. – 30 n. Chr.	Palästina
28.	Hl. Paulus	4-64 n. Chr.	Griechenland
29.	Origines	185-254	Griechenland
30.	Mohammed	570-632	Arabien
31.	Adi Shankara	700-738	Indien
32.	Karl der Große	742-814	Fränk. Reich
33.	Hildegard von Bingen	1098-1179	Deutschland
34.	Dante Alighieri	1265-1324	Italien
35.	Marco Polo	1254-1324	Italien
36.	Jeanne d'Arc	1412-1431	Frankreich
37.	Nikolaus von Flüe	1417-1487	Schweiz
38.	Isabella I.	1451-1504	Spanien
39.	Christoph Columbus	1451-1506	Italien
40.	Kabir	1440-1518	Indien
41.	Leonardo da Vinci	1452-1519	Italien

42.	Erasmus v. Rotterdam	1469-1536	Holland
43.	Nānak	1469-1539	Indien
44.	Martin Luther	1438-1540	Deutschland
45.	Michelangelo	1475-1564	Italien
46.	Theresa von Avila	1515-1582	Spanien
47.	Elizabeth I.	1533-1603	England
48.	Akbar der Große	1542-1605	Indien
49.	William Skakespeare	1564-1616	England
50.	Francis Bacon	1561-1626	England
51.	Galileo Galilei	1564-1642	Italien
52.	Kardinal Richelieu	1585-1642	Frankreich
53.	Oliver Cromwell	1599-1658	England
54.	Isaac Newton	1642-1723	England
55.	Peter der Große	1672-1725	Russland
56.	Joh. Seb. Bach	1685-1750	Deutschland
57.	Jean-J. Rousseau	1712-1778	Schweiz
58.	Friedrich der Große	1712-1780	Deutschland
59.	Maria Theresia	1717-1780	Österreich
60.	Benjamin Franklin	1706-1790	USA
61.	Thomas Jefferson	1743-1790	USA
62.	George Washington	1732-1799	USA
63.	Immanuel Kant	1724-1804	Deutschland
64.	Lord Nelson	1758-1805	England
65.	James Watt	1736-1819	England
66.	Napoleon	1761-1821	Frankreich
67.	Ludwig v. Beethoven	1770-1827	Deutschland
68.	Johann H. Pestalozzi	1747-1827	Schweiz
69.	Simon Bolivar	1783-1830	Venezuela
70.	Johann W. von Goethe	1749-1832	Deutschland
71.	Abraham Lincoln	1809-1865	USA
72.	Charles Darwin	1809-1882	England
73.	Karl Marx	1818-1883	Deutschland
74.	Franz Liszt	1811-1886	Ungarn
75.	Don Giovanni Bosco	1815-1888	Italien
76.	Helena P. Blavatsky	1831-1891	Ukraine
77.	Otto von Bismarck	1815-1892	Deutschland
78.	Vivekānanda	1863-1902	Indien
79.	Leo Tolstoi	1882-1910	Russland
80.	Florence Nightingale	1820-1910	England
81.	Henri Dunant	1828-1910	Schweiz
82.	Mutsuhito Meiji Tenno	1852-1912	Japan
83.	Wilh. Konrad Röntgen	1845-1923	Deutschland
84.	Wladimir I. Lenin	1870-1924	Russland
85.	Sun Yat-sen	1866-1925	China

86.	Marie Curie	1867-1934	Frankreich
87.	Rudyard Kipling	1865-1936	England
88.	Guglielmo Marconi	1874-1937	Italien
89.	Rabindranath Tagore	1861-1941	Indien
90.	Nicola Tesla	1856-1943	Kroatien
91.	Romain Rolland	1866-1944	Frankreich
92.	Dietrich Bonhoeffer	1906-1945	Deutschland
93.	Franklin D. Roosevelt	1882-1945	USA
94.	Orville Wright	1871-1948	USA
95.	Mahatma Gandhi	1869-1948	Indien
96.	Sri Aurobindo	1872-1950	Indien
97.	Maria Montessori	1870-1952	Italien
98.	Albert Einstein	1879-1955	Deutschland
99.	Niels Bohr	1885-1962	Dänemark
100.	Winston Churchill	1874-1965	England
101.	Albert Schweitzer	1875-1965	Frankreich
102.	Martin Luther King (Jr.)	1929-1968	USA
103.	Field Marshal Slim	1891-1970	England
104.	Mao Tse-tung	1893-1976	China
105.	Werner Heisenberg	1901-1976	Deutschland
106.	Mutter Teresa	1910-	Albanien
107.	Nelson Mandela	1918-	Südafrika
108.	Sathya Sai Baba	1926-	Indien

Literaturliste

ADAIR John[1]: – Action-centered Leadership, McGraw-Hill, London, 1973

–[2]: Effective Leadership, Gower, Aldershot, 1983 (deutsch: Richtig führen leicht gemacht, Nürnberg, 1986)

–[3]: Skills of Leadership, Gower, Aldershot, 1984

BACON Francis[4]: The Essays – Civil and Moral, Ambition, Hamn and Barret, 1985 (deutsch: Essays, Dieterich'sche Verlagsbuchhandlung zu Leipzig, 1940)

BENNIS Warren and Nanus[5]: Leaders; The Strategies for Taking Charge, Harper and Row, Cambridge, 1985

BLAKE Robert and MOUTON Jane[6]: Executive Achievement: Making It at the Top, McGraw-Hill, New York, 1986

– and Others[7]: Spectacular Teamwork – How to Develop the Leadership Skills for Team Success, Sidgwick and Jackson, London, 1987

BLANCHARD Kenneth and PEALE Norman Vincent[8]: Power of Ethical Management, William Morrow, New York, 1988

BORING Edwin G.[9]: Psychology for Armed Services, Harvard University, India-Reprint, 1973

BROWNE and COHN[10]: The Study of Leadership, Danvilla, Dep. Interstate, 1958

BURNS James MacGregor[11]: Leadership, Harvard University, India-Reprint, 1978

CANNING John[12]: One Hundred Great Modern Lives, Century Books Ltd., London, 1975

CHIBBER M.L.[13]: Military Leadership to Prevent Military Coup, Lancer International, New Delhi, 1986

–[14]: How To Be a Successful Leader (3rd edition), ANA Publishing House, New Delhi, 1986

– and others[15]: Stategy and Leadership, Indira Gandhi National Open University, School of Management, New Delhi, 1992

CHINMAYANANDA Swami[16]: The Art of Manmaking, Chinmaya Publication Trust, Madras

CHURCHILL Winston S. [17]: My Early Life, London, 1930 (deutsch: Meine frühen Jahre, Coron-Verlag Zürich, 1953)

–[18]: History of the English Speaking Peoples, Dodd, Mead and Co., New York, 1961

COVEY Stephen[19]: The Seven Habits of Highly Effective People, Simon and Schuster, New York, 1990 (deutsch: Die sieben Wege zur Effektivität, Campus, 1992)

DAYANANDA[20]: Sathyarath Prakash, Spiritual Keybook of Arya Samaj Focus on Vedanta

DRUCKER Peter[21]: The Effective Executive, Harper & Row, New York, 1966 (deutsch: Die ideale Führungskraft, Econ, 1995)

D'ZSOUZA Anthony[22]: Leadership: A Trilogy on Leadership and Management, Better Yourself Books, Haggai Institute, Bombay, 1987
FISCHER Louis[23]: The Life of Mahatma Gandhi, Jonathan Cape, London 1951 (deutsch: Das Leben des Mahatma Gandhi, Paul List Verlag, München, 1951)
FRANKL Viktor E.[24]: Man's Search for Meaning, Signet, Simon & Schuster 1988 (deutsch: Der Mensch vor der Frage nach dem Sinn, Piper, München)
FRANKLIN Benjamin[25]: Autobiography, Hovgton Mifflin, Boston, 1923 (deutsch: Lebenserinnerungen, Winkler München 1983)
GANDHI Mahatma[26]: An Autobiography: the Story of My Experiments with Truth, Navajivan Publishing House, Ahmedabad (deutsch: Eine Autobiographie, Hinder und Deelmann Gladenbach, 1977)
GIBB C.A.[27]: Leadership – Selected Reading, Harmondworth, Penguin Books, Middlesex, 1969
GOSH Benoy[28]: Ishwar Chandra Vidyasagar, Builders of Modern India, Government of India Publications
HACKET, Sir John[29]: The Profession in Arms, Sidgwick and Jackson, London, 1983
HAMILTON, Ian[30]: The Soul and Body of an Army, E. Arnold and Company, London, 1921
HART Lidell[31]: Strategy of Indirect Approach, Faber and Faber Ltd., London
HART Michael H.[32]: The One Hundred: A Ranking of the Most Influential Persons in History, Meera Publication, Madras, 1991
HAWLEY Jack[33]: Power of Dharmic Management, Berret-Kohler, San Francisco, 1993
HEIDER John[34]: Tao of Leadership, Humanics Ltd., Atlanta 1985 (deutsch: Tao der Führung, Sphinx Basel, 1988)
HICKMAN Craig R. and MICHAEL A. Silva[35]: The Future 500 – Creating Tomorrow's Organizations Today, NAL Books, New York, 1987
HUXLEY Aldous[36]: The Perennial Philosophy, Harper and Row, New York, 1970 (deutsch: Die ewige Philosophie, Steinberg-Verlag, Zürich, 1949)
KASTURI N.[37]: Sathyam Shivam Sundaram, Sri Sathya Sai Books and Publications Trust, Prasanthi Nilayam
KATZ Robert[38]: Skill of an Effective Administrator, Harvard Business Review, pp. 33-42, Jan-Feb 1955
KENNEDY Paul[39]: Preparing for 21st Century, 1992 (deutsch: In Vorbereitung auf das 21. Jahrhundert, S. Fischer 1993)
LAL R. M.[40]: In Search of Leadership, Vision Books, New Delhi, 1986
LAO-TSE[41]: Tao-Te-King, DIOGENES Zürich 1985
MARSHALL S.L.A.[42]: Officer as a Leader, Telegraph Press, Harrisburg
MASLOW Abraham H.[43]: ‚Motivation and Personality, New York 1954 (deutsch: Motivation und Persönlichkeit, Olten 1977)
MASON Peggy and LAING Ron[44]: Sathya Sai Baba: The Embodiment of Love, Sawbridge Enterprise, London, 1982
MASON Philip[45]: The Matter of Honour, Penguin Books, 1974

MATHER Cotton[46]: Bonifacius – an essay upon the Good, Harvard University Press, Cambridge, 1966
McCORMACK Mark H.[47]: What They Don't Teach You at Harvard Business School, Fontana Cullina, 1985
MORAN Lord[48]: Anatomy of Courage, Book World, Dehra Dun, 1984 (Indian Reprint)
NEHRU Jawaharlal[49]: Discovery of India, The Signet Press, Calcutta 1946
PATANJALI[50]: The Light of the Soul, New York 1947 (deutsch: Der Yoga-Pfad – Patanjalis Lehrsprüche erläutert von Alice Bailey, Genf, 1963)
PRASAD Rajendra[51]: Former President of India in his Foreword to the Collected Works of Mahatma Gandhi, Government of India Publications, 1958
SAFAYA Dr.[52]: Great Educators of India, Ambala Publishers
SARKARIA Justice R.S.[53]: Address on ‚Media's Battle Against Fundamentalism' published in ‚HINDU', Bangalore, June 12, 1993
SASHKIN Marshall[54]: A New Vision of Leadership, in Journal of Management Development 6.4 of 1989, National Institute of Education, Washington DC
SATHYA SAI BABA[55]: Facets of the Divine Diamonds, compiled by S. Kundra, Kishore & Co., 1990
–[56]: Sai Avatar Sayings, compiled by C.J.Gandhi, Welfare Trust Calcutta, 1975
–[57]: Words of Jesus and Sathya Sai Baba, compiled by H. K. Takyi, Accra, Ghana
–[58]: Summer Showers in Brindavan 1993, Sri Sathya Sai Books and Publications Trust, Prasanthi Nilayam
–[59]: Vidya Vahini, Sri Sathya Sai Books and Publications Trust, Prasanthi Nilayam (deutsch: Erziehung zur Selbsterkenntnis, Sathya Sai Vereinigung e.V., Dietzenbach 1992)
–[60]: Sathya Sai Speaks, Volumes 1-13, Sri Sathya Sai Books and Publications Trust, Prasanthi Nilayam (einzelne Bände deutsch: Sathya Sai Baba spricht, Sathya Sai Vereinigung e.V., Dietzenbach)
SAYLES Leonard R.[61]: Leadership: What Effective Managers Really Do ... and How They Do It, McGraw-Hill, New York, 1979
SELYE Hans[62]: Stress in Health and Disease, Boston, 1976
SIVANANDA Dr.[63]: Self Knowledge, Divine Life Society, Sivananda Nagar
SLIM, Sir William[64]: Defeat Into Victory, Cassel and Company, London
–[65]: Courage and Other Boradcasts, Cassel and Company, London 1957
SUBHRAMANIAM K.[66]: Mahabharatha, Bharathi Vidya Bhavan, Bombay
SUN TSU[67]: The Art of War, Shambhala Publications Inc., Boston 1988 (deutsch: Wahrhaft siegt wer nicht kämpft, Bauer 1990)
THOMAS Henry and Diana Lee[68]: Living Biographies of Religious Leaders, Bharatha Vidya Bhavan, Bombay
TOYNBEE Arnold und IKEDA Daisaku[69]: Choose Life, Oxford University Press, 1976 (deutsch: Wähle das Leben!, Claassen, Düsseldorf 1982)
VAGHUL Narayan[70]: ‚Raja Ramdeo Anandilal Podar 16th Memorial Lecture' at Jaipur, India, on December 10, 1988

VIVEKANANDA Swami[71]: Collected Works, Ramakrishna Mission Publications, Volume Two, Address at Los Angeles on ‚Powers of Mind‘, January 8, 1900
ZINKIN Taya[72]: in Magazine ‚Opinion‘, November 3. 1981, New Delhi

Referenzen

1 Toynbee in[69]
2 Ikeda in[69]
3 Toynbee in[69]
4 Sathya Sai Baba in[60]
5 siehe dazu: Subhr.[64] u. Hawley[33]
6 siehe dazu: Chibber[15]
7 Chibber[15]
8 zitiert in Covey[19]
9 Covey[19]
10 Sathya Sai Baba in[55]
11 Moran[48]
12 Covey[19]
13 Sathya Sai Baba in[60]
14 siehe dazu: Adair[1]
15 Adair[1]
16 Sashkin[54]
17 Zinkin[72]
18 zitiert in Adair[2]
19 Adair[2]
20 Covey[19]
21 zitiert in Vaghul[70]
22 zitiert in Hamilton[30]
23 Frankl[24]
24 in der Übers. nach Heider[34]
25 Bacon[4]
26 ebenda
27 Chibber[14]
28 ebenda
29 erzählt u. zitiert in Hawley[33]
30 Sathya Sai Baba in[60]
31 Marshall SLA[42]
32 Drucker[21]
33 Sathya Sai Baba in[60]
34 Slim[64]
35 Drucker[21]
36 zitiert in Adair[2]
37 Hart[31]
38 Hacket[29]
39 Chibber[14]
40 Covey[19]
41 Adair[2]
42 D'Souza[22]
43 Katz[38]
44 Adair[2]
45 siehe Maslow[43]
46 McCormack[47]
47 Kennedy[39]
48 zitiert in Nehru[49]
49 Sun Tsu[67]
50 siehe Referenz 17
51 Boring[9]
52 Sivananda[63]
53 Drucker[21]
54 ebenda
55 ebenda
56 ebenda
57 Covey[19]
58 ebenda
59 ebenda
60 Huxley[36]
61 Sathya Sai Baba in[60], Band 4
62 Huxley[36]
63 ebenda
64 ebenda
65 Lao-tse[41]
66 zitiert in Huxley[36]
67 ebenda
68 die folg. Zitate von Sai Baba in[60]
69 Covey[19]

70 ebenda
71 nach Covey[19]
72 Ram Tirath in Safaya[52]
73 Vivekananda[71]
74 Covey[19]
75 Sai Baba, zitiert in Peggy Mason[44]
76 Sai Baba, zitiert in C. J. Gandhi[56]
77 Sai Baba, zitiert in S. Kundra[55]
78 Sai Baba, zitiert in H. K. Takyi[57]
79 zitiert in Covey (engl.)[19]
80 ebenda
81 ebenda
82 Canning[12]
83 bis 92 Franklin[25]
93 siehe Referenz 24
94 bis 107 Franklin[25]
108 Canning[12]
109 bis 115 Fischer[23]
116 Sai Baba [58], 26. Mai
117 bis 125 Fischer[23]
126 Thomas[68]
127 Fischer[23]
128 Thomas[68]
129 Prasad[51]
130 ebenda
131 Fischer[23]
132 ebenda
133 siehe in Sarkaria[53]
134 Fischer[23]
135 ebenda
136 Prasad[51]
137 bis 147 Churchill[17]
148 Fischer[23]
149 Churchill[18]
150 Churchill[17]
151 Vivekananda in Safaya[52]
152 ebenda
153 Sathya Sai Baba in[60]
154 ebenda
155 siehe Referenz 17
156 Sai Baba[58], 26. Mai
157 Sathya Sai Baba in[60]
158 ebenda
159 Toynbee in[69]
160 Gosh[28]
161 ebenda
162 Vaghul[70]
163 Dayananda[20]
164 Mason[45]
165 Toynbee in[69]
166 Sai Baba[59]
167 Ram Tirath in Safaya[52]
168 Toynbee in[69]
169 Vivekananda in Safaya[52]
170 ebenda
171 Sathya Sai Baba in[60]
172 siehe Referenz 147
173 Dayananda in Safaya[52]
174 Toynbee in[69]
175 ebenda
176 ebenda
177 Sathya Sai Baba in[60]
178 ebenda

Über den Autor

Geboren im August 1927 in der nordwestlichen Grenzprovinz von Indien. Der Höhepunkt seiner vierzigjährigen Laufbahn in der Armee war seine Stellung als Oberbefehlshaber der rund 300.000 Mann starken Indischen Nord-Armee, die in unmittelbarer Konfrontation mit China und Pakistan während der Zeitspanne, die man weder als Krieg noch als Frieden bezeichnen kann, eingesetzt war; er stand hinter der Operation, die verhinderte, daß der Siachen Gletscher von Pakistan erobert wurde.

Er stammt vom 5. Gurkha Infanterieregiment und hatte wichtige Stellungen inne: als Kommandant der indischen Gegenangriffskräfte, als Generaladjudant und Leiter der Abteilung für Militärische Operationen; er gehörte zur Lehrerschaft der Indischen Militärakademie und des Defence Service Staff College. In Korea diente er während der ersten UN-Friedensmission. Er bahnte den Weg für die Einrichtung des „Army Institute of National Integration“ und stärkte das „Army Group Insurance and Housing Scheme“. Im August 1985 trat er in den Ruhestand. Nach seiner Pensionierung war er der militärische Berater der 4. „Pay Commission“, danach während der Jahre 1986-89 Geschäftsführer des Management Development Instituts in New Delhi, später Gastprofessor, Mitglied des akademischen Rats und der Studienkommission für M.B.A. an dem als Universität anerkannten Shri Sathya Sai Institute of Higher Learning.

Er absolvierte das britische Army Staff College, erhielt den M.Sc. von der Universität in Madras und den Ph.D. von der Allahabad Universität. Er war ein Mitglied des ‚“Inter-University Seminar on Armed Forces and Society“ in Chicago, Mitglied des Jawaharlal Nehru Ausschusses zur Untersuchung der Einführung eines „National Service“ in Indien, Mitglied des Ausschusses für „Arms Control, Disarmament and International Security“ der Universität von Illinois in Urbana. Er ist der Autor vieler Bücher, Monographien und Artikel zu den Themen Führung, Sicherheit, Krieg und Frieden.

In Indien und außerhalb ist er tätig in Lehre, Forschung und Entwicklung im Bereich „Führung“, bei der Einführung eines „National Service“ in Indien und bei der „Wiederaussöhnung zwischen Indien und Pakistan“ u.a.

1972 wurde ihm die „Ati Vishisht Seva Medal“, 1976 die „Param Vishisht Seva Medal“ für besondere Verdienste verliehen. 1986 erhielt er den nationalen Preis „Padmabhushan“ für seinen herausragenden Dienst für die Nation.

Bücher

1. Military Leadership to Prevent Military Coup (aufgrund seiner Ph. D. These)
2. Soldiers Role in National Integration
3. How to be a Successful Leader, 3. Auflage
4. Strategy and Leadership, 2. Auflage, Indira Gandhi National Open University, New Delhi, M.B.A. Programm
5. History of Jammu and Kashmir Light Infantry
6. Chapter on „The Quest for Security“, in „Indian Foreign Policy – The Indira Gandhi Years“
7. Chapter on „India-Pakistan-Reconciliation“ in the book „South Asia after the Cold War: International Perspectives“, Westview, USA
8. „National Service for Defence, Development and National Integration of India“

Auswahl deutschsprachiger Literatur von und über Sathya Sai Baba

Sathya Sai Baba: **Besinnung auf Gott (Dhyāna Vāhinī)**. Über den Prozeß der wirklichen Meditation. 128 S., kart., ISBN: 3-924739-32-3

Sathya Sai Baba: **Strom des Friedens (Prashānti Vāhinī)**. Sathya Sai Baba lehrt uns das Geheimnis des Friedens. 116 S., kart., ISBN: 3-924739-33-1

Sathya Sai Baba: **Lebe die Liebe (Prema Vāhinī)**. Über die höchste Form der Liebe: die gesamte Schöpfung als Einheit zu sehen und sie zu bejahen. 134 S., Lein., ISBN: 3-900790-00-0

Sathya Sai Baba: **Quellen der Weisheit (Sūtra Vāhinī)**. „Sūtra" bedeutet: „Das, was mit wenigen Worten tiefe Bedeutung enthüllt". Erläuterungen zu den Brahma Sūtras. 68 S., kart., ISBN: 3-924739-27-7

Sathya Sai Baba: **Erziehung zur Selbsterkenntnis (Vidya Vāhinī)**. Sathya Sai Baba erklärt die Grundprinzipien des Wissens und weist auf die Verbindung von Erziehung und Geisteswissenschaft hin. 104 S., kart., ISBN: 3-924739-55-2

Sathya Sai Baba: **Mensch und göttliche Ordnung (Gītā Vāhinī)**. Erklärende Ausführungen Sathya Sai Babas zur Bedeutung der Bhagavad Gītā. 216 S., kart., ISBN: 3-924739-60-9

Sathya Sai Baba: **Ewige Wahrheiten (Bhāratīya Paramārtha Vāhinī und Sathya Sai Vāhinī)**. Sathya Sai Baba vermittelt die Weisheit der Veden und ihre Bedeutung für den Erkenntnis- und Lebensweg. 192 S., kart., ISBN: 3-924739-59-5

Sathya Sai Baba: **Die göttliche Urordnung (Dharma Vāhinī)**. Das Bild einer Gesellschaftsordnung, in der jeder an seinem Platz zum Glück des Ganzen beiträgt. 104 S., kart., ISBN 3-924739-63-3

Sathya Sai Baba: **Erfüllung in Gott (Bhāgavata Vāhinī).** Sai Babas Version des berühmtesten der 18 Purānas. 244 S., kart., ISBN: 3-924739-78-1

Sathya Sai Baba: **Antworten (Līla Kaivalya Vāhinī, Prashnottara Vāhinī, Sandeha Nivarinī).** Anworten Sai Babas, die zeitlos, unveränderlich und universal gültig sind. 188 S., kart., ISBN: 3-924739-87-0

Sathya Sai Baba: **Hinführung zum Höchsten Wissen (Upanishad-Vāhinī).** Erläuterung der tiefgründigen Wahrheiten der Upanishaden, die zur Selbstverwirklichung führen. 96 S., kart., ISBN: 3-924739-88-9

Sathya Sai Baba: **Die Geschichte von Rāma – Strom göttlicher Liebe (Rāma Kathā Rasa Vāhinī).** Sai Babas Version des Rāmāyana ist ein Allheilmittel für die Beseitigung all der Krankheiten, die der Verwirklichung des Selbst entgegenstehen. 340 S., kart., ISBN: 3-924739-75-7

Sathya Sai Baba: **Sathya Sai Baba spricht - Bände 1-11**. Reden Sathya Sai Babas zu verschiedenen Anlässen. Kart. **Bd. 1** (Reden 1953-60), 188 S., ISBN: 3-924739-16-1; **Bd. 2** (Reden 1960-62), 176 S., ISBN: 3-924739-48-X; **Bd. 3** (Reden 1963-64), 184 S., ISBN: 3-924739-49-8; **Bd. 4** (Reden 1963-65), 272 S., ISBN: 3-924739-43-9; **Bd. 5** (Reden 64-67). 248 S., ISBN: 3-924739-50-1; **Bd. 6** (Reden 1967-68), 248 S., ISBN: 3-924739-29-3; **Bd. 9** (Reden 1974-75), 208 S., ISBN: 3-924739-07-2; **Bd. 10** (Reden 1975-80), 248 S., ISBN: 3-924739-30-7; **Bd. 11** (Reden 1979-82), 232 S., ISBN: 3-924739-53-6. Übrige Bände folgen.

Sathya Sai Baba: **Sommersegen in Brindāvan (Summershowers)**. Vorträge vor Schülern und Studenten in Brindāvan, die in die Wahrheit und Weisheit der indischen Kultur einführen und in denen Sathya Sai Baba seine Botschaft der Liebe erläutert. Bro. **Bd. 1** (1972), 176 S., ISBN: 3-924739-19-6; **Bd. 2** (1973), 228 S., ISBN: 3-924739-14-5; **Bd. 3** (1974), 180 S., ISBN: 3-924739-41-2; **Bd. 4** (1977), 176 S., ISBN: 3-924739-62-5; **Bd. 7** (1990). 128 S., ISBN: 3-924739-80-3

Sathya Sai Baba: **Bhagavad Gītā**. Vorträge Sathya Sai Babas zur Gītā. Zsgst. u. bearb. von A. Drukker. 304 S., bro., ISBN: 3-924739-42-0

Sathya Sai Baba: **Der Weg nach Innen - Sādhana**. In einer Zusammenstellung wichtiger Auszüge aus Reden Sathya Sai Babas erfährt der Suchende, wie er auf dem Pfad geistiger Übungen (sādhana) göttliches Bewußtsein verwirklichen kann. 256 S., bro., ISBN: 3-924739-15-3

Sathya Sai Baba: **Entdecke die Quelle der Glückseligkeit** - Aussagen von Sathya Sai Baba zur Einführung in seine Lehre und deren Vertiefung. Zsgst von T. Rupflin. 506 S., Loseblatt-Werk im Ordner, ISBN: 3-924739-89-7

Sathya Sai Baba: **Meditation**. Aussagen Sathya Sai Babas zur Praxis der Meditation. 160 S., bro., ISBN: 3-924739-76-5

Sathya Sai Baba: **Einheit ist Göttlichkeit (Unity is Divinity)**. Auszüge aus Reden und Schriften Sathya Sai Babas. 164 S., Leinen, ISBN: 3-924739-09-9

Sathya Sai Baba: **Sai Baba erzählt**. Kleine Geschichten und Gleichnisse (Chinna Katha). 320 S., bro., ISBN: 3-924739-28-5

Reihe: **„Erziehung in Menschlichen Werten“ (EMW)**, Hrsg.: Sathya Sai Vereinigung. Bro. **Bd. 1: Beiträge zur Erziehung**. Eine Sammlung von Ansprachen und Materialien. 56 S., ISBN: 3-924739-72-2; **Bd. 2:** Krystal, Phyllis: **Begrenzung der Wünsche**. Vorschläge zur Arbeit mit diesem Programm. 44 S., ISBN: 3-924739-12-9; **Bd. 3:** Flaig, Beatrice A.: **Für das Leben lernen**. Erfahrungen einer Lehrerin mit der charakterlichen Erziehung von Kindern. 32 S., ISBN: 3-924739-84-6; **Bd. 4:** Kalinowski, Petra von: **Wer bin ich?** Eine Annäherung an die Frage unseres Lebens. Vorschläge für den Unterricht. 80 S., ISBN: 3-924739-04-8; **Bd. 5:** Jumsai A./Burrows L.: **Handbuch für Lehrer**. 128 S., ISBN: 3-924739-65-X; **Bd. 6:** Burrows, Loraine: **Unterrichtsbeispiele**. Materialien für die Altersstufe von 6 - 10 Jahren, 200 S., ISBN: 3-924739-66-8; **Bd. 8: An die Studenten,** 52 S., ISBN: 3-924739-68-4; **Bd. 9: Texte für den Studienkreis,** 112 S., ISBN: 3-924739-69-2; **Bd. 10: Sathya Sai Erziehung in Menschlichen Werten,** 128 S., ISBN: 3-924739-70-6

Baskin, Diana: **Kostbare Erinnerungen – Sathya Sai Baba (Divine memories).** Geschichte über die Jahre, in denen die Autorin in Sai Babas Haus lebte. 244 S., bro., ISBN: 3-924739-77-3

Bokelmann, S.: **Hingabe - Wesen der Liebe**. Diese Zusammenstellung von Aussagen Sathya Sai Babas und Jesu Christi verdeutlicht die Einheit ihrer Botschaften. 120 S., bro., Best. Nr. 1016

Bokelmann, S.: **Liebe - Wesen und Botschaft eines Avatars**. Aussagen Sathya Sai Babas über die transformierende Kraft der Liebe. 112 S., bro., Best. Nr. 1017

Drucker, A.: **Ich bin. Der Weg zur höchsten Wahrheit**. 64 S., bro., ISBN: 3-924739-45-5

Fechner, E.: **Überwindung der Krise (Turning the tide)**. Der Autor stellt allgemein verständlich dar, was Sathya Sai Baba uns lehrt, ohne sich direkt auf ihn zu beziehen. Ein besonders schönes Geschenk für Interessierte auf dem spirituellen Weg. 94 S., bro., ISBN: 3-924739-17-X

Flach, M.: **Meine Begegnung mit der Liebe Gottes**. Als Christin berichtet die Autorin über ihre zutiefst bewegenden Erfahrungen mit Sathya Sai Baba. 48 S., bro., Best. Nr. 1022

Friedrich, A.: **Weg und Ziel**. Sammlung von Aussprüchen Sathya Sai Babas über Ziele, Aufgaben und Regeln der Sathya Sai Organisation. 1991, 46 S., bro., Best. Nr. 1095

Friedrich, R.: **Horizonte, Grundlagen-Studienkreise**. Eine Anleitung mit Textsammlung. 158 S., bro., Best. Nr. 1090

Friedrich/Malina: **Seva - Selbstloses Helfen und Dienen**. Erläuterungen und Betrachtungen zum tieferen Verständnis des selbstlosen Dienens. XX S., bro., Best. Nr. 1029

Gandhi, C. L.: **Sai Avatar - Band I**. 365 Aussprüche Sathya Sai Babas zur Göttlichkeit des Menschen und zur rechten Lebensweise. 184 S., bro., Best. Nr. 1062

Hislop, J.: **Gespräche mit Sathya Sai Baba (Conversations with SSB)**. In Gesprächen mit Dr. Hislop und anderen beantwortet SSB viele uns bewegende Fragen. 160 S., bro., ISBN: 3-924739-02-1

Hislop, J.: **Mein Baba und ich (My Baba and I)**. Bericht eines gottsuchenden amerikanischen Geschäftsmannes über den Weg, den Sathya Sai Baba ihm und anderen zum inneren Gott weist. Mit Faksimile-Briefen von Sathya Sai Baba. 318 S., bro., ISBN: 3-924739-20-X

Kasturi, N.: **Die Girlande aus 108 Edelsteinen (Garland of 108 Precious Gems)**. Die Bedeutungen von 108 Namen Sathya Sai Babas werden erläutert. 136 S., Lein., ISBN: 3-924739-61-7

Kasturi, N.: **Sathya Sai Baba. Sein Leben Bd. 2 (Satyam, Shivam, Sundaram)**. Biographie Sathya Sai Babas. 246 S., kart., ISBN: 3-924739-22-6; Bd. 1, 3, 4 folgen.

Kasturi, N.: **Easwaramma**. Über den Weg der „Mutter“ Sai Babas von der religiösen Dorfbewohnerin zur befreiten Seele. 192 S., bro., ISBN: 3-924739-74-9

Krystal, P.: **Sathya Sai Baba - Ziel aller Reisen (The Ultimate Experience)**. Weg einer Amerikanerin zu Sathya Sai Baba u. mit seiner Führung zu ihrem Selbst. 260 S., bro., ISBN: 3-924739-21-8

Kunz Bijno, M.: **Der Avatar unserer Zeit**. Ein Avatar gilt als göttliche Verkörperung auf Erden. Zitate Sathya Sai Babas über Zweck und Ziel seiner Inkarnation. 88 S., bro., ISBN: 3-924739-37-4

Kunz Bijno, M.: **Es gibt nur einen Gott**. Aussagen Sathya Sai Babas zur Einheit der Religionen. 80 S., bro., ISBN: 3-924739-85-4

Liederbuch: **Wir singen Deine Namen.** Liederbuch mit Noten zur Einheit der Religionen. 220 S., Best.-Nr.: 1056

Malina, H.: **Sai Bhajans**. Sammlung von 108 Lobgesängen (Bhajans) mit deutscher Übersetzung. 200 S., bro., Best. Nr. 1030 - **Bhajan-Tonbandkassettensatz** zum Liederbuch, 7 Kass., Best. Nr. 2502

Malina, H.: **Einmal Puttaparthi und zurück**. Hinweise und Tips für eine Reise zu Sathya Sai Baba. 83 S., bro., ISBN: 3-924739-73-0

Mavinkurve, B.: **Die Wiederholung des Namen Gottes (Nāmasmarana)** Zitate Sathya Sai Babas über die Bedeutung dieser Übung. 56 S., bro., Best. Nr. 1070

Mittwede, M.: **Spirituelles Wörterbuch Sanskrit-Deutsch**. Über 3000 Sanskritwörter aus den Bereichen Religion, Philosophie, Gottesnamen, Yoga, Vedānta etc. 280 S., bro., ISBN: 3-924739-56-0

Murphet, H.: **Sai Baba und Seine Wunder**. Neben Wissenswertem über Biographie, Sendung und Lehre des Avatars Sathya Sai Baba enthält dieses Buch eine Fülle von Berichten über seine Wunder, mit denen er Menschen segnet, beschenkt und heilt. 272 S., bro., ISBN: 3-924739-86-2

Murthy, M.: **Schöpfer und Schöpfung (Nature, God and Man)**. Vorträge über die Beziehungen zwischen Natur, Gott und Mensch. 40 S., bro., ISBN: 3-924739-39-0

Murthy, M.: **Wer ist ein Jünger des Herrn? (Who is a Devotee of the Lord?)**. Diese Vorträge behandeln die in der Gītā beschriebenen Eigenschaften und Qualitäten eines wahren Suchenden. 32 S., bro., ISBN: 3-924739-38-2

Ralli, Lucas: **Sai Botschaften für Dich und mich (Sai Messages for you and me)**. Die Botschaften offenbaren, dass es für die Menschheit nur eine Religion gibt: die Religion der Liebe und nur einen Weg: den Weg zu Gott. Bro. **Bd. 1**, 160 S., ISBN: 3-924739-23-4; **Bd. 2**, 184 S., ISBN: 3-924739-44-7; **Bd. 3**, 176 S., ISBN: 3-924739-58-7

Roof, Jonathan: **Wege zu Gott (Pathways to God)**. Eine Anleitung zum Verständnis der Lehren Shri Sathya Sai Babas. 200 S., bro., ISBN 3-924739-83-8

Safaya, R.: **Die fünf Grundprinzipien der Sathya Sai Lebensphilosophie**. 26 S., bro., Best. Nr. 1098

Sandweiss, S. H.: **Der Heilige und der Psychotherapeut (The Holy Man and the Psychiatrist)**. Die innere Entwicklung eines amerik. Psychotherapeuten von Hilflosigkeit und Zweifel zur Erkenntnis der alles durchdringenden Liebe Gottes. 272 S., bro., ISBN: 3-924739-36-6

Sandweiss, S. H.: **Weg zu Gott durch Heilung der Seele (Spirit and Mind)**. Über die Bedeutung der Spiritualität für die Psychotherapie. 344 S., bro., ISBN: 3-924739-64-1

Thomas, Joy: **Das Leben ist ein Spiel – Spiel es! (Life is a game – play it!).** Das erste von vier Büchern über den Transformationsprozeß der Autorin als Devotee Babas. 296 S., bro., ISBN: 3-924739-81-1

Thomas, Joy: **Das Leben ist eine Herausforderung – Begegne ihr! (Life is a challenge – meet it!)**. Die Autorin macht durch die Beschreibung ihrer eigenen Transformation deutlich, wie Sai Baba jeden einzelnen seiner Anhänger auf ganz spezielle Weise auf seinen persönlichen Weg führt. 190 S., bro., ISBN 3-924739-71-4

Sathya Sai Philosoph. Vereinigung Wien: **Mit Baba leben (Living with Baba)**. Wertvolle Hilfen auf dem Weg. 26 S., bro., Best. Nr. 1088

Sathya Sai Philosoph. Vereinigung Wien: **Der Mensch auf dem Wege zur Vollkommenheit**. Über die fünf menschlichen Grundwerte u. ihre Bedeutung i. d. Erziehung. 46 S., bro., ISBN: 3-900790-01-9